Sara von Eitzen

Rhodos

mit Symi und Chalki

50 ausgewählte Berg- und Küstenwanderungen

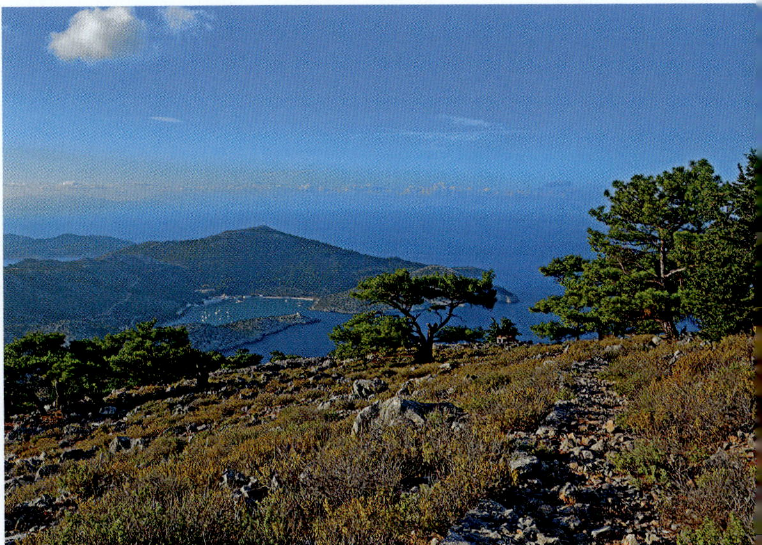

ROTHER
BERGVERLAG

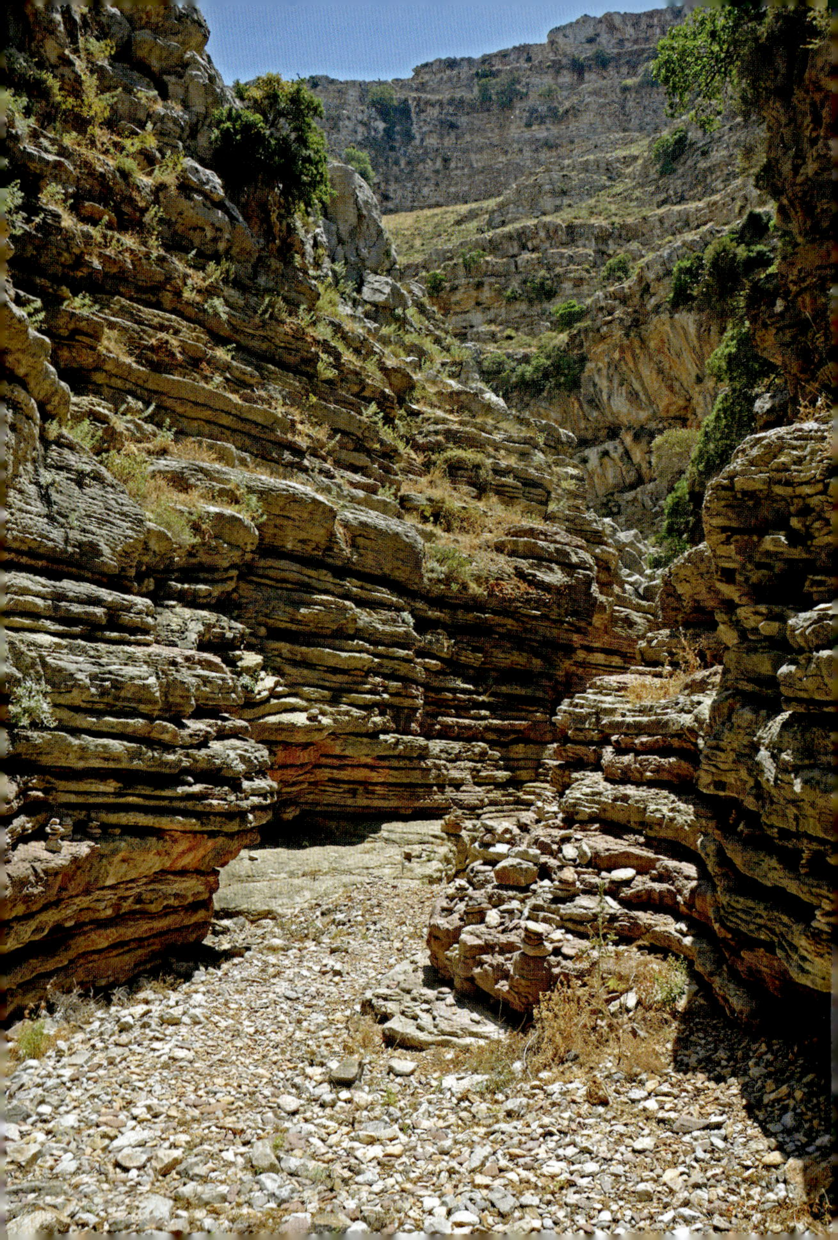

VORWORT

Rhódos – die Insel des griechischen Sonnengottes Hélios – war bereits in der Antike ein beliebtes Urlaubsziel. Schon seit jeher begeistert die Insel mit wunderschönen Stränden, malerischen Olivenhainen, waldig verwunschenen Hügellandschaften und kulturellen Schätzen. Rhódos ist wahrlich eine Insel mit vielen Gesichtern, die für jeden Geschmack das Passende bereithält. Trotz immenser Besuchszahlen ist ein Großteil der Insel touristisch kaum erschlossen. Hier streunen wilde Ziegenherden durch die schroffe Berglandschaft, einsam gelegene Klöster sehnen sich nach Besuch und in den gemütlichen Bergdörfern sitzen die Menschen abends beim Brettspiel zusammen.

Mit über 3000 Sonnenstunden im Jahr gehört Rhódos zu den sonnigsten Gegenden in Europa. Die inseleigenen Wasservorkommen sorgen dennoch für weitreichende Vegetation auf dem Eiland. Viele endemische Pflanzen haben sich auf Rhódos etabliert, im Frühjahr sind die Wege von bunten Blumenmeeren umgeben. Die Wappentiere der Insel – Hirsch und Hirschkuh – lassen sich nicht nur als Statuen im Mandráki-Hafen, sondern auch auf abgelegenen Bergwiesen entdecken.

Vor allem die ursprünglichen Landschaften bieten vielfältigste Wandermöglichkeiten. Ob entspannter Wald-Spaziergang oder schweißtreibende Bergtour – alles ist möglich. Die im Buch beschriebenen Routen führen durch schattige Täler und steile Schluchten, entlang abenteuerlicher Küstensteige und aussichtsreicher Bergpfade. Sie erschließen abgelegene, uralte Kapellen, versteckte Buchten und verwunschene Ruinen. Auf den Wanderungen werden geschichtsträchtige Burgen und Tempel entdeckt, Höhlen und Seen erkundet, Gipfel erklommen und Strände überquert. Die beschriebenen Routen wurden gründlich recherchiert, immer wieder verändern sich jedoch auch die Gegebenheiten vor Ort. Für Korrektur- und Ergänzungshinweise sind wir daher sehr dankbar. Abschließend bleibt nur noch, Ihnen erholsame und erlebnisreiche Tage am Mittelmeer zu wünschen!

Rhódos, im Frühjahr 2024 — Sara von Eitzen

INHALTSVERZEICHNIS

Der Umwelt zuliebe ...

Auch beim Wandern hinterlassen wir einen ökologischen Fußabdruck, aber im Einklang mit der Natur unterwegs zu sein, ist gar nicht so schwer!

VORBEREITUNG UND ANFAHRT

- Sich vorab informieren, worauf in Bezug auf Natur und Umwelt in der jeweiligen Wanderregion besonders zu achten ist.
- Soweit möglich mit Bahn und Bus anreisen, Wander- und Rufbusse nutzen.
- Ist eine Anfahrt mit dem Auto nötig, Fahrgemeinschaften bilden.
- Bei weiten Anfahrten Mehrtagestouren planen oder von einem Quartier vor Ort aus mehrere Touren absolvieren.
- Flugreisen möglichst reduzieren und durch Beiträge zu Klimaschutzprojekten kompensieren.

KLEIDUNG UND AUSRÜSTUNG

- Beim Kauf von Outdoor-Kleidung auf umweltfreundliche und faire Herstellung achten und Kleidungsstücke möglichst viele Jahre nutzen.
- Ausrüstung kann man eventuell auch gebraucht kaufen oder ausleihen.
- Reparieren statt neu kaufen.

VERPFLEGUNG

- Beim Einkauf Bio-Ware, regionale und saisonale Erzeugnisse bevorzugen.
- Hütten und Gasthäuser auswählen, die regionale Produkte verwenden.
- Auf Einwegflaschen und Plastikverpackungen verzichten, stattdessen wiederverwendbare Trinkflaschen und Brotzeitboxen benutzen.

ÜBERNACHTUNG

- Bei lokalen Anbietern buchen, damit Menschen vor Ort profitieren.
- Auf Hütten und in anderen Unterkünften Strom und Wasser sparen.

UNTERWEGS

- Wege benutzen und Abkürzer vermeiden.
- Sperrungen von Wegen und Schutzgebieten respektieren.
- Keine Blumen pflücken und keine Pflanzen entnehmen.
- Waldbrandgefahr beachten.
- Müll wieder mit nach Hause nehmen und dort entsorgen.
- Toilettengänge in freier Natur möglichst vermeiden.
- Lärm vermeiden.
- Hunde an die Leine nehmen.

ROTHER
BERGVERLAG

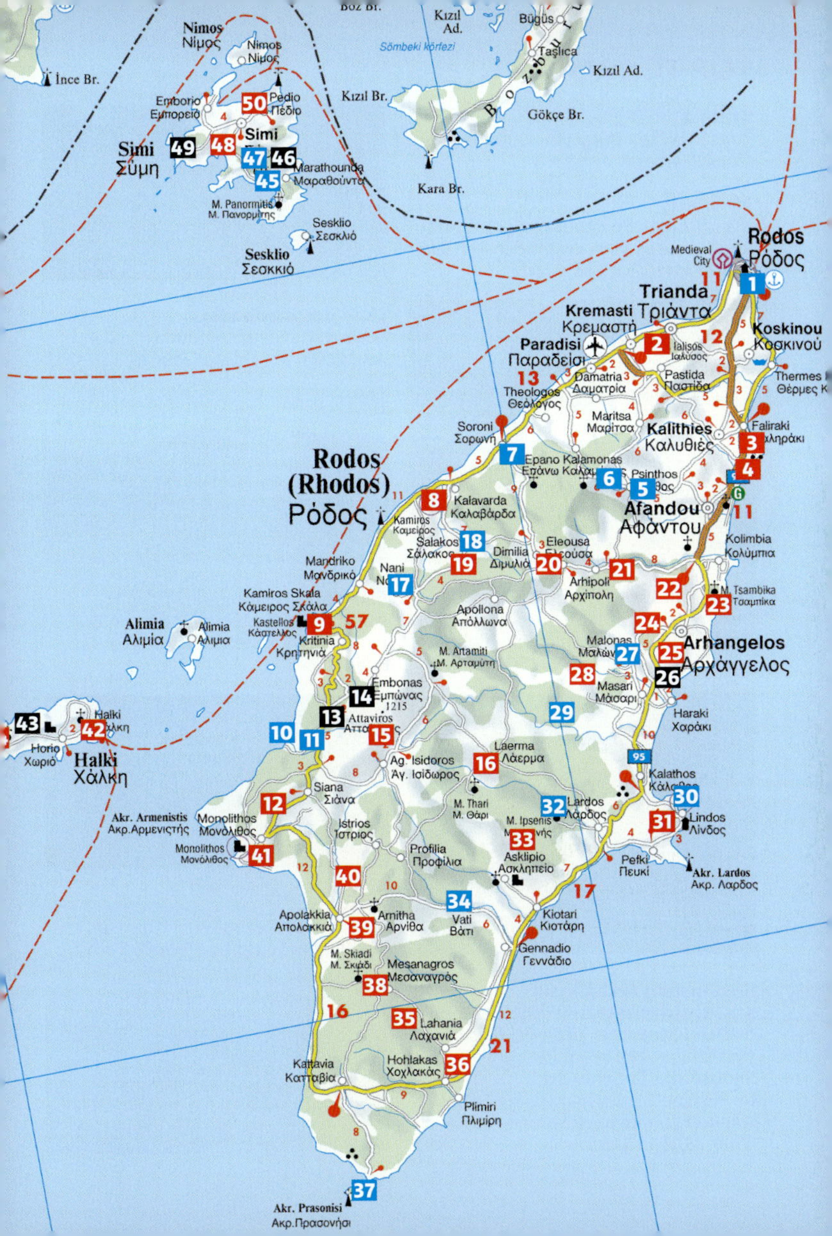

Rodos
Ρόδος
Medieval City
Trianda
Τριάντα
Kremasti
Κρεμαστή
Paradisi
Παραδείσι
Koskinou
Κοσκινού
Ialisos
Ιαλυσός
Pastida
Παστίδα
Damatria
Δαματρία
Theologos
Θεόλογος
Thermes
Maritsa
Μαρίτσα
Kalithies
Καλυθιές
Faliraki
Soroni
Σορωνή
Epano Kalamonas
Psinthos
Afandou
Αφάντου
Kolimbia
Κολύμπια
Rodos (Rhodos)
Ρόδος
Kalavarda
Καλαβάρδα
Kamiros
Καμείρος
Salakos
Σάλακος
Dimilia
Διμυλιά
Eleousa
Ελεούσα
Arhipoli
Αρχίπολη
Mandriko
Μανδρικό
Nani
Kamiros Skala
Κάμειρος Σκάλα
Kastellos
Καστέλλος
Kritinia
Κρητηνία
Apollona
Απόλλωνα
M. Tsambika
Τσαμπίκα
Arhangelos
Αρχάγγελος
Malonas
Μαλώνας
Masari
Μάσαρι
Haraki
Χαράκι
M. Artamiti
M. Αρταμύτη
Embonas
Εμπώνας
1215
Attaviros
Alimia
Αλιμιά
Halki
Χάλκη
Horio
Χωριό
Ag. Isidoros
Άγ. Ισίδωρος
Laerma
Λάερμα
M. Thari
M. Θάρι
Kalathos
Lardos
Λάρδος
Lindos
Λίνδος
M. Ipsenis
Siana
Σιάνα
Akr. Armenistis
Ακρ.Αρμενιστής
Monolithos
Μονόλιθος
Istrios
Ίστριος
Profilia
Προφίλια
Asklipio
Ασκληπειό
Pefki
Πευκί
Akr. Lardos
Ακρ. Λαρδος
Kiotari
Κιοτάρη
Apolakkia
Απολακκιά
Arnitha
Αρνίθα
Vati
Βάτι
Gennadio
Γεννάδιο
M. Skiadi
M. Σκιάδι
Mesanagros
Μεσαναγρός
Lahania
Λαχανιά
Kattavia
Καττάβια
Hohlakas
Χοχλακάς
Plimiri
Πλιμίρι
Akr. Prasonisi
Ακρ.Πρασονήσι
Nimos
Νίμος
Emborio
Εμπορείό
Pedio
Πέδιο
Simi
Σύμη
Marathounda
Μαραθούντα
M. Panormitis
M. Πανορμίτης
Sesklio
Σεσκλιό
İnce Br.
Kızıl Ad.
Bügüş
Sömbeki körfezi
Taşlıca
Kızıl Br.
Gökçe Br.
Kara Br.
Boz Br.

TOP-TOUREN

Kritinía
Zur schönsten Burgruine von Rhódos *(Tour 9, 4 Std.)*

Akramítis
Die schönste Bergtour mit grandioser Rundumsicht vom zweithöchsten Gipfel der Insel *(Tour 12, 4 Std.)*.

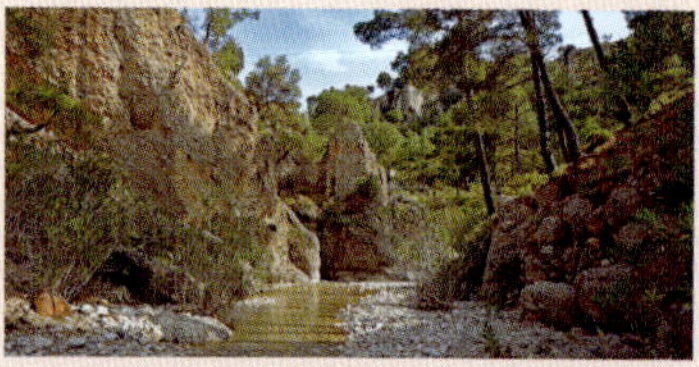

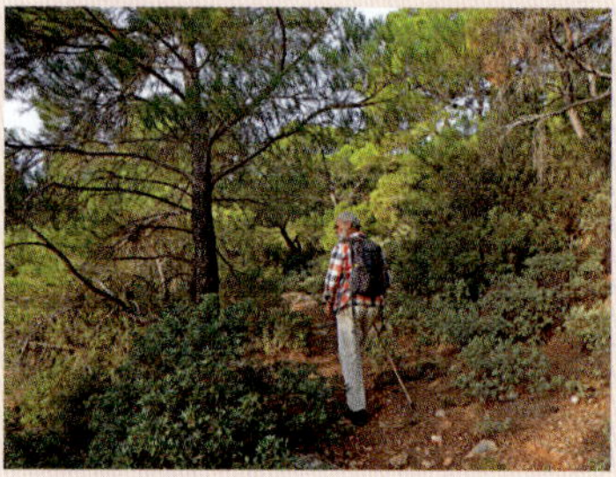

Grab des Kleóboulos
Schöne, kurze Küstentour mit tollen Ausblicken auf Líndos *(Tour 30, 1.30 Std.)*.

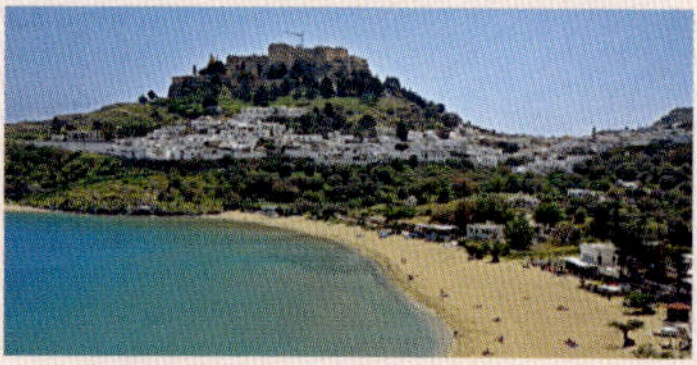

Profítis Ilías
Der Inselklassiker: auf aussichtsreichen Pfaden zu alten Villen in verwunschenem Bergwald *(Tour 19, 3.50 Std.)*.

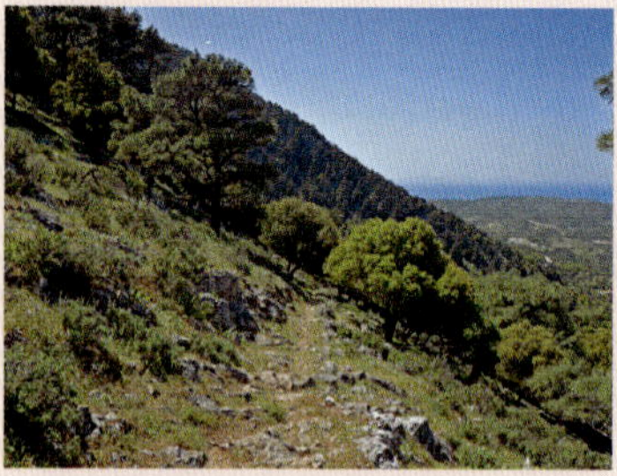

Marmári-Massiv
Auf schmalen, steinigen Pfaden durch ein wildes, karges Gebirge *(Tour 31, 3.15 Std.)*.

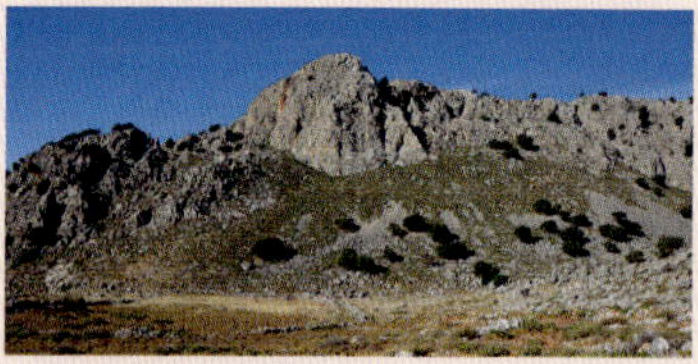

Küstensteig Archángelos
Aussichtsreiche Wanderung am türkisblauen Mittelmeer *(Tour 26, 6 Std.)*

Skoutouljáris-Schlucht
Im Flussbett zwischen steilen Felswänden zu einem einsamen Kloster *(Tour 28, 2.45 Std.)*.

Prasonísi
Zu einem einsamen Leuchtturm am steilen Kliff der Südspitze *(Tour 37, 2 Std.)*.

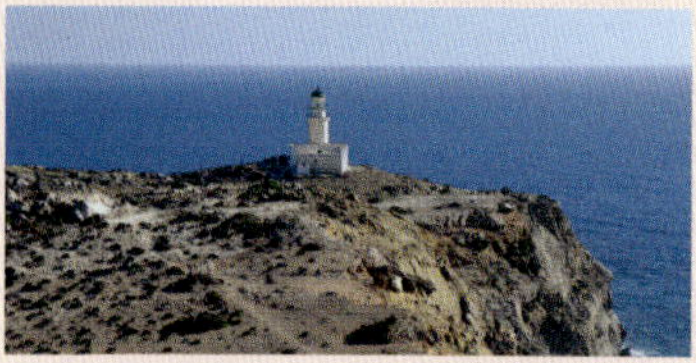

KURZTOUREN FÜR DIE INSELRUNDFAHRT

In diesem Kasten werden die schönsten Kurztouren zusammengestellt, die sich perfekt für Inselrundfahrten eignen, da sie nicht länger als eine Stunde dauern. Bei Tour 3 handelt es sich um die Haupttour, bei Tour 6 um die Variante, ansonsten um im Tourensteckbrief beschriebene Kurztouren.

Anthony-Quinn-Bucht
Zum besten Aussichtspunkt auf das türkisblaue Wasser der schönsten Bucht von Rhódos *(Tour 3, Haupttour).*

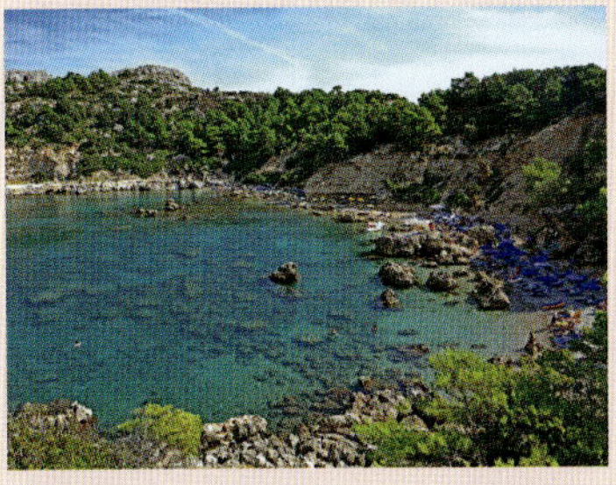

Koutroúvelos
Auf einen Gipfel über der nördlichen Bergwelt *(Tour 6, Variante).*

Canyon von Siána
Atemberaubender Schluchteingang mit faszinierenden Felsformationen *(Tour 13).*

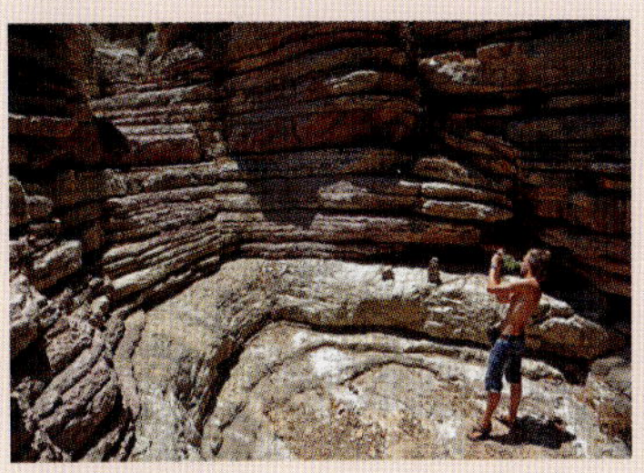

Profítis Ilías
Kurze Rundtour vorbei an verwunschenen Ruinen und tollen Aussichtspunkten *(Tour 19).*

Kloster Ág. Nektários
Auf schmalem Pflasterpfad auf eine steinige Hochebene mit schöner Aussicht *(Tour 21).*

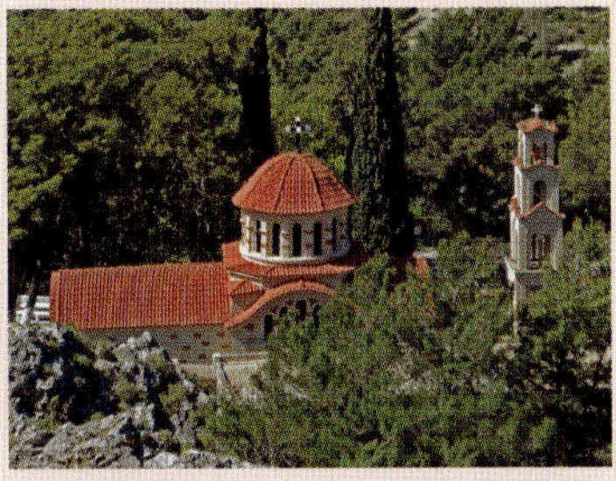

Eptá Pigés
Abenteuerliche Rundtour zu den Sieben Quellen, einem dunklen Tunnel und einem kleinen Stausee *(Tour 22).*

Tsambíka
Auf einem Kreuzweg zu einer Gipfelkapelle mit sagenhaften Ausblicken *(Tour 23).*

Höhlen von Foúrni
Alte Grabstätten auf einer schönen Landzunge *(Tour 41).*

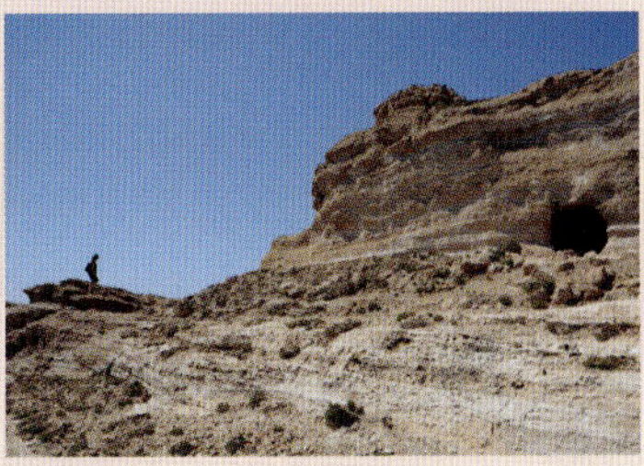

WICHTIGE HINWEISE FÜR UNTERWEGS

Anforderungen

Da die Markierung und der Zustand der Wanderwege auf Rhódos, Sými und Chálki nicht der gewohnten Qualität anderer Wanderregionen in Europa entsprechen und Wegverläufe sowie Einstiege teilweise schwerer zu finden sind als andernorts, sind die Wegbeschreibungen einiger Touren länger und ausführlicher als normalerweise bei »Rother Wanderführern« üblich.

Die meisten Wanderungen verlaufen auf deutlichen Pfaden und Wegen. Da viele Wege jedoch nicht oder nur unzureichend markiert sind, ist oft ein wenig Orientierungssinn hilfreich.

Zur besseren Einschätzung der jeweiligen Anforderungen sind die Tournummern je nach Schwierigkeitsgrad farbig unterlegt. Dabei ist zu beachten, dass sich die Schwierigkeit bei ungünstiger Witterung erheblich erhöhen kann. Auf erforderliche Schwindelfreiheit wird in jeder Tour zusätzlich hingewiesen. Der Farbschlüssel erklärt sich wie folgt:

Wanderweg zum Grab des Kleóboulos (Tour 30).

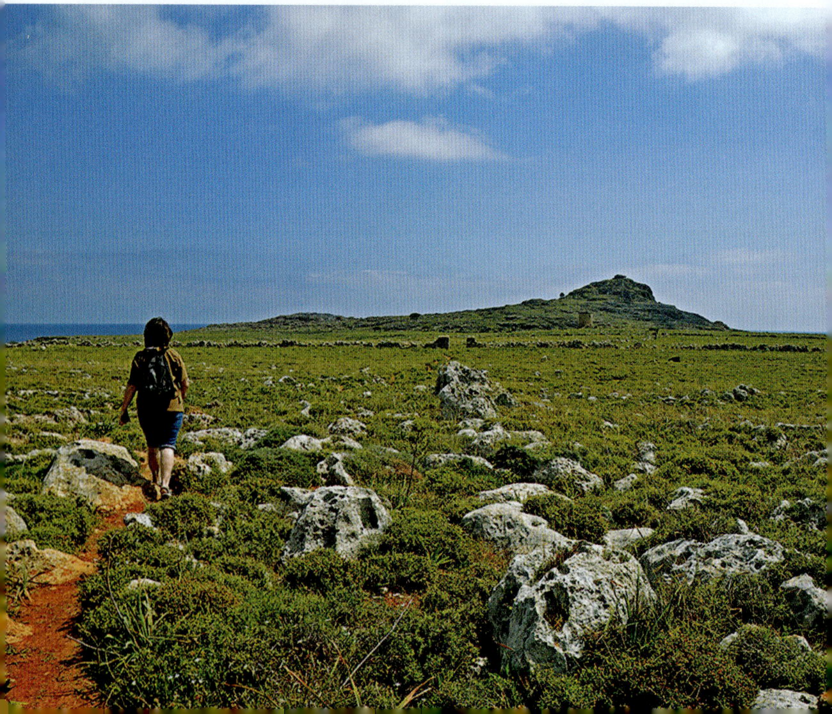

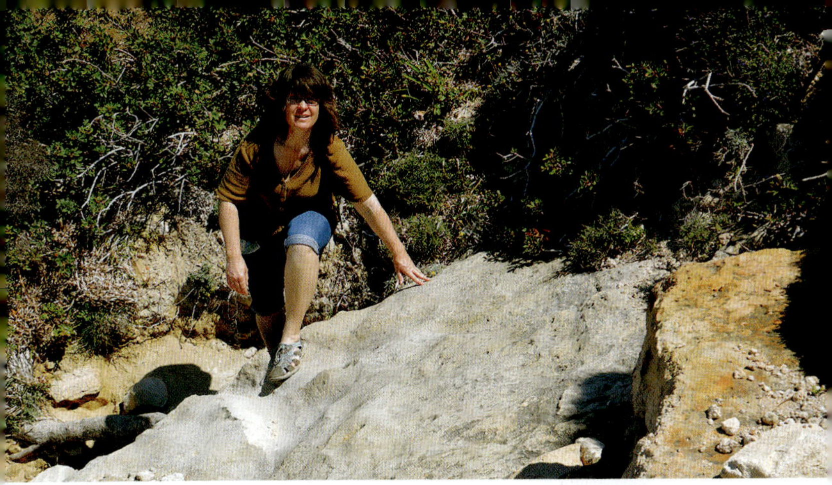

Auch bei mittelschweren Wanderungen kommen manchmal die Hände zum Einsatz: steiniger Weg kurz vor den Höhlen von Foúrni (Tour 41).

SCHWIERIGKEITSKATEGORIEN

■ = Leicht

Diese Wanderungen führen meist über breite, leicht erkennbare und nur mäßig steile Wege. Sie stellen keine großen Anforderungen an Kondition, Orientierung, Trittsicherheit und Schwindelfreiheit und sind auch für Menschen geeignet, die wenig Wandererfahrung mitbringen.

■ = Mittel

Bei diesen Wanderungen werden oft schmale, steinige Pfade mit einigen Auf- und Abstiegen begangen. Sie können über kürzere Abschnitte etwas ausgesetzt sein und erhöhte Anforderungen an die Trittsicherheit und den Orientierungssinn stellen. Gelegentlich kann die Zuhilfenahme der Hände notwendig sein. Für gesunde Menschen mit entsprechender Ausrüstung und normaler Kondition sind sie problemlos zu schaffen.

■ = Schwierig

Diese Wanderungen stellen hohe Anforderungen an Kondition, Orientierung, Trittsicherheit und oft auch Schwindelfreiheit. Die schmalen Pfade und Steige können häufig ausgesetzt sein und entlang gerölliger, steiler oder abrutschgefährdeter Hänge führen. Einige Passagen können weglos erfolgen, teilweise müssen auch die Hände zur Hilfe genommen werden. Diese Touren sollten nur mit ausreichend Wandererfahrung angegangen werden.

GPS-TRACKS UND KOORDINATEN DER AUSGANGSPUNKTE

Auf **gps.rother.de** stehen zu diesem Wanderführer GPS-Tracks und die Koordinaten der Ausgangspunkte zum kostenlosen Download bereit. Dieser QR-Code führt direkt zum Download.
4. Auflage, Passwort: 448504**dho**
Die GPS-Tracks können in die **Rother App** importiert werden. In der App kann man unterwegs stets sehen, wo man gerade ist und wo es langgeht. **Anleitungen dazu: rother.de/gps**
Trotz sorgfältiger Prüfung können wir Fehler und zwischenzeitliche Veränderungen nicht ausschließen. Verlassen Sie sich für die Orientierung niemals einzig und allein auf die GPS-Daten, sondern beurteilen Sie die Verhältnisse vor Ort.

Wandern mit Kindern

Für Kinder gibt es auf Rhódos viele schöne Ecken zu entdecken. Bei Wanderungen mit Kindern gilt der Spruch: Der Weg ist das Ziel. Und dementsprechend muss der Weg auch einiges zu bieten haben. Monotone Forstwege sind eher ungeeignet, um die Abenteuerlust der Kids zu wecken. Da sind felsige Pfade schon weitaus spannender. Wanderungen, die sich aufgrund ihres Abwechslungsreichtums und ihrer Länge besonders für Kinder im Alter von etwa 5 bis 13 Jahren eignen, sind mit dem Familien-Symbol im Tourenkopf versehen. Dabei ist zu beachten, dass die Wege, Brücken und Wasserläufe keinesfalls immer umfassend durch Geländer o. Ä. gesichert sind.

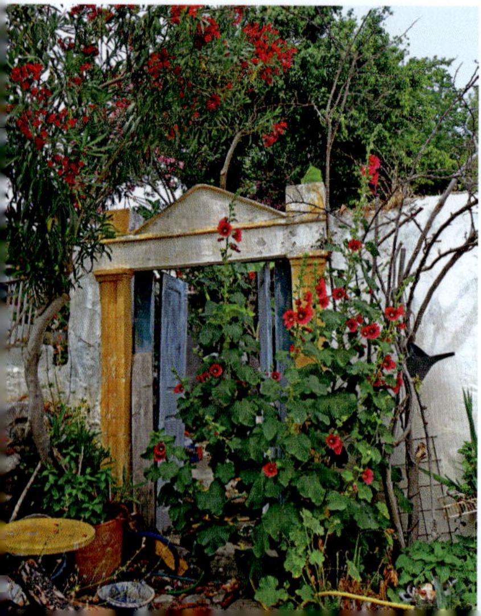

Gehzeiten

Alle genannten Zeitangaben sind reine Gehzeiten bei einer Geschwindigkeit von etwa 4 km/h. Für die überwundenen Höhenmeter sowie schwierige Wegbeschaffenheit wurde zusätzliche Wanderzeit addiert. Rast- und Fotopausen, Varianten, Abstecher sowie Besichtigungen wurden nicht eingerechnet. Witterung, Geländesituation und persönliche Verfassung bestimmen die tatsächlichen Gehzeiten.
Soll die Gesamtdauer einer Wanderung ermittelt werden, so müssen

Blumengeschmücktes Gartentor in Lachaniá.

pro im Tourenkopf angegebener Stunde etwa 20 Minuten für Pausen, Fotografieren etc. dazugerechnet werden. Bei einer reinen Gehzeit von 3.00 Std. bedeutet dies also eine tatsächliche Gesamtdauer der Wanderung von etwa 4.00 Std.

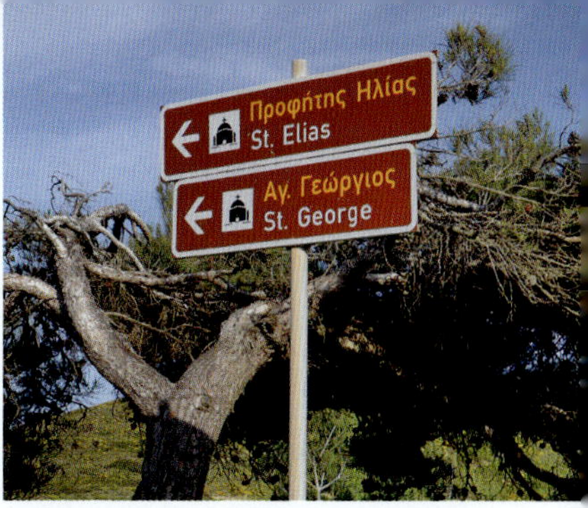

Wichtige Orientierungshilfe: Viele Schilder sind zweisprachig bedruckt.

Höhenangaben

Die Höhenangaben wurden aus den GPS-Aufzeichnungen der Wanderungen entnommen. Trotz barometrischen Höhenmessers können sich hier gelegentlich Ungenauigkeiten eingeschlichen haben. Die angegebenen Höhenunterschiede errechnen sich aus der Summe der im Aufstieg bzw. Abstieg zurückgelegten Höhenmeter. Dabei ergeben sich teilweise nach Abschätzung der Autorin vom GPS abweichende Werte.

Ortsnamen

Durch uneinheitliches Transferieren der griechischen Laute ins lateinische Alphabet variiert die Schreibweise von Ortsnamen in den verschiedenen Reisebüchern und Karten. Auf Ortsschildern und Hinweistafeln sind die Namen meist sowohl in griechischen als auch in lateinischen Lettern geschrieben. Innerhalb dieses Buches wurde Wert auf eine einheitliche Schreibweise im Text gelegt. Ortsnamen sind mit Betonungszeichen (´) versehen, damit die Aussprache leichter fällt.

SYMBOLE

	Symbole im Tourenkopf	†	Gipfel
🚌	Mit Bahn/Bus erreichbar	⛪	Kirche, Kapelle, Kloster
⛴	mit Boot/Schiff erreichbar	▲	Burg, Schloss, Ruine
✕	Einkehrmöglichkeit	∴	archäologische Stätte
👨‍👧	für Kinder geeignet		Leuchtturm
	Symbole im Höhenprofil		Windmühle
	Ort mit Einkehrmöglichkeit	Ω	Höhle
	Einkehrmöglichkeit		Picknickplatz
P	Parkplatz		Aussichtsplatz
	Schiffsanlegestelle	◉)(	Quelle / Brücke
	Busanschluss		Bademöglichkeit

WANDERN AUF RHÓDOS

Beste Wanderzeit

Auf Rhódos herrscht typisches gemäßigtes Mittelmeerklima mit heißen, trockenen Sommern und milden, regenreichen Wintern. Zum Wandern eignen sich Frühling und Herbst am besten. In den Monaten März und April finden botanisch Interessierte ihr persönliches Eldorado auf Rhódos. Bunte Blumenwiesen säumen die Wanderwege, und die Temperaturen sind angenehm mild. Allerdings ist das Wetter mitunter noch recht wechselhaft. Von Mai bis Juni ist die Wetterlage schon stabiler, es gibt kaum Niederschläge und die Temperaturen sind sehr angenehm. Das Meer kann noch ein wenig frisch sein, die Wassertemperaturen bewegen sich um die 20 °C. Im Sommer sind Wanderungen aufgrund der Hitze und der Sonneneinstrahlung sehr mühsam und allenfalls frühmorgens oder am späten Nachmittag auszuhalten. Von September bis Anfang November herrscht angenehm warmes Wetter und die Wassertemperaturen sind optimal zum Baden. Die Landschaften präsentieren sich vertrocknet und ausgebrannt – es bietet sich das typische Bild einer mediterranen Insel. Auch in den Wintermonaten ist Wandern möglich, allerdings besteht dann die Gefahr länger anhaltender Regenperioden und grauen, tristen Wetters. Im Winter sind außerdem die meisten Hotels und touristischen Einrichtungen geschlossen. Das feuchtkühle Winterwetter sollte nicht unterschätzt werden – hier wandert es sich mit langer Kleidung am besten.

Im Frühjahr schmücken bunte Blüten die Wiesen auf Rhódos.

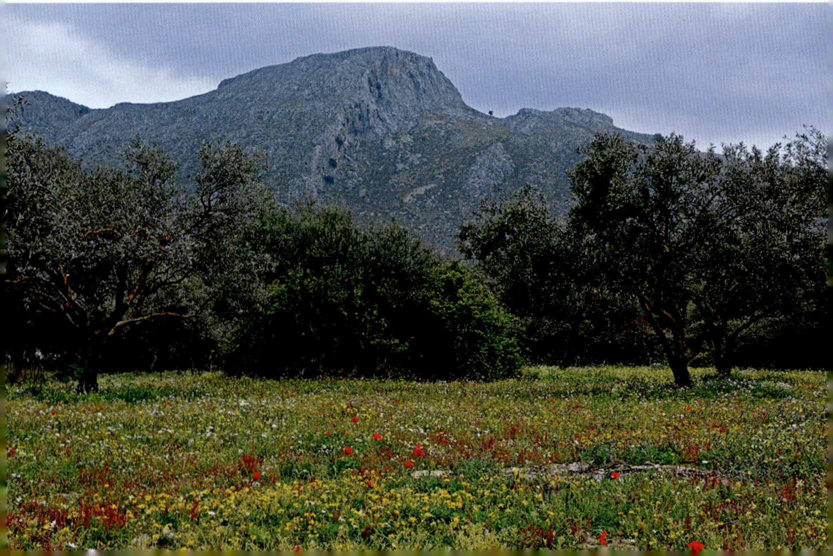

KLIMATABELLE RHÓDOS

		Jan	Feb	Mrz	Apr	Mai	Jun	Jul	Aug	Sep	Okt	Nov	Dez	Jahr
Tag *	°C	15	15	17	20	24	28	31	31	28	24	20	17	22,5
Nacht *	°C	9	9	10	13	16	20	22	23	21	17	13	10	15,3
Wassertemperatur	°C	17	16	16	18	19	21	23	25	24	23	20	18	20
Sonnenstunden/Tag	h	4	5	7	9	10	12	13	12	10	8	6	5	8,4
Regentage/Monat		11	9	7	3	2	1	0	0	1	4	7	10	4,6

*Tag: Mittelwert der Tageshöchsttemperaturen.
*Nacht: Mittelwert der Tagestiefsttemperaturen.

Kartenmaterial

Gutes Kartenmaterial für Rhódos ist eher dürftig vorhanden. Das Straßennetz ist nicht immer korrekt eingezeichnet, neu angelegte oder kleinere Straßen, Wege und Seen fehlen teilweise völlig. Die beste Wanderkarte für Rhodos ist die »Rhodes Tour & Trail Map« von Jan Kostura im Maßstab 1:50.000 (auf Englisch). Sie stellt die natürlichen Gegebenheiten und Wanderwege der Insel korrekt und detailliert dar. Beim Anavasi-Verlag gibt es eine Wanderkarte von Rhódos und Sými im Maßstab 1:75.000. Besonders zu empfehlen ist die Anavasi-Wanderkarte für Chálki im Maßstab 1:20.000. Sie ist GPS-kompatibel und punktet mit exakten Wegverläufen und hilfreichen Wanderbeschreibungen (auf Englisch).
Auf Sými gibt es eine recht gute kostenlose Karte bei der Tourismusinformation und in den Hotels. Ansonsten liefert der Terrain-Verlag im Maßstab 1:20.000 eine brauchbare Karte der Insel.
Für das GPS-Gerät bietet sich die kostenlose Nop's Reit- und Wanderkarte für Osteuropa & Griechenland an. Es besteht die Möglichkeit, diese Karte als Einzelkacheln herunterzuladen, um so später dann nur die Kachel für Rhódos auf das GPS-Gerät zu übertragen. Grundsätzlich gilt: Auch die digitalen Karten reichen in Qualität und Detailreichtum bei Weitem nicht an z. B. Alpenverhältnisse heran.

Wegenetz und Markierungen

Einst waren die Dörfer von Rhódos durch ein dichtes Netz aus Fußpfaden (Monopátia) und alten Pflasterwegen (Kalderímia) miteinander verbunden. Durch zunehmende Motorisierung wurden diese teilweise über 1000 Jahre alten Pfade jedoch überbaut, vergessen oder der Natur überlassen. Damit sie nicht in völlige Vergessenheit geraten, führen Wanderungen in diesem Buch zumindest teilweise entlang der ehemaligen Wallfahrts- und Transportrouten. Vor allem im Frühjahr können die Monopátia und Kalderímia jedoch ziemlich überwuchert sein. Als Orientierung helfen oft Steintürmchen, seltener auch farbige Markierungen. Beschilderungen sind außer an touristischen Hotspots so gut wie nie vorhanden. Es braucht also häufig ein wenig Orientierungssinn, um sich im Gelände zurechtzufinden.

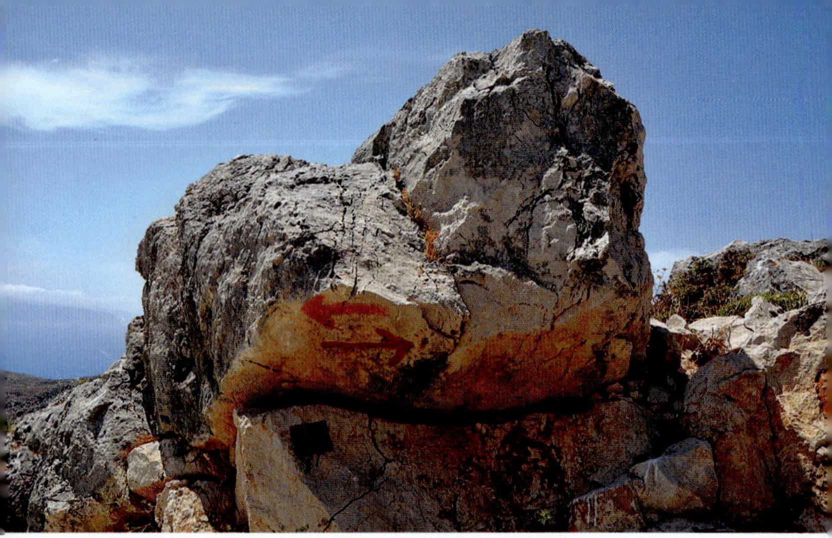

Die Wanderwege sind nur in den seltensten Fällen markiert.

Oft müssen Fraßschutz-Gatter durchstiegen werden, die meist mit einfach zu öffnenden Metallschlingen oder Stricken gesichert sind und bitte nach dem Durchschreiten wieder geschlossen werden. Wer Einheimische nach dem Weg fragt, sollte unbedingt das Wort Monopáti erwähnen, sonst endet die Wanderung womöglich auf breiten und bequemen, aber weniger abwechslungsreichen Fahrwegen und Straßen.

Ausrüstung

Nicht nur in den Sommermonaten sind Sonnenschutz (inklusive Kopfbedeckung) und ausreichende Trinkvorräte die wohl wichtigsten Wander-Requisiten auf Rhódos. Des Weiteren sollten wandertaugliche Schuhe mit griffiger Sohle verwendet werden – auf leichten Touren stellen Wandersandalen eine gute Option dar. Für den Aufstieg auf den Attáviros sind allerdings geschlossene, stabile Wanderstiefel nötig. Da manche Pfade durch stacheliges Gestrüpp führen, empfehlen sich lange Hosen im Gepäck. Diese können auch bei Klosterbesuchen zum Einsatz kommen, da dort auf angemessene Kleidung geachtet wird. In den Herbst- und Wintermonaten kann wind- und regenfeste Kleidung hilfreich sein.

Einkehr und Unterkunft

In nahezu jedem Dorf findet sich mindestens eine Taverne, die für das leibliche Wohl nach einer anstrengenden Wanderung sorgt. Auf dem Profítis Ilías befindet sich die einzige bewirtschaftete Berghütte der Insel. Die bes-

ten Orte zum Einkehren sind die, in denen auch Einheimische speisen. Diese Lokale sind meist klein und unauffällig, Werbung wird kaum gemacht. Dahingegen preisen touristische Lokale auf riesigen Bannern ihre Speisen an. Das Essen dort ist zwar durchaus bekömmlich, reicht aber in der Qualität meist nicht an die Angebote der weniger touristischen Restaurants heran. Sind Einkehrmöglichkeiten besonders zu empfehlen, so werden sie im Touren-Steckbrief namentlich erwähnt.
Die großen Hotelkomplexe konzentrieren sich im Norden rund um Faliráki und Rhódos-Stadt sowie an der südlichen Ostküste rund um Líndos und zwischen Kiotári und Gennádi. Entlang der nördlichen Westküste und rund um Archángelos finden sich hauptsächlich kleinere Hotels. Im bergigen Inselinneren und im Süden gibt es vor allem kleine, gemütliche Pensionen oder privat vermietete Apartments. Wer in der Hauptsaison (von Juni bis September) anreist, sollte sich wegen des großen Andrangs frühzeitig um eine Bleibe bemühen. Außerhalb der Saison (November bis März) kann es schwierig werden, eine Unterkunft zu finden, da viele Hotels und Pensionen geschlossen sind. In einigen Klöstern, wie zum Beispiel in Skiádi oder Arnítha, besteht die Möglichkeit, gegen eine Spende in einfachen Klosterzimmern zu übernachten. Dazu kann entweder direkt im Kloster oder in der Dorftaverne nachgefragt werden. Wer mit Einheimischen ins Gespräch kommt, hat mitunter das Glück, in einem heimeligen griechischen Häuschen nächtigen zu dürfen.

Überall auf der Insel finden sich kleine Snackbars wie hier am Kastell Kritinía (Tour 9).

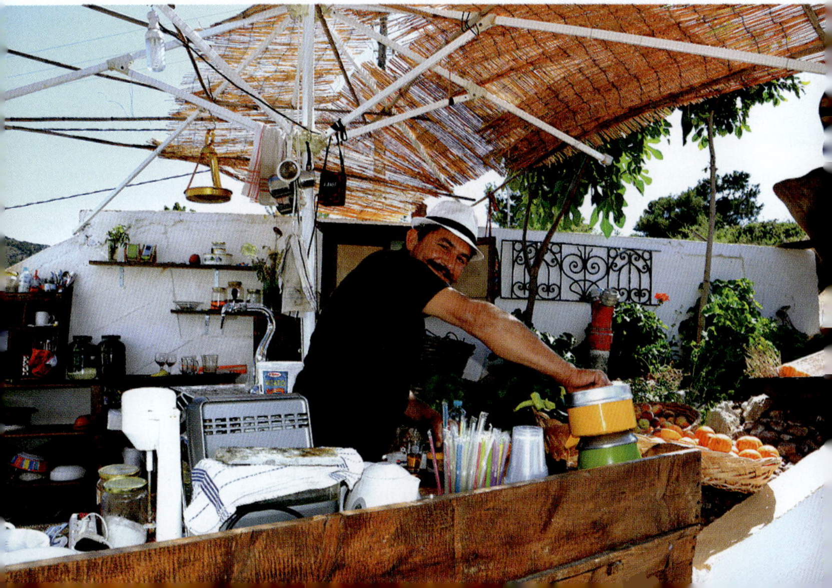

Gebietsspezifische Gefahren

- **Waldbrand:** Vor allem in den Sommermonaten kommt es häufig zu Busch- und Waldbränden auf Rhódos. Es sollte auf entsprechende Hinweise in den Medien, von lokalen Behörden und Einheimischen geachtet werden. Akute Brandgebiete sind unbedingt zu meiden, um Löscharbeiten nicht zu behindern. Es besteht in den ehemaligen Waldbrandgebieten mitunter die Gefahr umstürzender Bäume – vor allem bei starkem Wind.
- **Hitze und Sonneneinstrahlung:** Im Sommer ist die Hitze nicht zu unterschätzen. Sofern längere schattenlose Touren geplant sind, empfiehlt es sich, möglichst früh aufzubrechen, entsprechenden Sonnenschutz und ausreichend Wasser mitzunehmen.
- **Gewitter und starker Niederschlag:** Gelegentlich brauen sich Gewitter über Rhódos zusammen – vor allem im Frühjahr, Herbst und Winter. Es empfiehlt sich daher, vor dem Aufbruch die Wetteraussichten zu prüfen. Bei Gewitter sollten Ausflüge auf Berge, Aussichtstürme, an Strände, Klippen und Seen gemieden werden. Nässe kann harmlose Wegabschnitte in gefährliche Rutschbahnen verwandeln. Während und unmittelbar nach starken Niederschlägen können sonst ausgetrocknete Bachbetten zu reißenden Flüssen werden.
- **Steinschlag und Erdrutsche:** Bei Wanderungen durch Schluchten und an Steilwänden besteht Steinschlaggefahr durch Ziegen, Erdbeben, Regen oder Wind. Nach heftigen Niederschlägen kann es an Hängen und Böschungen zu Erdrutschen kommen.
- **Nebel:** Vor allem bei Ausflügen auf die drei höchsten Gipfel von Rhódos kann mitunter dichter Nebel aufkommen, der die Orientierung erheblich beeinträchtigen kann. Ein GPS-Gerät oder ein Kompass ist in solch einem Fall eine große Hilfe.
- **Schlangen:** Von Mai bis Oktober kreuzen gelegentlich aufgeschreckte Schlangen die Wanderwege. Normalerweise stellen sie keine Gefahr dar, da sie rechtzeitig fliehen, bevor sie auf Menschen treffen. Nur wenn ihnen keine Fluchtmöglichkeit gegeben ist, kann es vorkommen, dass sie sich durch einen Biss verteidigen. Von allen Schlangen auf Rhódos ist nur eine Art giftig: die Hornotter bzw. Sandviper (Vipera ammodytes). Sie ist erkennbar an dem namensgebenden Horn direkt auf der Schnauze sowie dem karoförmigen Muster auf ihrem Rücken. Die Hornotter tritt in verschiedenen Farbtönen von grau bis rotbraun auf, wird bis zu 50 cm lang und etwa doppelt daumendick. Ein Biss ist für gesunde Erwachsene mit großer Wahrscheinlichkeit nicht tödlich, trotzdem sollte nach einer unliebsamen Begegnung möglichst schnell ärztliche Hilfe in Anspruch genommen werden, da es zu inneren Blutungen kommen kann.
- **Skorpione:** Ein Zusammentreffen mit einem Skorpion ist ein eher seltenes Ereignis. Sie verstecken sich tagsüber bevorzugt unter Steinen, in Mauerspalten und mitunter auch in Schuhen. Beim Umdrehen von Stei-

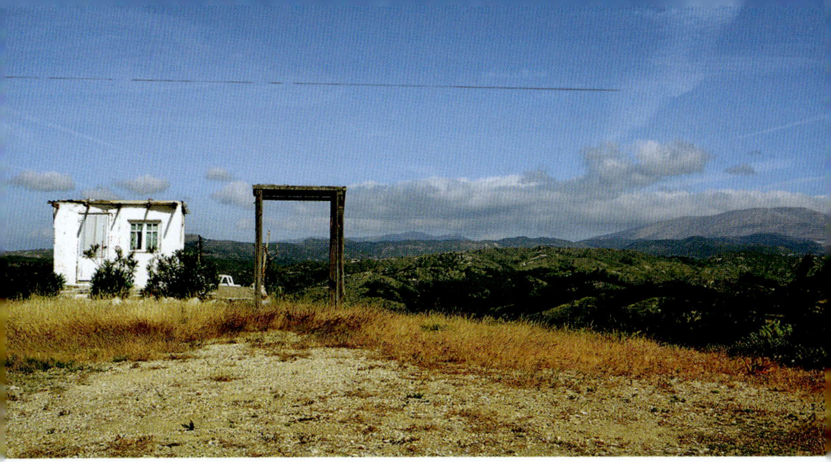

Unbesetzte Feuerwacht.

nen sowie beim Schuheanziehen ist also Vorsicht geboten. Ein Stich der bis zu 5 cm langen Tierchen ist zwar schmerzhaft, aber harmlos. Wie bei Insektenstichen auch kann es jedoch zu allergischen Reaktionen kommen, die gefährlich werden können.

- **Bienen:** Auf Rhódos wird köstlicher Honig produziert. Bienenkörbe sind über die ganze Insel verteilt. Bei zu großer Annäherung reagieren die Völker nicht immer gelassen. Führt die Einflugschneise der Bienenstöcke direkt über einen Wanderweg, sollten nach Möglichkeit nackte Körperteile und das Haar bedeckt werden. Das Wichtigste ist jedoch, ruhig und gelassen an den Kästen vorbeizuwandern, da die Bienen auf Angstschweiß und panische Bewegungen aggressiv reagieren können. Auch auf die Verwendung von Produkten mit ätherischen Ölen sollte in der Nähe von Bienenstöcken verzichtet werden.
- **Hunde:** Hunde stellen normalerweise keine Gefahr dar, selbst wenn sie Ankömmlinge durch lautes Bellen begrüßen. Sie fristen entweder das traurige Dasein eines Leinenhundes (wenn die Leine lang ist, mag es anmuten, als würde es sich um einen frei laufenden Hund handeln) oder sind durch hohe Zäune von der Außenwelt abgeschottet.
- **Jagd:** Für das Festessen am Abend oder auch nur aus Jux und Tollerei gehen einige Einheimische mit ihren Schrotflinten auf die Jagd. Um nicht versehentlich ins Visier einer Flinte zu geraten, sollte bei Wanderungen auf schmalen, schlecht einsehbaren Pfaden im Wald oder im Gebüsch Lärm gemacht und auffällig gefärbte Kleidung getragen werden. Jagdzeit ist meist Mitte September bis Mitte Februar. Detailliertere Infos sind auf der griechischsprachigen Webseite des Jagdvereins von Rhodos (rodia-elafos.gr) zu finden.

WISSENSWERTES ÜBER RHÓDOS

Geografie und Geologie

Rhódos ist die viertgrößte Insel Griechenlands und liegt nur 17 km von der türkischen Küste entfernt, direkt an der Trennlinie zwischen Ägäischem und Levantischem Meer. Als größte der Dodekanés-Inseln umfasst Rhódos rund 1400 km^2 und ist damit etwa dreimal so groß wie der Bodensee. Die Entfernungen auf der Insel werden leicht unterschätzt. Folgt man einer der Küstenstraßen von der Nord- bis zur Südspitze, so müssen immerhin etwa 100 km zurückgelegt werden. In Luftlinien gemessen ist Rhódos 77 km lang und 38 km breit.

Rhódos eröffnet ein breites Spektrum an Landschaften. Die westliche Inselmitte wird von den drei höchsten Bergen dominiert: dem Attáviros (1216 m), dem Akramítis (823 m) und dem Profítis Ilías (798 m). Von dort zieht sich in alle Richtungen waldiges, vielgestaltiges Hügelland, das erst im äußersten Norden und Süden als Flachland endet. Die Westküste fällt steil ab und die Strände dort sind steinig, während die Ost- und Südküste sanfter verläuft und traumhafte Sandstrände offenbart. Im Inselinneren werden mehrere Flüsse für die Trinkwasserversorgung angestaut.

Die Entstehung der Insel ist auf tektonische Plattenbewegungen zurückzuführen, die im Bereich der Ägäis ein Falten- und Deckengebirge aus dem Meer auftauchen ließen.

Auf Rhódos leben rund 129.000 Menschen. Fast die Hälfte davon wohnt in Rhódos-Stadt, dem kulturellen und politischen Zentrum der Insel. Verwaltungstechnisch gehört Rhódos zur Region der Südlichen Ägäis und umfasst als Regionalbezirk nicht nur die Hauptinsel, sondern auch die Eilande Chálki, Kastellórizo, Megísti, Sými und Tílos.

Mythologie

Die mythologische Entstehungsgeschichte von Rhódos ist gar nicht so weit entfernt von der geologischen Erklärung: Es heißt, dass die Insel einst aus dem Meer aufgestiegen war. Um alle weiteren Begebenheiten auf der Insel ranken sich wilde Mythen: Einst bewachte Poseidon, der Gott des Meeres, die Insel. Wenn er anderweitig beschäftigt war, sah seine schöne Tochter, die Nymphe Rhóde, nach dem Rechten. Dem Sonnengott Hélios war auf seinem täglichen Ritt über den Himmel die bezaubernde Rhóde auf dem fruchtbaren Eiland aufgefallen und er fand großen Gefallen an ihr und der Insel. Als nun Zeus eines Tages sein Reich unter allen Gottheiten aufteilte, war Hélios gerade wieder einmal mit seinem Wagen unterwegs, um die Erde mit wärmenden Sonnenstrahlen zu beglücken. Als er am Abend wieder zum Olymp zurückkehrte, bemerkte Zeus, dass er Hélios bei der Verteilung vergessen hatte und wollte die Erde noch einmal neu aufteilen. Hélios schlug jedoch vor, ihm das fruchtbringende Eiland mitten im Meer zuzusprechen. Zeus stimmte zu und so war nun der Sonnengott Herrscher über die Insel und nannte sie Rhódos, nach der entzückenden Nymphe Rhóde, seiner späteren Gemahlin. Drei seiner Enkel – Kámiros, Líndos und Ialyssós – gründeten Erzählungen nach auf Rhódos drei Städte und regierten dort als Könige.

Geschichte

Rhódos war lange Zeit durch fremde Mächte besetzt. Erst seit 1947 gehört die Insel offiziell wieder zu Griechenland, nachdem sie jahrhundertelang fremdbestimmt wurde.
Bereits in der Jungsteinzeit (5500–3500 v. u. Z.) war Rhódos von Menschen bewohnt. Nach karischer und phönizischer Besiedlung brachte die von Kreta ausgehende minoische Eroberung der Insel um 1400 v. u. Z. eine erste kulturelle Blütezeit. Einige Jahrhunderte später zogen Teile der achäischen Bevölkerung vom griechischen Festland aus auf die Inseln der Ägäis. 1150 v. u. Z. wurden unter dorischer Herrschaft die drei Stadtstaaten Ialyssós, Kámiros und Líndos gegründet. Im 5. Jh. v. u. Z. beschlossen die drei Stadtstaaten die Gründung von Rhódos-Stadt, die zu einer der reichsten Städte der Antike aufstieg. Mit dem Bau des Kolosses von Rhódos im Jahre 292 v. u. Z. dankte die rhodische Bevölkerung ihrem Schutzgott Hélios und machte den Reichtum der Insel weithin sichtbar. 42 v. u. Z. eroberten römische Truppen den gesamten Dodekanés. Rhódos war nun Teil des römischen Reiches, bis es im Jahre 395 zerfiel. Die Insel ging an das byzantinische (oströmische) Reich. Anfang des 14. Jh. wurde Rhódos während der Kreuzzüge von den christlichen Brigaden erobert, die die Insel bis

Dorische Säulenreihe auf der Akrópolis von Líndos.

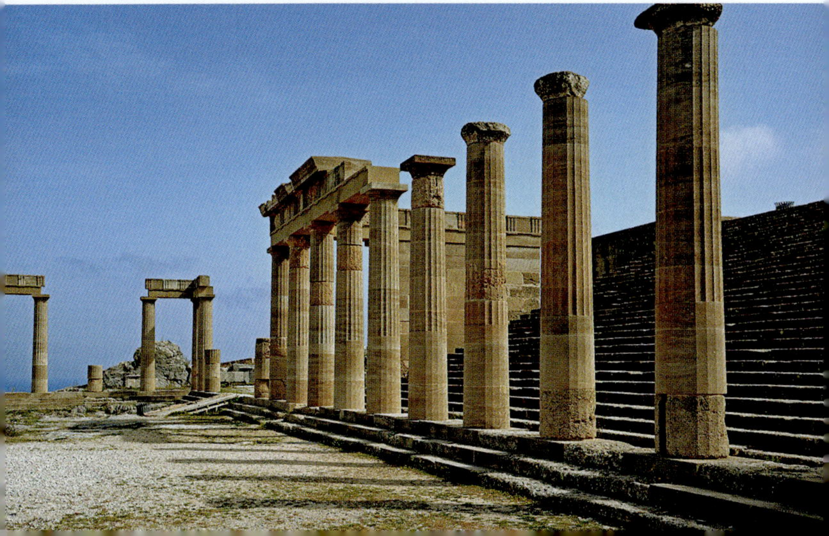

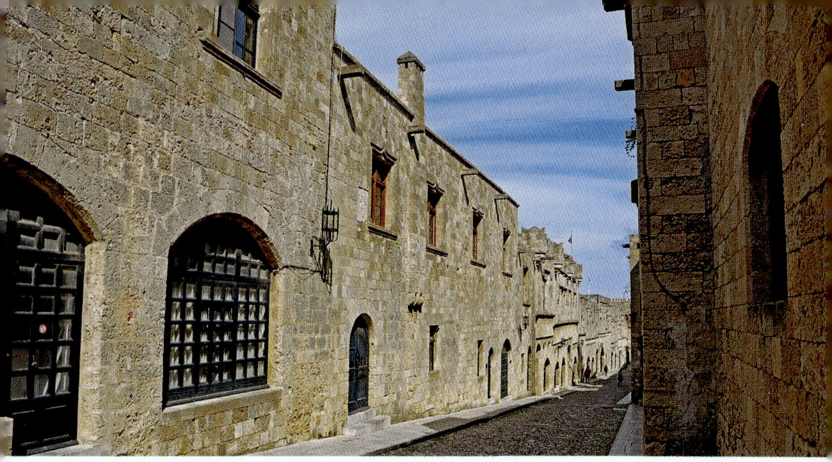

Die Ritterstraße in Rhódos-Stadt ist eine der wenigen Straßen in der Altstadt ohne Souvenirgeschäfte.

1532 gegen türkische (osmanische) Angriffe verteidigen konnten. Bis 1912 blieb Rhódos unter türkischer Herrschaft, danach folgte die Übernahme durch italienische Truppen. Rhódos sollte eine italienische Musterkolonie werden – pompöse Bauten entstanden, Wälder wuden aufgeforstet und die Infrastruktur wurde ausgebaut. 1943, nach dem Sturz Mussolinis, okkupierten die Deutschen die Insel und deportierten knapp 2000 Menschen jüdischer Abstammung in Vernichtungslager. 1945 erfolgte die Besetzung durch Großbritannien. 1947 wurden alle Dodekanés-Inseln wieder Teil von Griechenland. Von 1967 bis 1974 unterlag Griechenland einer Militärdiktatur. Erst danach entwickelte sich eine stabile, westlich orientierte Demokratie in dem Land.

Lebensart

Die Menschen auf Rhódos sind sehr freundlich und offen. Gäste werden mit außerordentlicher Herzlichkeit und Gastfreundschaft empfangen. Auch wirtschaftlich schwierige Zeiten ändern an dieser griechischen Tugend nichts. Vor allem in den kleinen Dörfchen werden auch Fremde schnell in Gespräche verwickelt oder zum Essen eingeladen. Musik und Tanz spielen eine wichtige Rolle in Griechenland. Oft wird in großer Runde getanzt und die ganze Festgesellschaft singt dazu. Auch das gemeinschaftliche Essen hat einen hohen Stellenwert. Dabei geht es aber weniger nur um die Nahrungsaufnahme, als vielmehr darum, zusammenzusitzen und einen schönen Abend zu verbringen. Aufgepasst! Wer mit Einheimischen essen geht, sollte beachten, dass nicht für jeden einzeln bestellt wird, sondern für alle zusammen. Das Essen wird in die Mitte des Tisches gestellt und erst dann auf den eigenen Teller gehievt. Ein weiterer Tipp: »Vitamin B« ist das A und O in Griechenland. Wer die richtigen Leute kennt, dem werden Tor und Tür geöffnet.

Religion

Auch wenn die junge Generation einen eher lockeren und auch kritischen Umgang mit griechisch-orthodoxen Weltanschauungen pflegt, ist die Kirche ein tragendes Element der Gesellschaft. Etwa 95 % der griechischen Bevölkerung sind offiziell als orthodox gemeldet. Der starke Rückhalt in der Gesellschaft hat auch mit der Geschichte zu tun: Zu Zeiten türkischer Besatzung war es die Kirche, die im Verborgenen die griechische Kultur und Sprache aufrecht erhielt. Die Priester (auch Popen oder Papádes) spielen vor allem in den Dorfgemeinschaften eine zentrale Rolle. In langen, schwarzen Umhängen, mit der typischen Kopfbedeckung und Bart spazieren sie durch die Ortschaft, sprechen mit den Ansässigen und halten Gottesdienste. Kleine Kapellen und Kirchen sind über die ganze Insel verstreut. Oft sind die Türen unverschlossen und im Inneren lassen sich alte Ikonen und Fresken bewundern. 1,3 % der griechischen Bevölkerung ist muslimisch, 0,4 % katholisch und einige Tausende Menschen sind jüdischer Glaubensrichtung.

Wirtschaft und Tourismus

Rhódos gehört zu den am häufigsten besuchten Inseln Griechenlands. Mehr als zwei Millionen Gäste besuchen die »Perle der Ägäis« pro Jahr. Nicht verwunderlich also, dass der Tourismus mit 85 % des Bruttoinlandproduktes der bedeutendste Wirtschaftszweig der Insel ist. Der neue Trend zum All-

Im Frühling werden duftende Blumenkränze gebunden und an die Haustüren gehängt.

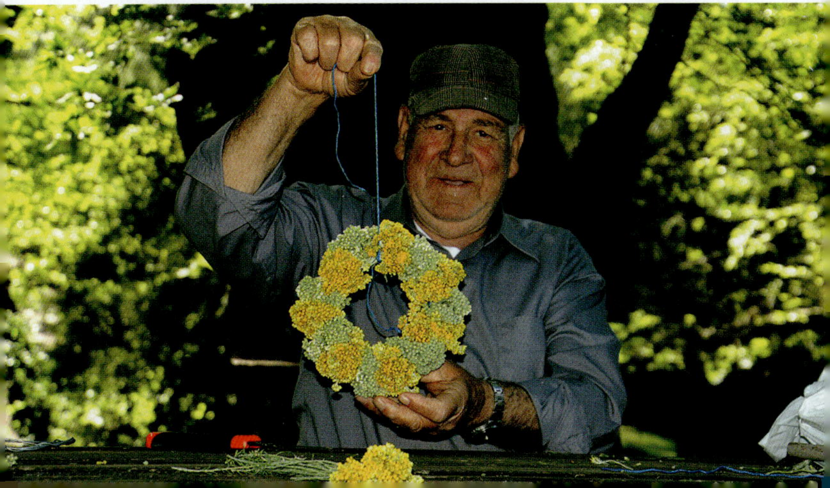

inclusive-Urlaub macht den Einheimischen allerdings zu schaffen. Vor allem kleinere Cafés und Restaurants haben so erhebliche Umsatzeinbußen zu verzeichnen. Und ganz ehrlich: Rhódos ist für einen All-inclusive-Urlaub viel zu schade – das Bezaubernde der Insel sind die Menschen, die Landschaften, die Dörfer, die Kulturschätze. Und die lassen sich nicht von der Pool-Liege aus entdecken. Der Tourismus konzentriert sich auf die Küstenregionen im Norden und um Líndos. Der Inselwesten und -süden sowie die Inselmitte sind weitgehend von Massentourismus verschont geblieben. Dort erfreuen einsame Berggipfel, menschenleere Sandstrände und versteckte Kapellchen die Gemüter.

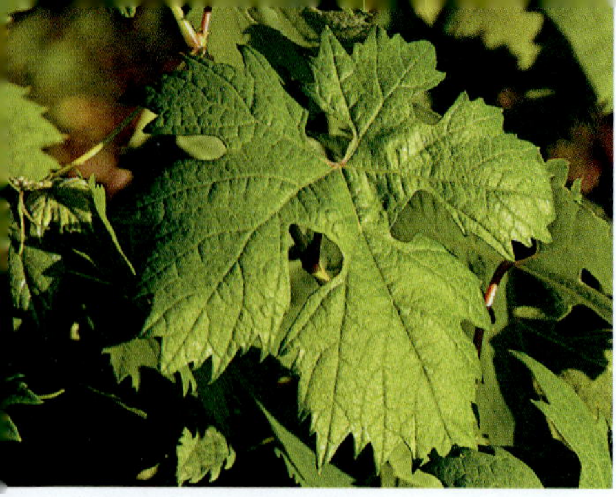

Weinblätter finden verschiedenste Verwendung in der griechischen Küche.

Der Agrarsektor ist ein weiterer, aber deutlich kleinerer Wirtschaftszweig. Vor allem Oliven, Wein, Obst und Gemüse werden angebaut und direkt in den Dorfläden verkauft. Im äußersten Süden wird auch Getreide kultiviert. Industrie spielt eine untergeordnete Rolle – in der Nähe der Ortschaft Theológos steht allerdings das Elektrizitätswerk der Insel. Die Wasser- und Luftqualität rund um das Kraftwerk sind beeinträchtigt, da durch Ölverbrennung schädliche Emissionen freigesetzt werden. Ein weiteres, neues Kraftwerk ist seit 2018 in der Nähe der Südspitze Prasonísi in Betrieb.

Die Universität der Ägäis hat ihren humanwissenschaftlichen Standort in Rhódos-Stadt. Hier werden Früh- und Grundschulpädagogik sowie Mediterrane Studien gelehrt.

Pflanzenwelt

Rhódos ist grüner, als viele vielleicht annehmen: Die günstige Lage vor den Gebirgen Kleinasiens beschert der Insel relativ viel Niederschlag und hält die Erde fruchtbar. Sými und Chálki hingegen gleichen seit ihrer radikalen Abholzung für den Schiffsbau eher gebirgigen Steinwüsten, die nur mit niedrigem Gebüsch

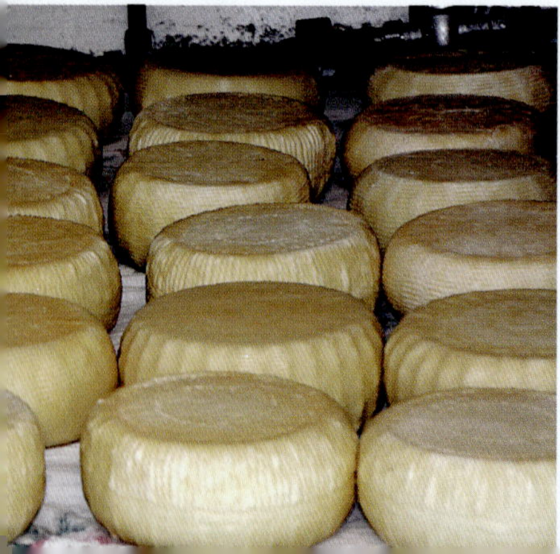

In Kritinía wird nach traditioneller Art Käse hergestellt.

bewachsen sind. Diese Gebüschformation, die auch auf Rhódos zu finden ist, heißt Phrýgana oder Felsenheide. Die Pflanzengesellschaft wächst auf trockenen Standorten, ist 30 bis 100 cm hoch und besteht vor allem aus Dornkugelbüschen. Die dazugehörigen Pflanzengattungen sind Ginster, Wolfsmilch, Bibernelle, Wundklee, Erika, Flockenblume, Affodill und Zistrose. Kermes- und Stecheichen, Wacholder, Mastix sowie Judas-, Lorbeer-, Erdbeer- und Johannisbrotbäume sind in der Phrýgana nur als Sträucher vorhanden. Zu Bäumen entwickeln sie sich erst, wenn mehr Wasser vorhanden ist. Dann heißt die Pflanzengesellschaft Mácchia, ist 1,50 m bis 5 m hoch und bildet ein nahezu undurchdringliches Dickicht. Zu den Mácchia- und Phrýgana-Arten gesellen sich duftende Küchenkräuter wie Lavendel, Thymian, Rosmarin, Oregano, Salbei, Kamille, Fenchel und Kapernsträucher.
Wenn nicht gerade ein Feuer gewütet hat, sind die Berge von Rhódos mit dichtem bis lichtem Kiefern- und Zypressenwald bedeckt. In der Nähe von Siedlungen, entlang von Straßen und Seen finden sich vermehrt Pinien, Platanen, Pappeln, Erlen, Ahorn, Eukalyptus und Esskastanien. In der Steppenlandschaft im Süden stehen Akazien in weiter Grasflur. An Küsten- und Strandbereichen sind Tamarisken und Meerzwiebeln angesiedelt. In ausgetrockneten Flussbetten schmeichelt blühender Oleander dem Auge. Auch der Mönchspfeffer ist dort zu finden. Seinen Namen erhielt er aufgrund der lustmindernden Eigenschaft seiner Früchte: Geistliche mischten sie gezielt ins Essen, um ihre persönliche »Abkehr von der weltlichen Liebe« leichter zu gestalten.

Landwirtschaftlich kultiviert werden Oliven, Weintrauben, Orangen, Mandarinen, Zitronen, Feigen, Granatäpfel, Pfirsiche, Melonen, Erdbeeren, Mandeln, Walnüsse, Tomaten, Kartoffeln, Gurken, Auberginen, Paprika und Getreide.

Im Frühjahr und Frühsommer erfreuen blühende Blütenmeere das Gemüt. Es leuchten Krokusse, Narzissen, Hyazinthen, Anemonen, Margariten, Kronenwucherblumen, Iris, Mohn, Habichtskraut, Malven, Lupinen, Chrysanthemen, Gladiolen, verschiedene Lattiche,

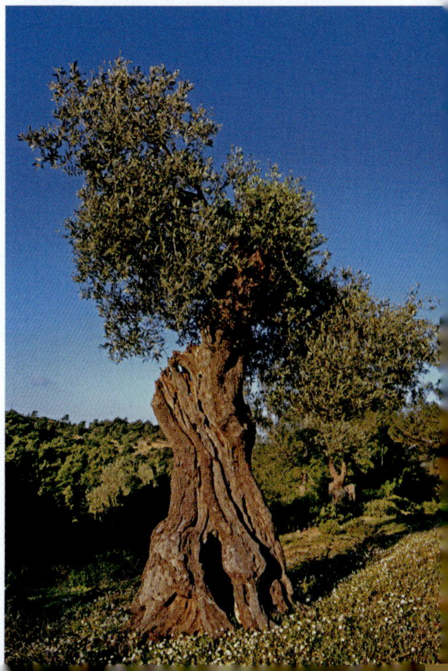

Mehrere Hundert Jahre ist dieser knorrige Olivenbaum alt.

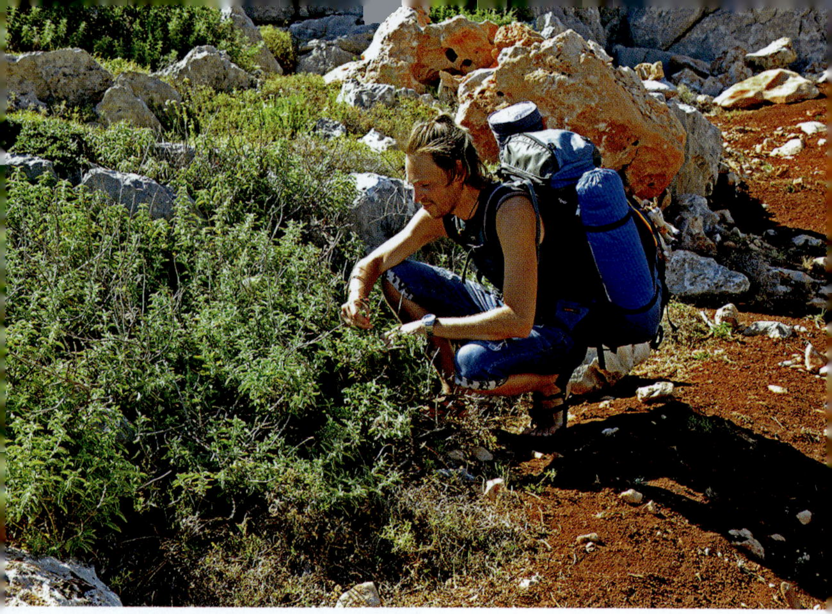

Frisch gepflückt lässt sich Salbei direkt nach der Wanderung zu Tee verarbeiten.

Königskerzen, Bougainvillea, Hibiskus, Disteln, Akanthus, Aaronstab und Drachenwurz. Auch Agaven und Opuntien säumen die Wege. Besondere Schmankerl für botanisch Interessierte sind die Rhodische Pfingstrose sowie seltene Orchideen- und Nelkenarten wie der Ragwurz, Knabenkraut und der Zungenstendel.

Tierwelt
Mit etwas Glück lassen sich bei Wanderungen die Wappentiere von Rhódos entdecken: Hirsch und Hirschkuh. Die eleganten, scheuen Tiere grasen gern auf abgelegenen Bergwiesen. In der Antike wurde das Rehwild erstmals auf Rhódos ausgesetzt, nachdem das Orakel von Delphi vorausgesagt hatte, dass Hirsche die Rhodier von der damaligen Schlangenplage erlösen würden.
Viele wilde Säugetiere und viele Vogelarten haben es aufgrund der Jagd nicht leicht auf der Insel. Trotzdem finden sich einige Hasen, Kaninchen, Marder, Füchse, Dachse und Wiesel. Durch die Lüfte schwirren Falken, Habichte, Bussarde, Gänsegeier, Eulen, Rebhühner, verschiedene Singvögel und Möwen.
Am häufigsten sind domestizierte oder verwilderte Haustierarten anzutreffen: Allen voran Ziegen- und Schafsherden, die durch die Berglandschaft

streifen. Katzen, Schweine, Hühner und Gänse machen die Dorfstraßen unsicher, Hunde sind meist angeleint oder eingesperrt. In einigen Gegenden werden Pfauen gehalten, die frei und erhaben durch das Unterholz stolzieren. Manchmal sind Pferde, Maultiere und Esel und eher selten Kühe anzutreffen.

Eidechsen und Geckos wuseln des Öfteren aufgeschreckt herum. Besonders imposant ist der bis zu 40 cm lange Hardun, auch Schleuderschwanz genannt. Mitunter kreuzen Schlangen den Weg. In den seltensten Fällen gehen diese Begegnungen negativ aus, da die Tiere vor den Menschen flüchten. Ebenso selten kommt es zu Skorpionstichen. Trotzdem sollten nicht unnötig Steine gehoben werden, da sich die bestachelten Spinnentiere gern unter solchen verstecken.

In den bewaldeten, feuchten Tälern flattern verschiedene Schmetterlingsarten. Die bekannteste ist der Russische Bär, der im Ruhezustand ganz unscheinbar aussieht, beim Aufflattern jedoch sein knallrotes Kleid zeigt. Auch Heuschrecken, Bienen, Hummeln und Hornissen sind auf Rhódos zu finden.

Landschildkröten gibt es selten, dafür umso öfter Wasserschildkröten in Teichen oder Flüssen. In den Gewässern leben auch Frösche, Krebse und Fische. Der Gizani-Fisch ist eine endemische Art und kommt nur in Rhódos' Süßgewässern vor.

Das Meer ist ziemlich leergefischt. Beim Schnorcheln lassen sich gelegentlich Oktopusse oder Papageienfische entdecken. Im offenen Meer schwimmen Schwertfische, Thunfische und kleine, ungefährliche Haie. Nur selten tummeln sich Delfine in der Nähe von Rhódos. Beim Baden bitte möglichst nicht auf den Seeigel oder den roten Drachenkopf treten. Auch von Muränen sollte sich ferngehalten werden.

Links: Wie ein kleiner Drache: der gut getarnte Hardun.
Rechts: Um eine Griechische Landschildkröte zu entdecken, bedarf es ein wenig Glück.

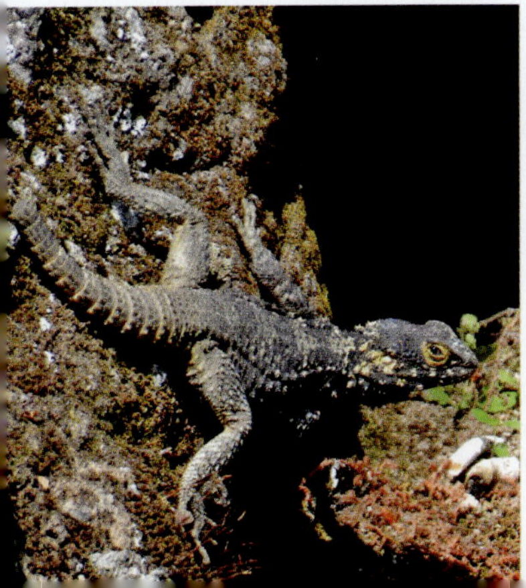

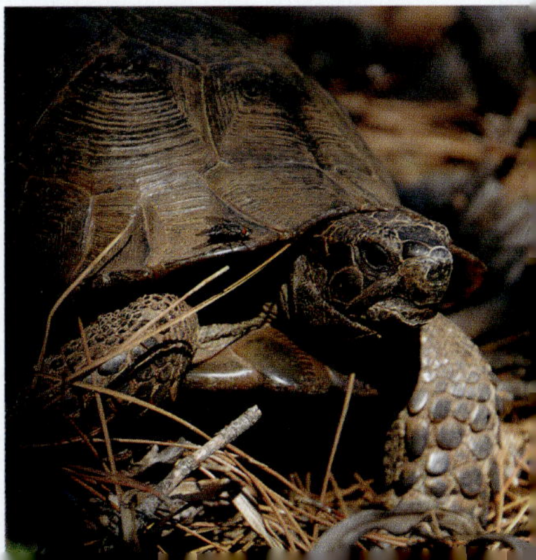

TOURISTISCHE HINWEISE VON A BIS Z

Anreise

- **Flugzeug:** Von April bis Oktober lässt sich Rhódos über zahlreiche Direktflüge von Deutschland, Österreich oder der Schweiz erreichen. Die Flugzeit beträgt etwa 3.30 Std. Auch zahlreiche Billigflug-Airlines steuern die Insel in den Sommermonaten an. Im Frühjahr und im Winter kosten die Flüge weitaus mehr und sind meist mit einem Zwischenstopp in Athen verbunden. Vom Flughafen von Rhódos fahren zwischen 7.00 Uhr und 23.45 Uhr etwa halbstündlich Busse nach Rhódos-Stadt (Fahrzeit ca. 30 Min.) und etwas seltener auch zu einigen Orten an der Westküste.
- **Fähre:** Per Schiff kann Rhódos z. B. vom Hafen von Piräus in Athen angesteuert werden. Die Überfahrt dauert etwa 18 Stunden. Autos können kostenpflichtig, Fahrräder gratis mitgenommen werden. Preislich kann die Anreise per Schiff durchaus teurer sein als Billigflugangebote. Von Rhódos aus lassen sich viele andere griechische Inseln per Fähre erreichen. Auch das türkische Marmaris wird angelaufen. Auf directferries.com lassen sich die meisten Überseefahrten recherchieren.

  Chálki ist mehrmals täglich kostengünstig vom kleinen Hafen in Kámiros Skála zu erreichen. Die Abfahrt ist auf die Ankunftszeiten der Busse aus Rhódos-Stadt abgestimmt. Von Rhódos-Stadt kann Chálki entweder mit der Fähre nach Kárpathos (1–3x wöchentlich) oder mit Tagesausflugsbooten angesteuert werden.

  Nach Sými fahren von Rhódos-Stadt mehrmals täglich Ausflugsboote, die jedoch keine Zeit für Wanderungen lassen. Geeigneter ist, sich ein einfaches Fährticket zu kaufen; in Sými-Stadt kann dann je nach Abreisetag auch das Rückfahrticket gebucht werden.

  Auf den Fähren nach Sými und Chálki können Autos kostenpflichtig mitgeführt werden. Wer mit dem eigenen Boot unterwegs ist, findet vor allem in Sými, aber auch in Chálki tolle Anlegemöglichkeiten, wenngleich diese nicht besonders preisgünstig sind.

Auskunft und Information

Die zwei Büros der Tourismusinformation in Rhódos-Stadt befinden sich zum einen zwischen Altstadt und Neuem Markt in der Papagoustraße sowie in der Altstadt am Museumsplatz / Ecke Ritterstraße (Platía Mousío/ Odós Ippotón). Öffnungszeiten: Mo–Fr 7–15 Uhr, in den Sommermonaten ggf. auch am Wochenende. Tel. +30/22410/35945 (rhodes.gr).

Barrierefreiheit

Mit der Barrierefreiheit sieht es schlecht aus auf Rhódos. Viele Wege in der Altstadt sind uneben gepflastert, Aufzüge, Rampen, akustische Hilfssignale oder Leitstreifen gibt es kaum. Das Meer kann an einigen Stränden mit dem Rollstuhl erreicht werden. Barrierefreie Wanderwege existieren nicht.

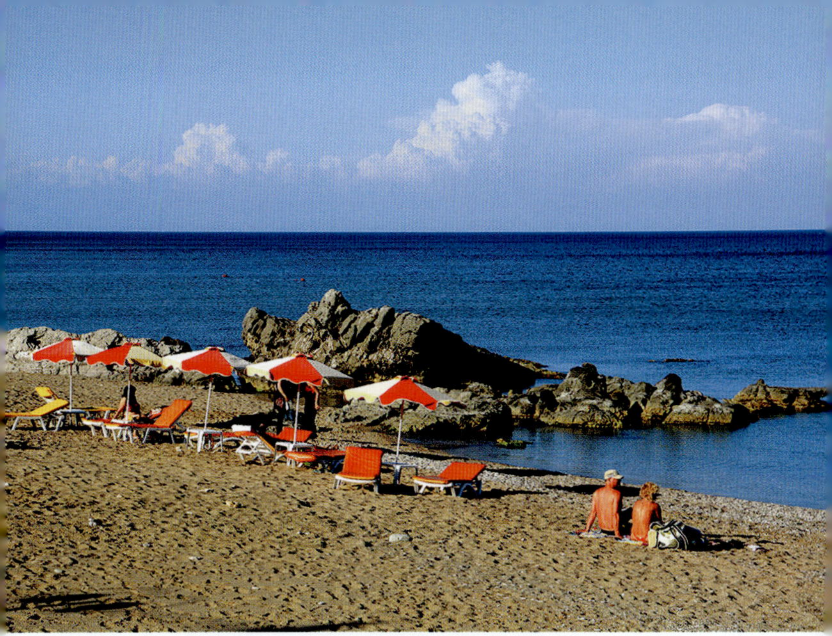

Strandidylle in Stegná an der Ostküste (Tour 26).

Busse

Busse sind das einzige öffentliche Verkehrsmittel auf Rhódos. Die Ostküste bis Gennádi sowie die nördliche Westküste werden regelmäßig von Bussen angefahren. Der restliche Teil der Insel wird nur selten oder gar nicht mit Bussen bedient. Es gibt zwei Busgesellschaften: RODA für die Stadt und die Westküste und KTEL für die Ostküste. Der Busbahnhof in Rhódos, von dem die Busse beider Gesellschaften starten, befindet sich an der Néa Agorá, dem neuen Markt, in der Nähe des Mandráki-Hafens. Dort werden auch kostenlos die aktuellen Busfahrpläne ausgegeben. Online sind die Abfahrtszeiten unter ktelrodou.gr/en/ sowie rodospublictransport.gr einzusehen. Die Busangaben in den Tourenbeschreibungen beziehen sich auf die Hauptsaison. Im Winter gibt es deutlich weniger Busse auf den touristischen Strecken.

Camping

Weder auf Rhódos noch auf Sými oder Chálki gibt es einen klassischen Campingplatz. Wildcampen ist verboten, was aufgrund der Waldbrandgefahr auch durchaus verständlich ist. Hin und wieder stehen aber doch Zelte an abgeschiedenen Orten.

Einreisevorschriften

Angehörige der EU und der Schweiz benötigen für die Einreise lediglich einen gültigen Personalausweis oder Reisepass. Ein Visum ist nicht erforderlich.

Feste und Feiertage

Auf Rhódos, wie in ganz Griechenland, wird gerne und viel gefeiert. Es gibt unzählige Feiertage, die in diesem Rahmen nicht vollständig aufgelistet werden können. Jedes Dorf veranstaltet mindestens einmal im Jahr eine eigene Festivität. Das wichtigste kirchliche Fest ist Ostern. In großen Prozessionen wird am Karfreitag eine Jesusstatue durch die Straßen getragen. Danach trifft sich die Familie zum gemütlichen Beisammensein. In Griechenland wird übrigens der Namenstag meist ausgiebiger zelebriert als der Geburtstag.

Fotografieren und Filmen

Rhódos bietet viele wunderschöne Fotomotive. Wer Einheimische z. B. beim geselligen Távli-Spiel ablichten möchte, fragt freundlicherweise vorher unbedingt um Erlaubnis. Die alten Fresken in den Kirchen sollten möglichst ohne Blitz fotografiert werden. Das Fotografieren und Filmen militärischer Anlagen ist verboten und kann streng bestraft werden.

Auch die jungen Generationen lernen die traditionellen griechischen Tänze.

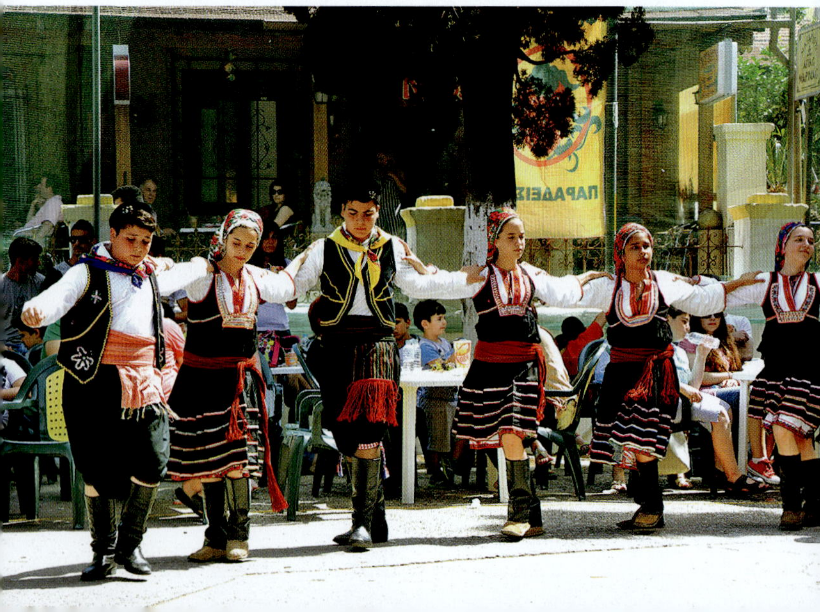

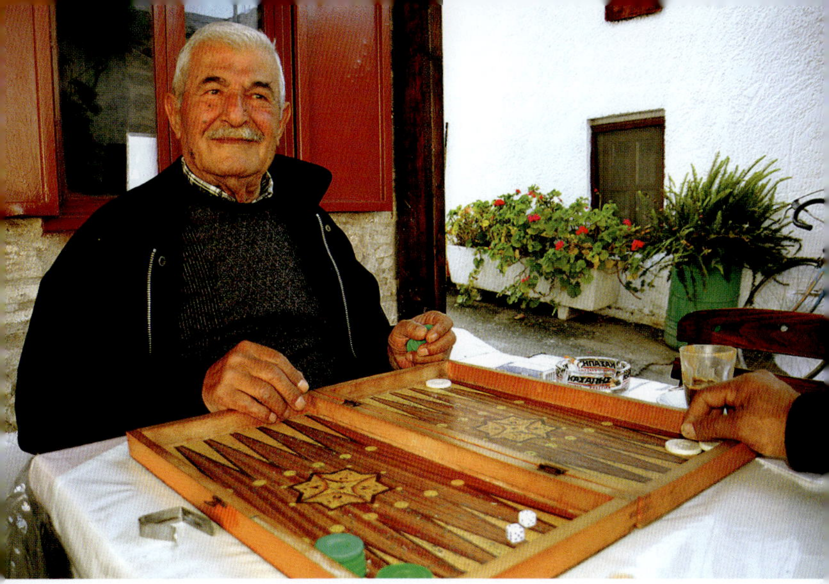

Ein beliebter Zeitvertreib auf Rhódos ist das Távli-Spiel.

Geld und Trinkgeld

In Griechenland wird mit dem Euro (evró) gezahlt. Cents heißen auf Griechisch leptá. Kartenzahlung ist nicht überall möglich. Banken sind an den Werktagen meist vormittags geöffnet. Bankautomaten gibt es in jeder größeren Ortschaft und oft auch in der Nähe größerer Hotels. Es ist üblich, bei gutem Service Trinkgeld zu geben.

Geschäftszeiten

Kernöffnungszeit von Supermärkten und Souvenirgeschäften ist montags bis samstags 8–19 Uhr. Kleinere Läden haben meist kürzer geöffnet und sind mittags geschlossen. Tankstellen sind oft durchgehend besetzt. Museen sind gewöhnlich von 8 bis 17 Uhr geöffnet, Postämter von 8 bis 14.30 Uhr. Generell werden deklarierte Öffnungszeiten nicht so genau genommen. Teilweise schließen Geschäfte früher oder öffnen später, oder es wird spontan eine Mittagspause eingelegt.

Gesundheit

Aufgrund des Sozialversicherungsabkommens zwischen Griechenland, Deutschland und Österreich ist es möglich, sich mit der European Health Card (Krankenkassenkarte) kostenlos in Griechenland behandeln zu lassen. Teilweise wird vom medizinischen Personal jedoch Barzahlung erwartet.

Wer die Quittung danach bei der Krankenkasse einreicht, bekommt den Betrag normalerweise zurückerstattet. Für zusätzliche Absicherung sorgen Auslandskrankenversicherungen. Apotheken gibt es in allen größeren Ortschaften. Die medizinische Versorgung auf Rhódos entspricht europäischem Standard.

Internet

In nahezu allen Hotels und vielen Cafés und Restaurants kann unentgeltlich auf das WLAN-Netz zugegriffen werden. In größeren Ortschaften gibt es auch meist Internetcafés, deren Zahl aufgrund des wachsenden kostenlosen WLAN-Netzes aber immer weiter zurückgeht.

Mietfahrzeuge und Verkehr

Am Flughafen, in Rhódos-Stadt sowie in den touristischen Ortschaften können von unzähligen Anbietern Autos, Jeeps, Mopeds oder Quads ausgeliehen werden. Günstige Privat-Transfers auf Rhódos bietet das Team von Impress Holidays (ih-transfers.com).
Die Höchstgeschwindigkeit auf den Schnellstraßen beträgt 110 km/h, auf der Landstraße 100 km/h und in Ortschaften 50 km/h. Motorräder dürfen mit maximal 90 km/h unterwegs sein. Handys am Steuer sind verboten. Die Alkoholgrenze liegt bei 0,5 Promille. Parken in Rhódos-Stadt erfordert

Die Vespa ist immer noch ein beliebtes Fortbewegungsmittel.

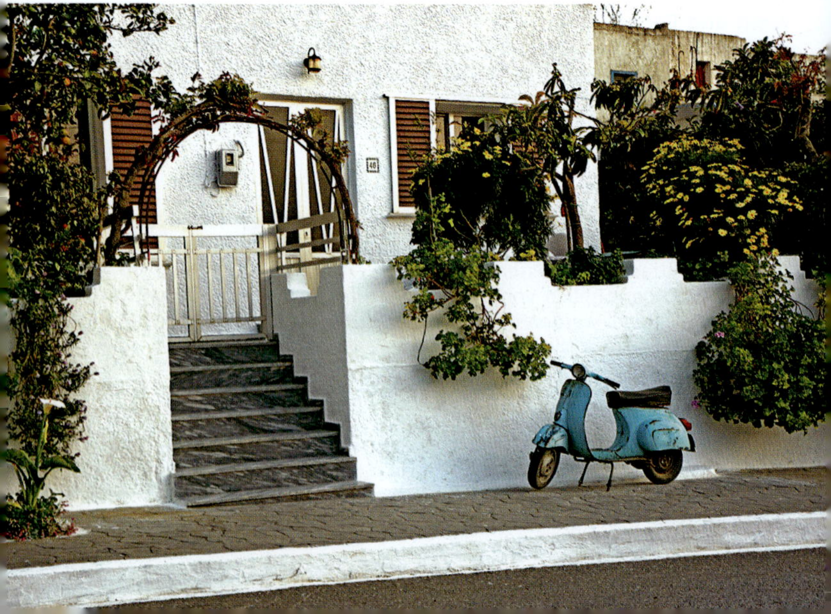

Geduld und ein wenig Glück. Oft werden Parkgebühren erhoben. Achtung: Gelbe Linien markieren ein absolutes Halteverbot. Bei Missachtung muss mit einem hohen Bußgeld gerechnet werden. Das Straßennetz in Rhódos ist ziemlich gut ausgebaut. Auf den kurvigen Bergstraßen sollte nicht zu übermütig gefahren werden. Mitunter tauchen überraschend Schlaglöcher, Baustellen, Steinbrocken oder Ziegenherden auf der Fahrbahn auf. Sprit ist teurer als in Deutschland, Selbstbedienung ist an den Tankstellen eher unüblich. Für die Wanderungen im Westen und Süden ist ein Mietfahrzeug sehr hilfreich. Alternativ ist natürlich Trampen möglich, das auf Rhódos auch wunderbar funktioniert.

Notrufnummern

Notruf: 112 oder 166, Polizei 100, Feuerwehr 199, bei Waldbränden 191.

Post

Die Öffnungszeiten der Postfilialen variieren je nach Ortschaft, tendenziell sind sie aber eher vormittags geöffnet. Innerhalb Europas erreicht eine Postkarte oder ein Brief von Rhódos nach etwa 5 bis 10 Tagen das Ziel. Briefmarken gibt es häufig auch in Souvenirläden. Zum Versand sind Postfilialen den raren Postkästen vorzuziehen.

Sicherheit

Rhódos, Chálki und Sými sind sichere Reiseziele. Gewaltdelikte gegenüber Gästen sowie Diebstähle sind selten. Vorsicht schadet jedoch nie. Wie überall sollten Wertsachen nicht sichtbar im Auto liegen bleiben.

Sport und Freizeit-Aktivitäten

Neben dem Wandern gibt es zahlreiche Möglichkeiten, sich aktiv zu betätigen. Rennradfahren gehört zu den populärsten Sportarten der Einheimischen. Trainiert wird an der Westküste und auf den kurvigen Bergsträßchen. Surfen ist ebenfalls sehr beliebt. Vor allem das Kite-Surfen steht im Vordergrund, klassisches Windsurfen wird auch angeboten. Surf-Schulen gibt es rund um Theológos, in Kiotári und an der Südspitze Prasonísi, dem Eldorado für Surf-Begeisterte. Des Weiteren wird das Klettern und Bouldern immer populärer. Die beliebtesten Kletterrouten befinden sich in der Nähe der Ladikó-Bucht (Anreise siehe Tour 4). Die rhodische Bergwelt lässt sich nicht nur zu Fuß, sondern auch zu Pferde oder auf Mountainbikes erleben. Die Elpída-Ranch bei Láerma bietet tolle Abenteuer-Ausritte an (elpidaranch.eu). Fürs Tauchen und Schnorcheln eignet sich besonders die Ostküste, wo sich mehrere Tauchschulen angesiedelt haben. Die schönsten Badestrände liegen im Osten und Süden. Bei Interesse an geführten Wanderungen mit der Autorin dieses Buches wenden Sie sich bitte an hiking@sararonda.com. Auf der Website sararonda.com können Sie sich über die weiteren Tätigkeiten der Autorin informieren.

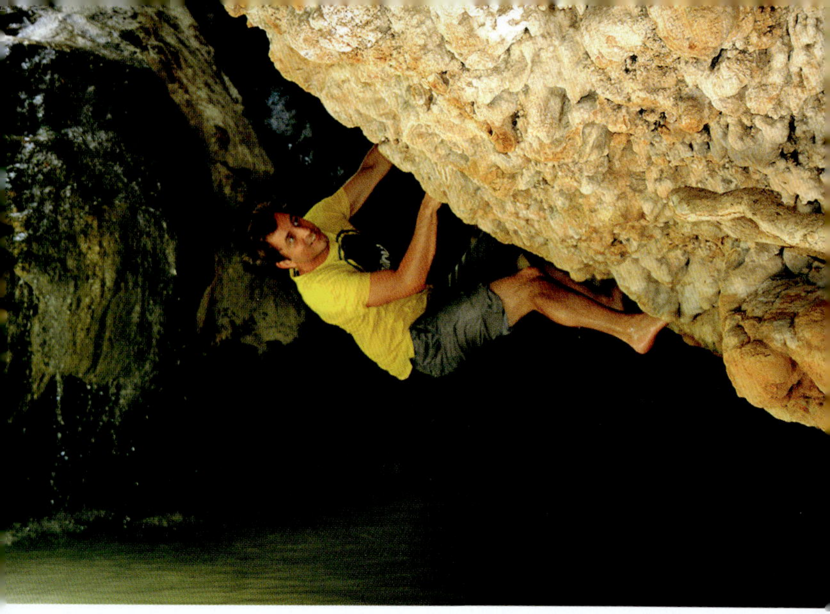

Es gibt viele schöne Kletter- und Bouldermöglichkeiten auf Rhódos (Tour 24).

Sprache

Amtssprache ist Neugriechisch. Viele Einheimische sprechen aber recht gut Englisch, teilweise auch Deutsch. Ein paar Brocken Griechisch für unterwegs sind auf der gegenüberliegenden Seite gelistet.

Telefonieren

Die Vorwahl nach Griechenland ist 0030. Bei Gesprächen nach Deutschland muss 0049 vorgewählt werden, nach Österreich 0043 und in die Schweiz 0041 (dabei wird die Null der lokalen Vorwahl jeweils nicht mitgewählt).

Trinkwasser

Das Wasser aus der Leitung schmeckt nach Chlor und ist deshalb gewöhnungsbedürftig. Menschen, die sich daran stören, sollten Mineralwasser kaufen oder sich Quellwasser abfüllen. Letzteres ist bei vielen Klöstern und Kirchen möglich.

Zeitunterschied

Rhódos liegt, wie ganz Griechenland, in der Osteuropäischen Zeitzone (OEZ). Es ist dem deutschsprachigen Raum der Mitteleuropäischen Zeitzone (MEZ) also ganzjährig eine Stunde voraus (MEZ+1).

EINIGE WORTE GRIECHISCH FÜR UNTERWEGS

guten Morgen/ guten Tag	kaliméra
guten Abend	kalispéra
Gruß beim Kommen und Gehen	ja sas
danke	efcharistó
bitte	parakaló
ja	nä
nein	óchi
Hilfe!	woíthia
ich möchte ...	thélo ...
... Wasser	... neró
... essen	... na fáo
... trinken	... na pjó
wo ist ...?	pu ínä ...
... der Weg nach	... o drómos ja ...
... ein Café	... éna kafenío
... die Bushaltestelle	... i stássi
... der Hafen	... to limáni
wie viel macht das?	pósso káni
hier	edó
dort	ekí
geradeaus	efthía
rechts	dexiá
links	aristerá
unten	káto
oben	páno
nah	kondá

weit	makriá
Deutsch	jermaniká
Griechisch	elliniká
Aussicht	théa
Auto	aftokínito
Berg	vunó
Boot	karáwi
Brot	psomí
Brötchen	psomáki
Brücke	jéfira
Burg	kástro
Bus	leoforío
Dorf	chorió
Dorfplatz	platía
Feuer	fotiá
Fisch	psári
Haus	spíti
Insel	nissí
Kirche	eklissía
Kloster	monastíri
Laden, Geschäft	magasí
Meer	thálassa
Pfad	monopáti
Platz	platía
Strand	paralía
Straße, Weg	drómos
Trinkwasser	póssimo neró
1, 2, 3, 4	éna, dío, tría, téssera
5, 6, 7	pénte, éxi, eftá,
8, 9, 10	ochtó, ennéa, déka
100, 1000	ekató, chília

Das griechische Alphabet

Α, α	A
Β, β	W
Γ, γ	J vor i- und e-Lauten, sonst ein Mittelding zwischen g und ch
Δ, δ	stimmhaftes »th« wie engl. »this«
Ε, έ	Ä
Ζ, ζ	stimmhaftes »s« wie Ouzo
Η, η	I
Θ, θ	stimmloses »th« wie in »thanks«
Ι, ι	I
Κ, κ	K (unbehaucht)
Λ, λ	L
Μ, μ	M
Ν, ν	N
Ξ, ξ	X
Ο, ο	O
Π, π	P (unbehaucht)
Ρ, ρ	R (gerollt)
Σ, σ	stimmloses »s« wie »Tasse«
Τ, τ	T
Υ, υ	I
Φ, φ	F
Χ, χ	CH, vor e- und i-Lauten wie »ich«, sonst wie »ach«
Ψ, ψ	PS
Ω, ω	O

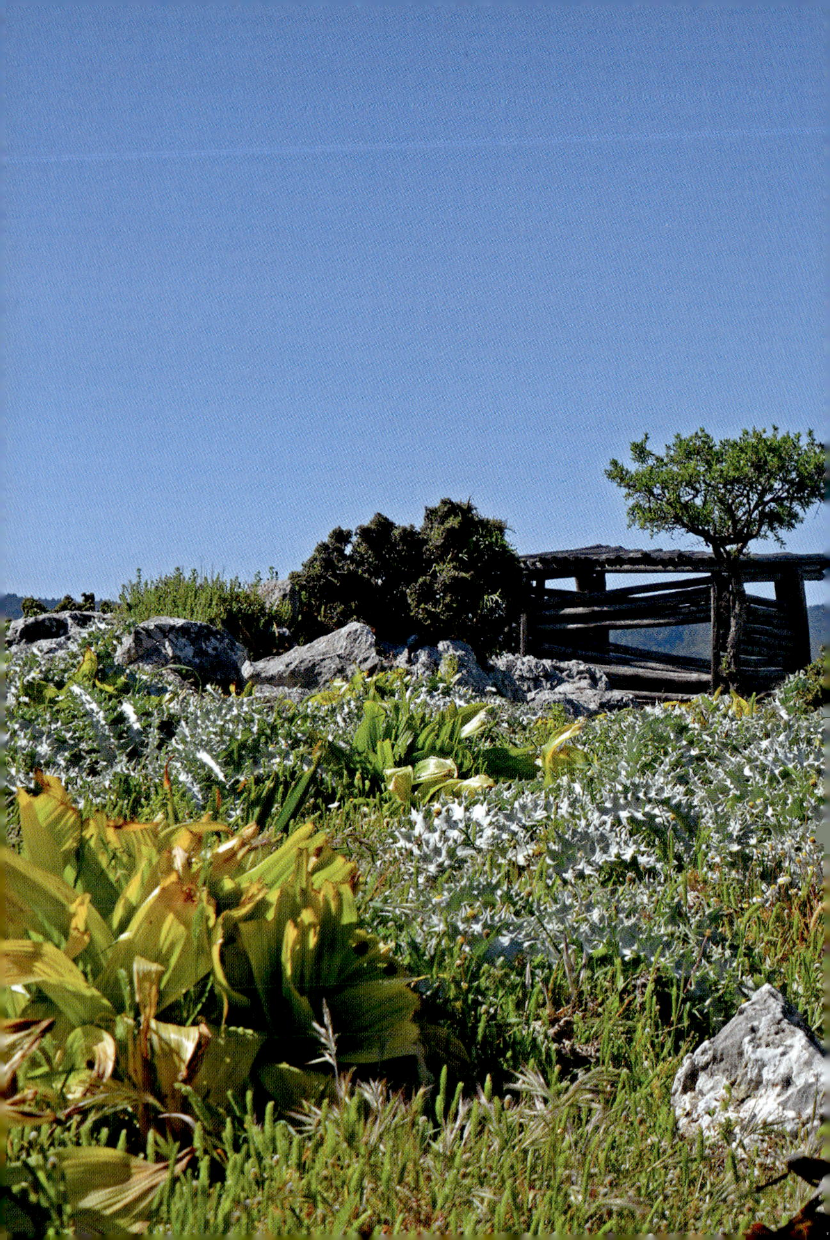

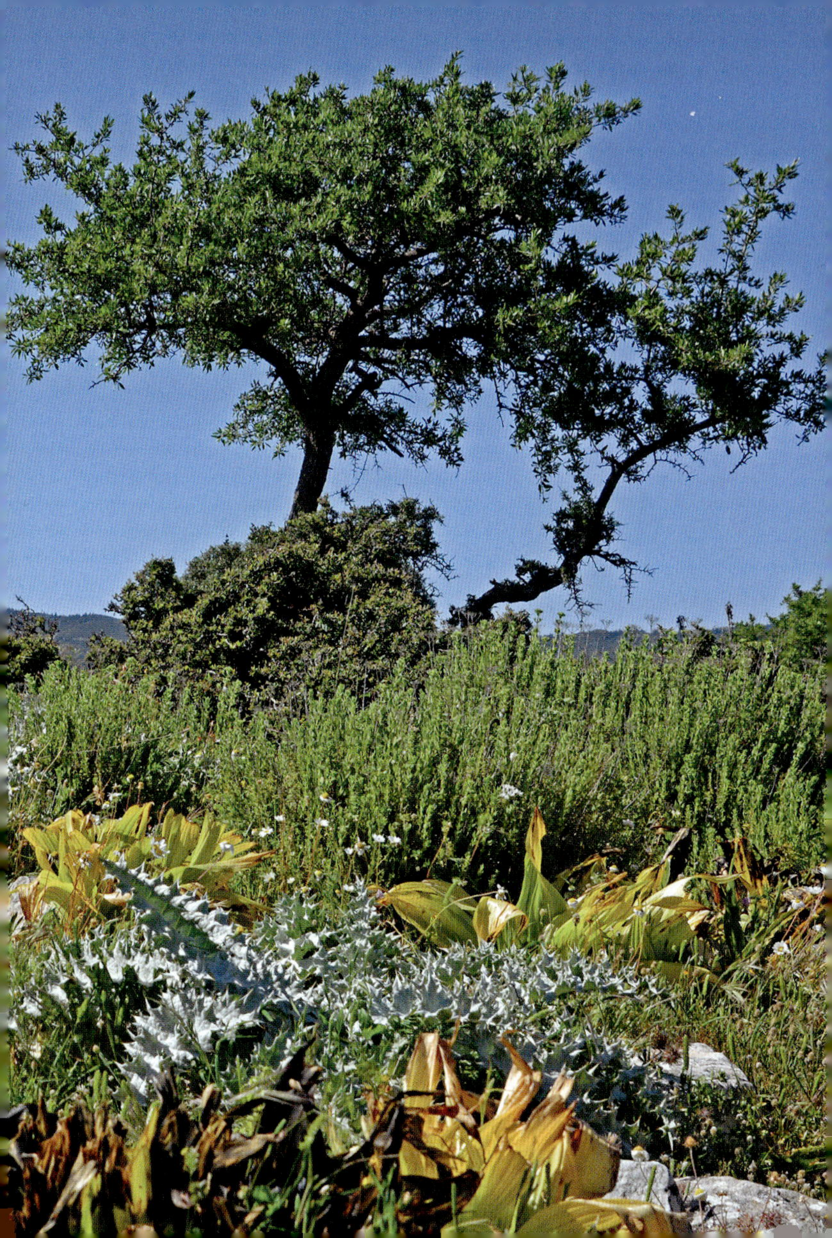

Der Norden von Rhódos-Stadt bis Psínthos

Über die Hälfte der Bevölkerung von Rhódos lebt im Norden der Insel in der quirligen Hauptstadt und ihren Vororten. Hier zentrieren sich Kultur und Politik, und es gibt es alles, was es in den Dörfern nicht gibt: ein Krankenhaus, einen Flughafen, Fährverbindungen und Kreuzfahrtschiffe, einen zentralen Busbahnhof für Insel- und Stadtverkehr sowie Läden aller Art. Der von mächtigen Mauern umgebene mittelalterliche Stadtteil ist touristisch besonders interessant. Seit 1988 zählt die **Altstadt** zum UNESCO-Weltkulturerbe und hat sich diesen Titel auch redlich verdient: Ein gepflastertes Gassenlabyrinth aus dem 13. Jh. führt zu Moscheen und Minaretten, zu griechischen Tempelresten und Kirchen, einer mittelalterlichen Burg und der einzigen Synagoge der Insel. Viele Läden und Bars, Tavernen und Cafés säumen die Straßen, es gibt einige Museen und historische Gebäude zu besichtigen – besonders empfohlen sei hier das Archäologische Museum an der Platía Moussíou. Schnuckelige Hotels in uralten Häusern machen den Aufenthalt zu einem besonderen Vergnügen. In der Hauptsaison kann es in den breiteren Gassen der Altstadt ziemlich voll und laut werden. Wer dem Trubel entkommen möchte, sollte sich dem Sog der kleineren, verwinkelten Gässchen hingeben oder im **Wallgraben** um die Altstadt herumspazieren. Auch der **Mandráki-Hafen**, an dem einst der berühmte Koloss von Rhódos gestanden haben soll, ist einen Besuch wert. Heutzutage bewachen ein Hirsch und eine Hirschkuh – die Wappentiere der Insel – den Hafen.

Stadtmauer von Rhódos-Stadt: Gewaltige Türme schützten die mittelalterliche Stadt.

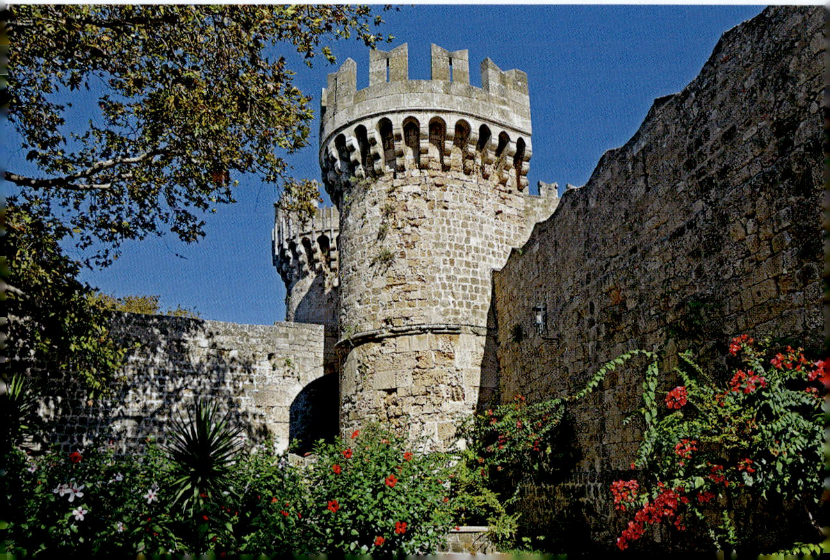

In der **Neustadt** ist vor allem der Bereich nördlich der Altstadt interessant. Hier befinden sich der Busbahnhof und der Neue Markt. Kleine Cafés und Bars reihen sich in den Straßen aneinander und sorgen für das leibliche Wohl. Auch Baden ist in Rhódos-Stadt möglich: Nördlich des Mandraki-Hafens beginnt ein **Kieselstrand**, der sich nach Westen um die gesamte Nordspitze zieht und im Sommer mit Strandliegen und Sonnenschirmen zum Entspannen einlädt. Etwas abseits des Zentrums befindet sich der **Monte Smith**. Dort lassen sich die Überreste der antiken Akrópolis, ein altes Stadion und ein marmornes Freilicht-Theater bestaunen.

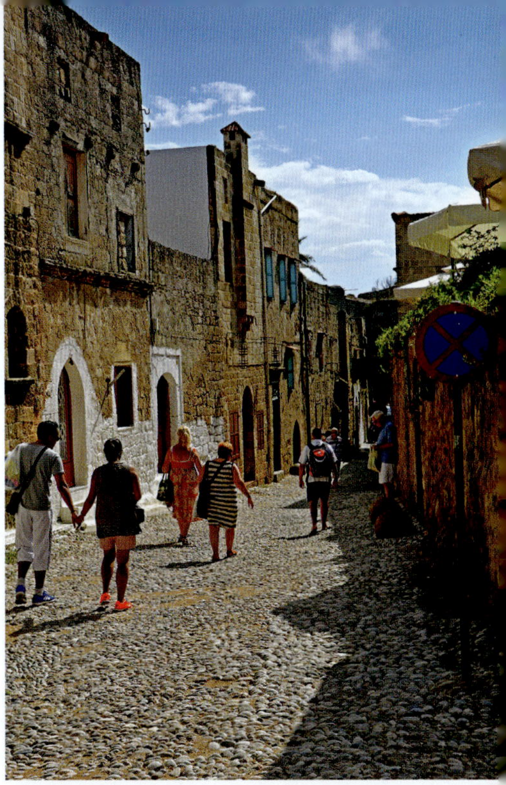

Wirkt fast wie eine Filmkulisse: die Altstadt von Rhódos-Stadt.

Auch der **Rodíni-Park** am südlichen Stadtrand hält einige Sehenswürdigkeiten bereit (Tour 1). Die Vororte von Rhódos-Stadt sind hauptsächlich Wohngebiete, teilweise mit größeren oder kleineren Hotelanlagen gespickt. Im schnuckeligen Dörfchen **Koskinoú** erfreuen bunt bemalte Türen und kleinen Gässchen die Gemüter. Das hübsche **Thermenbad von Kallithéa** samt Sandstrand wird zahlreich besucht.

Etwa 10 km südlich der Hauptstadt erstreckt sich an der Ostküste die Tourismus-Hochburg **Faliráki**: Hotel an Hotel, Bar an Bar, ein schöner, kilometerlanger Sandstrand. Wer Griechenland jedoch authentisch kennenlernen möchte, ist hier definitiv fehl am Platz. Der Besuch zweier wunderschöner, türkisblauer Badebuchten südlich der Ortschaft ist allerdings ein Muss (Touren 3 und 4).

Als Ausgangspunkt für die Wanderungen im Norden bietet sich Rhódos-Stadt an, da von hier sowohl die Westküste als auch die Ostküste gut angebunden ist.

↗ 60 m | ↘ 60 m | 2.6 km

1 Durch den Rodíni-Park

1.00 h

Unter dichtem Blätterdach durch ein idyllisches Tal in Rhódos-Stadt

Wer abseits des Stadtrummels Entspannung sucht, ist im Rodíni-Park genau richtig. Auch im Hochsommer sind die Temperaturen hier sehr angenehm. In Wasserbassins und einem Fluss lassen sich strapazierte Füße abkühlen. Enten, Wasserschildkröten und schillernde Pfauen fühlen sich im Rodíni-Tal ebenfalls wohl. In der Antike wurde in der inspirierenden, grünen Oase die Kunst der Rhetorik gelehrt. Auf schön angelegten Pfaden, vorbei an Grabhöhlen, durch einen Tunnel, über Brücken und Stufen werden wir alle geheimnisvollen Orte dieses grünen Tales erkunden.

Ausgangspunkt: Parkplatz am Eingang des Rodíni-Parks im Süden von Rhódos-Stadt an der Hauptstraße nach Líndos (»Ródou – Líndou«), 30 m. Anfahrt mit Bussen von KTEL und RODA zum Busstop »Rodíni« regelmäßig vom Busbahnhof am Neuen Markt.
Anforderungen: Leichte Wanderung auf schön angelegten, schattigen Pfaden und breiten Wegen. Kurzer Anstieg über steile, hohe Stufen. Wasserläufe und Brücken sind nicht kindgerecht gesichert. Trotzdem ist der Park ein schönes Familienausflugsziel. Der kurze Tunnel kann auch ohne Taschenlampe durchquert werden.
Einkehr: Unterwegs keine. Viele Möglichkeiten in Rhódos-Stadt.
Unterkunft: Hotels und Pensionen in Rhódos-Stadt.
Hinweis: Der Park ist durchgängig geöffnet, der Eintritt ist frei.

Vom **Parkplatz** ❶ gehen wir leicht bergauf in Richtung Kiosk und biegen vor dem »Rodíni-Garden« nach rechts. Rechts neben einer schmalen Rampe steigen wir die Treppen zum Park hinab. Danach halten wir uns rechts, folgen dem Wegverlauf parallel zum Parkplatz und überqueren eine **Brücke**. Gleich hinter der Brücke gehen wir links die schmale Treppe wenige Stufen hinunter und wandern geradeaus am rechten Ufer des Flusses entlang. Direkt nachdem uns der Weg durch den massiven Rundbogen eines steinernen **Aquädukts** ❷ geführt hat, folgen wir der Holzbrücke nach links über den Fluss, biegen nach der Brücke nach rechts und laufen nun auf der linken Uferseite weiter. Am Ende des Uferweges gelangen wir über eine Brücke auf die rechte Flussseite, steigen nach links auf Treppenstufen auf-

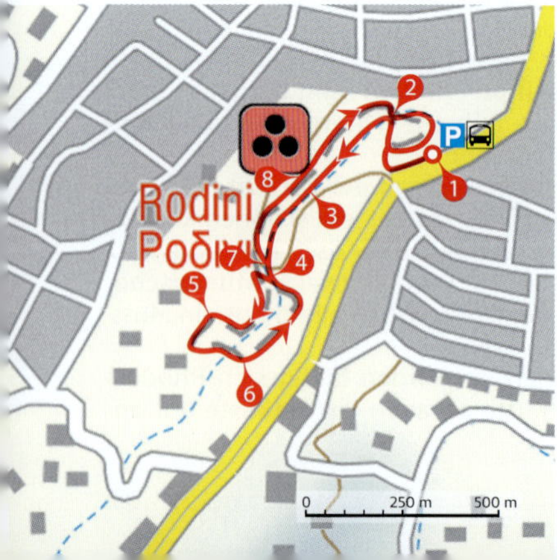

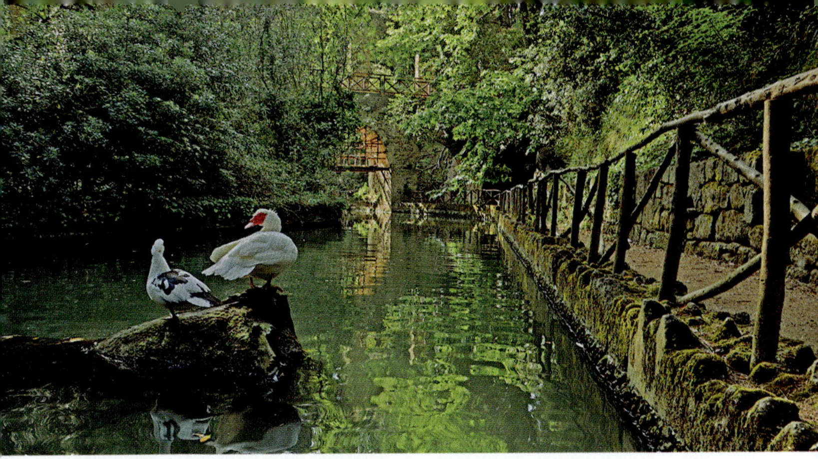

Auch Enten fühlen sich in den schattigen Gewässern des Rodíni-Parkes pudelwohl.

wärts und folgen dem Weg, bis er links über eine weitere Brücke führt. Dahinter steigen wir die Treppen hoch und wandern danach nach rechts. Neben uns ragt eine sandige **Steilwand** 3 empor. Wir folgen diesem Weg etwa 7 Min., bis von beiden Uferseiten breite **Betontreppen** 4 zum Fluss führen. Dort halten wir uns halb links, steigen eine steile Treppe bis zum ersten sandigen Treppenabsatz hinauf, überqueren nach rechts eine steinerne Brücke und folgen dem Pfad, der an einem befestigten Sträßchen endet. Nun gehen wir links und wandern entlang der Straße, bis die weite Freifläche rechts neben uns endet. Wir biegen halb rechts auf einen Pfad, der auf einen großen Felsblock zusteuert, welcher sich als altes **Ptolemäisches Grab** 5 entpuppt, dessen Eingang durch eine hohe Metallgittertür versperrt ist. Dahinter gehen wir links weiter bis zu einer Kreuzung, die uns nach links abwärts wieder zu dem Asphaltsträßchen führt. Hier laufen wir geradeaus und durchqueren einen **Tunnel** 6 mit Grabhöhlen. Der Tunnel lässt sich links auch umgehen. Wir wandern den breiten Weg weiter und passieren drei weitere **Höhlen** rechts des Weges. Vor einem Zaun steigen wir steil nach links ab. Geradeaus weiter führt uns ein Pfad mit Holzgeländer wieder zu den **Betontreppen** 4 am Flussufer. Wir überqueren den Fluss und steigen am anderen Ufer nach rechts aufwärts, bis wir wiederum auf den **Asphaltweg** 7 treffen. Ihm folgen wir halbrechts abwärts und dann immer weiter geradeaus, vorbei an einem **steinernen Turm** 8 rechter Hand. Wir gelangen so wieder zum **Aquädukt** 2, überqueren dieses nach rechts und laufen danach auf dem mittleren Weg geradeaus und dann links zu einer alten Platane kurz vor dem Treppenaufgang zum Ausgangspunkt am **Parkplatz** 1.

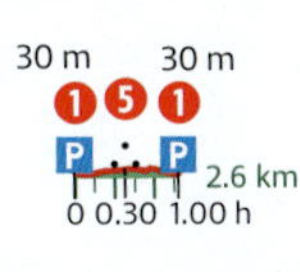

↗ 300 m | ↘ 300 m | 5.1 km

2 Filérimos

2.15 h

Auf alten Stufen zu einem aussichtsreichen Gipfelplateau

Akrópolis, Festung und Kloster zugleich: Der Besuch des Filérimos-Berges ist eine Zeitreise durch Jahrtausende. Entlang alter Pfade durch schattigen Wald werden wir zu dem Ort aufsteigen, wo einst der byzantinische Einsiedler Filérimos, der »Freund der Einsamkeit«, eine Kapelle errichtete und damit den Grundstein für ein Kloster legte – das heutige Wahrzeichen des Hügels. Im 14. Jh. war der Berg von einem echten Hausdrachen bewacht – einem entflohenen Krokodil, das wohl regelmäßig Pilgernde verspeiste. Heutzutage müssen wir uns jedoch nicht mehr vor dem Drachen fürchten – ein junger Kreuzritter namens de Gozon konnte das Ungeheuer erfolgreich erlegen.

Ausgangspunkt: Straßengabelung am Fuße des Filérimos-Berges, 30 m. Von Triánda (Ialyssós) kommend, zweigt hier links eine Straße in Richtung Rhódos-Stadt ab, rechts befindet sich ein kleiner Picknickplatz. Parken am Straßenrand möglich. Regelmäßig RODA-Busse von Rhódos-Stadt. Nächste Haltestelle »Ialisos Center«, 1,6 km / 25 Min. zu Fuß auf ebenem Gelände bis zum Ausgangspunkt. Von Rhódos-Stadt fahren mehrere Buslinien regelmäßig nach Triánda.
Anforderungen: Mittelschwere Wanderung auf schattigen, schmal ausgetretenen Pfaden und Treppen. An einigen steilen Passagen ist Trittsicherheit von Vorteil. Lange Hosen empfohlen. Für Kinder ab 7 Jahren geeignet. Leider können Teile der Pfade immer mal wieder vermüllt sein.
Einkehr: Kiosk und Snackbar am Parkplatz des Museumsgeländes.
Unterkunft: Viele Möglichkeiten in Rhódos-Stadt sowie an der gesamten nördlichen Westküste.
Variante: Auch Bunker aus dem Zweiten Weltkrieg sind auf dem Berg zu finden. Vom Museumsgelände kommend, laufen wir vor der Aussichtsplattform 8 mit Betonkreuz rechts und folgen der Allee entlang der Böschung. Nach etwa 270 m gelangen wir durch einen kurzen Abstecher nach links zum ersten Bunkereingang, 30 m auf dem Hauptpfad weiter zum zweiten. Wir folgen dem Weg an Ruinen vorbei bis zur Asphaltstraße. Dort wenden wir uns nach rechts und wandern gleich darauf rechts auf einem ausgetretenen Pfad den Hang hinauf. Auf der Wiese folgen wir dem Weg nun immer geradeaus und gelangen so wieder zum Aussichtspunkt. Leicht. 20 Min., 0,8 km, Höhenunterschied unwesentlich.
Hinweis: Für die Besichtigung des Museumsgeländes müssen etwa 30 Min. zusätzlich eingeplant werden. Das Museumsgelände Filérimos ist Mai–Oktober tgl. 8.30–20 Uhr geöffnet, November–April tgl. außer Dienstag 8.30–15 Uhr. Eintritt: 6 Euro.
Tipp: Zahlreiche Pfauen spazieren auf dem Gipfelplateau umher. Nicht selten sieht man sie hier beim Radschlagen. Zur Paarungszeit gellen abertausende Pfauenschreie durch die Lüfte.

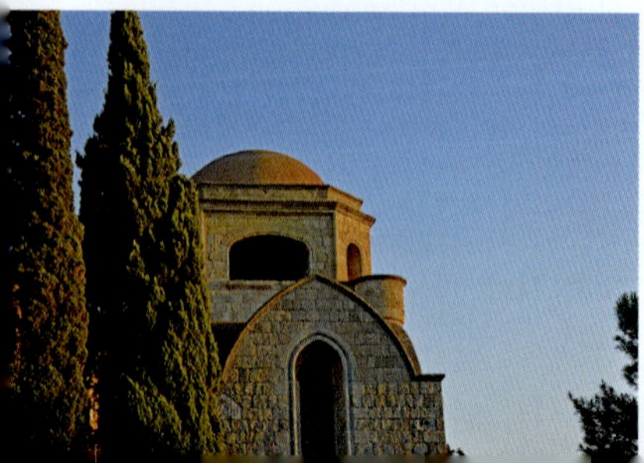

Kloster Filérimos.

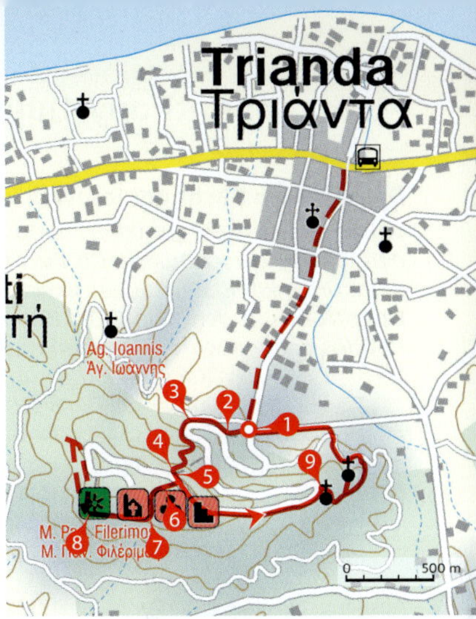

Wir gehen vom **Picknickplatz ❶** einige Schritte zurück Richtung Triánda und biegen hinter dem kleinen Häuschen links auf eine Piste. Nach 30 m steigen wir links auf einem unauffälligen **Trampelpfad** steil den Hang hinauf. Wir halten uns geradeaus und treffen so nach 7 Min. wieder auf die **asphaltierte Straße ❷**. Dieser folgen wir nun weiter aufwärts bis zu einer scharfen Linkskurve. Hier biegen wir am Ende der Parkbucht nach rechts auf einen Weg in den Wald. Kurz danach, noch vor einer kleinen **Lichtung ❸**, halten wir uns links und wandern einen steilen Pfad bergauf, der uns etwas später über alte, steinerne Stufen bis zu einem breiten, mit Kiefernnadeln bedeckten **Waldweg ❹** führt. Wir gehen nach links und laufen wenig später an einer hohen **Betonmauer ❺** vorbei. Am Ende der Mauer steigen wir zur asphaltierten Straße hinauf. Wir überqueren die Straße halb rechts und wandern auf der anderen Seite der Straße rechts des Brunnens auf Treppenstufen bergan in den Wald bis zu einer **Bauruine ❻**. Hinter der Ruine steigen wir links die Treppe empor und laufen dann nach links, hinter dem Haus weiter. Danach halten wir uns rechts, wandern an einem halb verschütteten Stollen vorbei und erreichen über alte Stufen den Parkplatz des Filérimos-Plateaus. Wir laufen geradeaus durch die Zypressenallee zum **Eingang des Museumsgeländes Filérimos ❼**, das sich mithilfe der dort ausgegebenen Prospekte gut erkunden lässt. Gehen wir hier rechts und folgen dem Kreuzgang, so gelangen wir zu einem **Aussichtspunkt ❽**, der schöne Blicke auf die nördliche Westküste bietet.

Von dort führt die Variantenwanderung zu den Bunkereingängen. Der Abstieg vom Filérimos-Berg verläuft bis zur Straße unterhalb der **Bauruine ❻** gleich. Nun folgen wir dem Sträßchen allerdings bergab bis zur nächsten scharfen Linkskurve, in der die **Kapelle ❾** des Profítis Ilías am Straßenrand steht. Links der Kapelle wandern wir auf einem breiten Weg den Berg hinunter. An der nächsten Weggabelung gehen wir geradeaus und erreichen eine weitere Kapelle. Wir gehen wieder zur Weggabelung zurück und laufen nach links abwärts. An der nächsten Kreuzung biegen wir nach links und dann nach rechts abwärts bis zu einer Straße. Ihr folgen wir nach links bis zum **Ausgangspunkt ❶**.

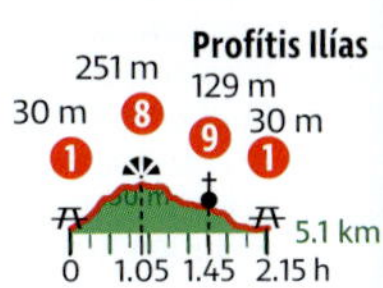

↗ 150 m | ↘ 150 m | 1.7 km

3 Über der Anthony-Quinn-Bucht

1.00 h

Die schönste Bucht der Insel aus der Vogelperspektive

Von einem Aussichtspunkt in knapp 150 m Höhe werden wir bei dieser Wanderung auf eine zauberhafte Bucht hinabblicken. Ihr Name stammt von dem amerikanischen Schauspieler Anthony Quinn. Er spielte eine der Hauptrollen in dem Film »Die Kanonen von Navarone«, der teilweise auf Rhódos gedreht wurde. Der Film mutierte in den frühen 1960er-Jahren zum Kassenschlager und machte so die Insel um einiges populärer. Aus Dank schenkte das damalige Militärregime dem Schauspieler die Bucht. Die Schenkung wurde wenig später von der neuen demokratischen Regierung rückgängig gemacht. Heutzutage tummeln sich täglich zahlreiche Gäste in dem kristallklaren Wasser an dem hübschen Kieselstrand.

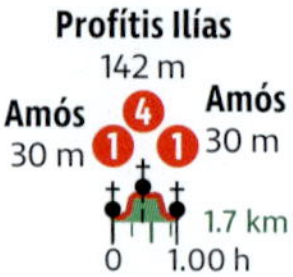

Ausgangspunkt: Kloster Amós im Süden von Faliráki, 30 m. Ausschilderung eher dürftig. Regelmäßig KTEL-Busse der Linien »Rhódos-Stadt – Líndos«. Nächste Haltestelle »M3 Kriamos«, 270 m zum Ausgangspunkt bzw. »L3 Ladiko Beach – Anthony Quinn«, 430 m zum Ausgangspunkt der Varianten (Parkplatz der Anthony-Quinn-Bucht).
Anforderungen: Kurze, leichte Wanderung auf einem schmalen, halbschattigen, teilweise etwas steilen und steinigen Pfad. Mitunter müssen hohe Treppenstufen überwunden werden. Ein gewisses Maß an Trittsicherheit ist notwendig. Für trittsichere Kinder ab 7 Jahren geeignet. Die Aussichtsplattform ist nicht absturzsicher.
Einkehr: Unterwegs keine. Taverne am Ausgangspunkt in Faliráki sowie an der Anthony-Quinn-Bucht und am Strand von Ladikó.
Unterkunft: Bettenburgen in Faliráki, kleinere Hotels in Afándou und Koskinoú oder in Rhódos-Stadt.
Varianten: 1. Am Steilhang über der Bucht: Vom Parkplatz der Anthony-Quinn-Bucht folgen wir dem breiten Schotterweg zum Strand und biegen in einer Rechtskurve nach halb links oben auf einen schmalen Pfad. Er führt mit schönen Aussichten zu zwei Häusern, das rechte von beiden ist das Astronomy Café, das ab 19 Uhr geöffnet ist. Von dort kann man rechts des Parkplatzes noch einen kleinen Schlenker mit schöner Aussicht auf Faliraki machen. Zurück gehen wir auf gleichem Weg und genießen die Ausblicke auf die Bucht. Mittelschwer, Schwindelfreiheit von Vorteil. 0.45 Std., 2,2 km, Höhenunterschied 60 m.
2. Kleine Rundwanderung mit schönen Aussichten: Vom Parkplatz der Anthony-Quinn-Bucht folgen wir südlich des Platzes einem breiten Weg den Hügel hinauf, der uns zum Ende einer aussichtsreichen Landzunge führt. Von dort laufen wir gut 50 m wieder zurück und wandern dann geradeaus auf einem schmalen Pfad weiter. An einer Y-Kreuzung halten wir uns geradeaus, der Weg fällt leicht nach links ab, und kurz darauf stoßen wir auf eine Natursteinmauer, hier steigen wir halb links die Mauer hinab. Dann wandern wir auf dem Pfad nach rechts abwärts, später vorbei an einem Wasserbecken, hinab zum Strand und laufen über die Kiesel wieder zum Ausgangspunkt zurück. Leicht. 30 Min., 1 km, Höhenunter-

schied 50 m.
Anschlusstour: Tour 4. Bis zum Strand von Ladikó (dem Ausgangspunkt der Tour 4) sind es von der Anthony-Quinn-Bucht zu Fuß etwa 10 Min.
Tipp: Schnorchelausrüstung mitnehmen! Es gibt tolle Unterwasserwelten in der Bucht zu erkunden.

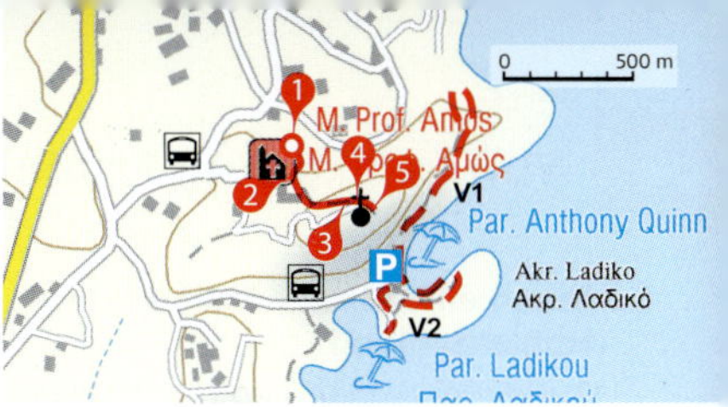

Vom Parkplatz am **Kloster Amós** ❶ steigen wir auf der linken Treppe aufwärts zum Eingang der Kirche der Klosteranlage. Dort wenden wir uns mit dem Rücken zur Kirche, laufen halb links weiter und steigen dann nach links über eine Treppe auf das nächste Plateau. Danach laufen wir nach rechts auf der Terrasse entlang und wählen die nächste Treppe wiederum links aufwärts. Wenige Meter links der Treppe gelangen wir zu den alten Stufen, die uns den Hang hinaufführen. Ein **steinerner Pfeil** ❷, der in einen großen Felsblock gemeißelt wurde, weist uns den Weg. Wir folgen dem Pfad durch Hartlaubgewächse aufwärts und gelangen nach etwa 15 Min. zu einem **Betonweg** ❸. Wir gehen nach links durch ein Tor hindurch und laufen auf die **Kapelle Profítis Ilías** ❹ zu. Wandern wir rechts an der Kapelle vorbei und lassen das ehemalige Militärgebäude hinter uns, erreichen wir die **Aussichtsplattform** ❺ mit phänomenaler Sicht auf die Anthony-Quinn-Bucht.
Zurück geht es wie auf dem Hinweg.

Die winzige Kapelle Profítis Ilías bei Faliráki thront auf einem aussichtsreichen Hügel.

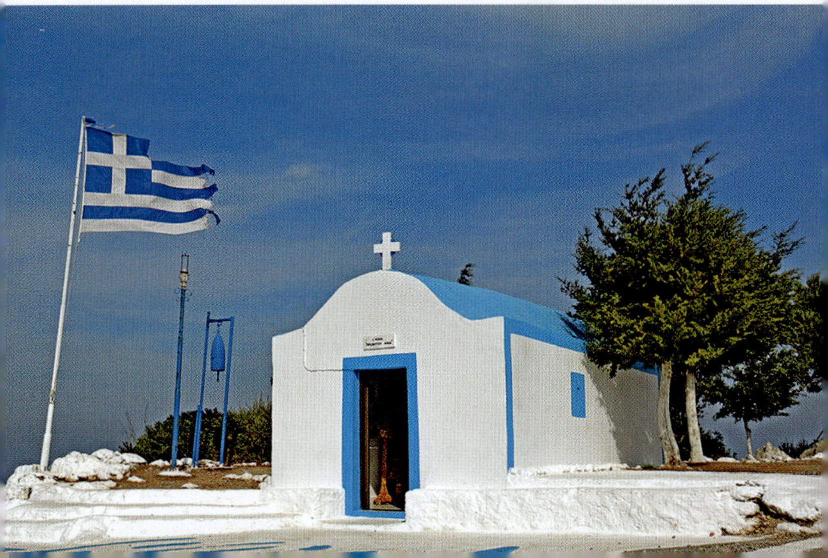

↗ 170 m | ↘ 170 m | 3.8 km

4 Von Ladikó zum Erimókastro

1.30 h

Durch eine bizarre Steinwüste zu mächtigen Mauern und einem Höhlenschlund

Auf dieser Wanderung gibt es einiges zu entdecken. Zunächst wandern wir an der steinigen Küste entlang und steigen dann teilweise pfadlos zu den Überresten einer alten Burg auf. Von dort bieten sich grandiose Ausblicke auf die Ostküste, ein schöner Felsenbogen lädt zur Rast ein. Ein weiteres Highlight folgt auf dem Rückweg: Wir wandern zu einem riesigen Höhlenschlund, der so hoch aufragt, dass er fast wie eine Kathedrale wirkt.

Ausgangspunkt: Parkplatz am Strand von Ladikó südlich von Faliráki, 1 m. Die Bucht ist an der Hauptstraße »Ródou – Líndou« ausgeschildert. Bushaltestelle »Ladikó Beach« an der Zufahrtsstraße, 160 m vom Ausgangspunkt entfernt. Häufig KTEL-Busse der Linie »Rhódos-Stadt – Líndos«.
Anforderungen: Mittelschwere Wanderung auf sehr sonnigen und hauptsächlich schmalen, steinigen, teils zugewachsenen Pfaden, oft auch pfadlos. Markierung unregelmäßig mit Steintürmchen. Orientierungssinn und Trittsicherheit nötig. Kurze, leichte Kletterabschnitte an der Höhle.
Einkehr: Unterwegs keine. Tavernen am Strand von Ladikó, an der Anthony-Quinn-Bucht und in Faliráki.
Unterkunft: Bettenburgen in Faliráki, kleinere Hotels in Afándou und Koskinoú oder in Rhódos-Stadt.
Anschlusstour: Tour 3 mit Varianten.
Tipp: Rund um die große Höhle ⓭ befindet sich ein beliebtes Klettergebiet. Mit entsprechender Ausrüstung lassen sich hier tolle Kletterrouten verschiedener Schwierigkeitsgrade durchführen. Felshaken für die Sicherung sind über die ganze Felswand verteilt.

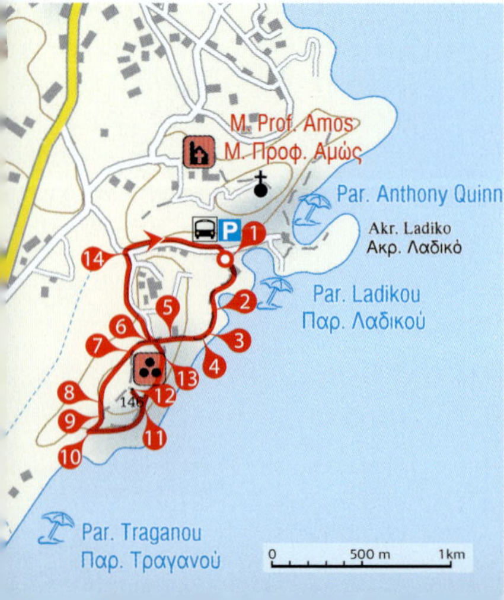

Vom Parkplatz der **Ladikó-Bucht** ❶ laufen wir an der Taverne vorbei bis zum Ende des Strandes. Dort steigen wir zwei Treppenstufen hinauf und überqueren ein bizarres Steinfeld. Nun biegen wir nach rechts auf einen schmalen Pfad, der aufwärts in Richtung eines Berggipfels und dann an der Küste entlang führt. Teilweise weisen uns Steintürmchen den Weg. An einer **Y-Kreuzung** ❷ halten wir uns halb links und steuern auf kahle Baumstämme zu. Der andere Weg führt halb rechts zu einem Haus am Hang. Wir speichern im räumlichen Gedächtnis schon mal die linke **Grundstücksmauer**

des linken Hauses ab, da wir später zu ihrem oberen Ende aufsteigen werden. Zunächst geht es jedoch auf weniger erkennbarem Pfad und später pfadlos an der Küste weiter. Knapp 50 m, nachdem wir eine niedrige, **kahle Baumgruppe** 3 rechts hinter uns gelassen haben, steigen wir pfadlos über Steine und durch Gebüsch den Hang hinauf. Mit etwas Glück stoßen wir auf einen **Pfad** 4, dem wir nach links folgen. Wenig später verliert sich der Pfad allerdings wieder und wir steuern pfadlos auf die obere Ecke der **Mauer** des zweiten Hauses am Hang zu. Dort treffen wir auf eine breite **Piste** 5, der wir nach links folgen. 60 m weiter trifft von links ein Pfad auf den Weg. Dies ist unser Rückweg vom Erimókastro. In einer Rechtskurve treffen wir auf ein Tiergehege links des Weges. Dort gehen wir in nahezu gerader Richtung durch ein **Holzgatter** 6. Kurz dahinter halten wir uns halb links und folgen einem schmalen Pfad den Berg hinauf. Wir überqueren eine flache **Felsfläche** 7 und folgen dem Pfad geradeaus bis zur dicken Mauer des Erimókastro.

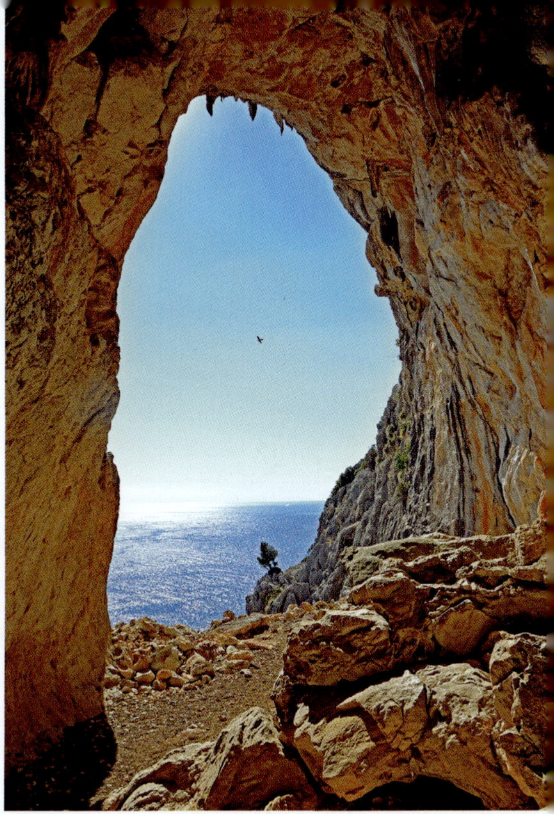

Ausblick aus dem Höhlenschlund auf das glitzernde blaue Meer.

Wir biegen nach rechts, laufen ein kurzes Stück an der Mauer entlang und suchen uns dann einen Weg nach links bis zu einer bereits sichtbaren **Messäule** 8 in einem Steinfeld. Von hier aus sehen wir vor uns den langen Strand von Afándou. In gleicher Richtung befindet sich wenige Meter unter uns auch eine alte **Hausruine** 9, unser nächstes Ziel. Rechts der Ruine steigen wir pfadlos den Hang hinab bis zu einem von oben gut sichtbaren

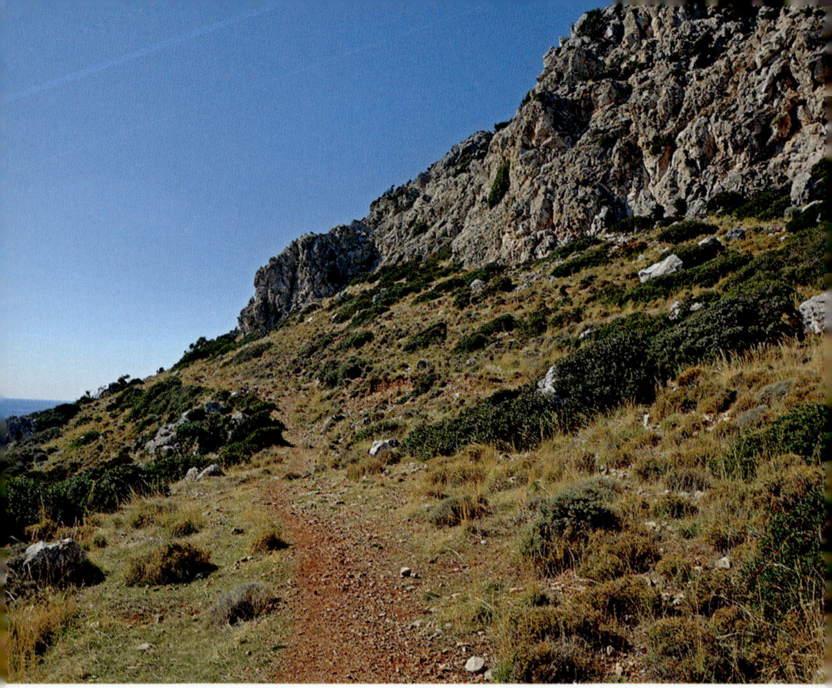

Kletterparadies an der Küste: die schroffen Felswände des Erimókastro-Hügels.

Pfadstück auf der Ebene unter uns. Wir folgen dem **Pfad** 10 nach links, kurz abfallend und dann auf etwa gleicher Höhe weiter, teilweise weisen uns Steintürmchen den Weg. Nach knapp 10 Min. erreichen wir eine steile **Felswand** 11 zu unserer Linken. Hier befinden sich Rhódos' beliebteste Kletterrouten. Folgen wir einem schmalen Pfad direkt an der Felswand aufwärts, gelangen wir zu einem beeindruckenden **Höhlenschlund** 12. Zurück am Fuße der **Felswand** 11, laufen wir auf einem gut ausgetretenen Pfad weiter an der Küste entlang, halten uns an einer Y-Kreuzung rechts und erreichen kurz hinter einem **Fraßschutzgatter** 13 wieder die Piste des Hinwegs. Wir wandern nach links und folgen dieses Mal dem Pistenverlauf durch die Rechtskurve, vorbei an einem bunt bemalten **Panzer**. An einer Kreuzung biegen wir nach links, ignorieren danach eine Piste von links und laufen auf dem breiten Weg bis zu einer Straße. Hier biegen wir nach links und an einer weiteren **Straße** 14 nach rechts. Nach gut 5 Min. folgen wir halb rechts abwärts dem Zufahrtsweg zur **Ladikó-Bucht** 1.

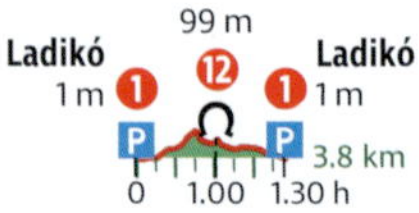

↗ 150 m | ↘ 150 m | 4.8 km

1.30 h

Von Psínthos zur Kapelle Agía Triáda

5

Ein grünes Tal und idyllische Olivenhaine

Eines der Highlights dieser Wanderung ist der Besuch des Gizáni-Aquariums am Ortsrand von Psínthos. In einem hübschen Teich tummeln sich viele Exemplare des vom Aussterben bedrohten Gizáni-Fisches, der nur auf Rhódos zu finden ist. Danach wandern wir auf breiten Wegen duch die Feldfluren rund um Psínthos, ein beschauliches Dorf, in dem im Jahre 1912 italienische Truppen das osmanische Heer besiegten und so ein neues Kapitel der Fremdherrschaft auf Rhódos einleiteten.

Ausgangspunkt: Dorfplatz von Psínthos, 265 m. Anfahrt am besten per Mietfahrzeug. Von Rhódos-Stadt gibt es einmal täglich einen Bus nach Psínthos, allerdings fährt er gleich nach der Ankunft wieder zurück, sodass sich anderweitig um Rückkehr oder Unterkunft gekümmert werden müsste.
Anforderungen: Leichte Wanderung meist auf breiten, sonnigen Feldwegen. Ein kurzes Stück ist etwas steil und steinig. Für Kinder ab 6 Jahren geeignet.
Einkehr: Taverne am Gizáni-Teich. Ansonsten viele Einkehrmöglichkeiten an der Platía von Psínthos.
Unterkunft: Ferienhäuser in Psínthos. Kleinere Hotels in Afándou und Archángelos, Bettenburgen bei Faliráki und rund um Rhódos-Stadt.
Kurztour: Wer nicht bis zur Kapelle wandern möchte, kann an der Piste 4 gleich weiter abwärtswandern (Gesamtdauer: 1.10 Std., 3,5 km, 110 m Höhenunterschied).
Tipp: Im Fassoúli-Tal flattern im Sommer zahlreiche Schmetterlinge umher.

In der Kapelle Ag. Triáda aus dem 14. Jh. finden sich alte Fresken und Schnitzereien.

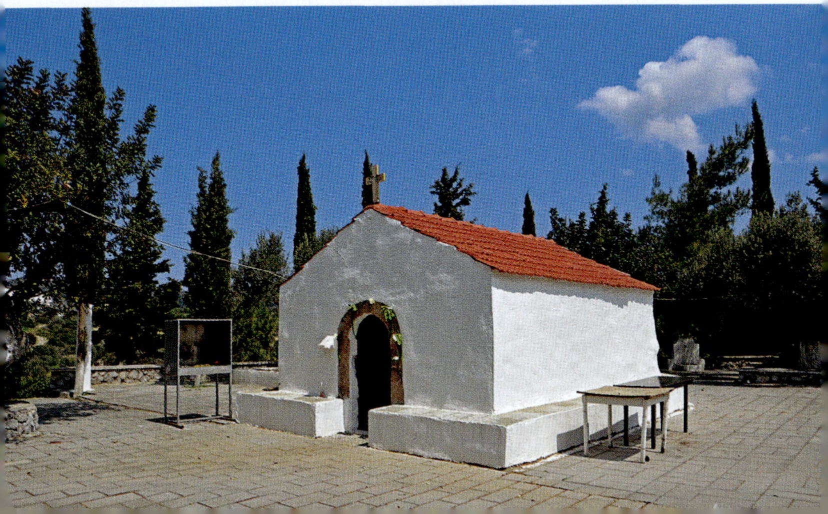

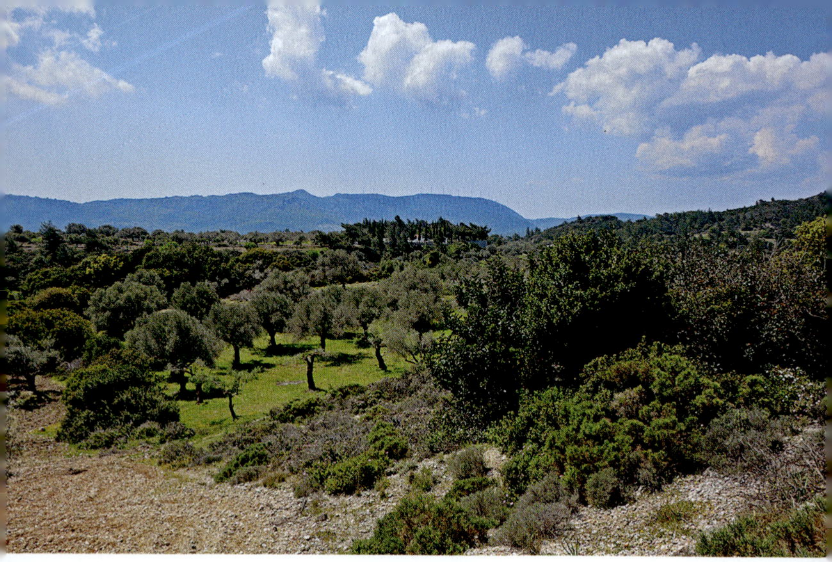

Idylle rund um die Kapelle Agía Triáda.

Am nördlichen Ende des Dorfplatzes von **Psínthos** ❶ folgen wir der Straße gen Osten. Nach 40 m zweigt nach rechts eine Treppe ab, die wir hinabsteigen. Am Fuße der Treppe halten wir uns noch einmal rechts und folgen einem schön angelegten Spazierweg am Bachbett entlang. Er endet an einem schattigen Platz, nach rechts queren wir das Bachbett des Fassoúli und steigen dann nach links Treppen hinab, die schon mit »Aquarium Gizani« ausgeschildert sind. Direkt dahinter halten wir uns rechts und wandern dann geradeaus weiter. Wir erreichen den schön angelegten **Gizáni-Teich** ❷ und laufen an dessen Ende nach links über eine Brücke. Der Wegverlauf bringt uns aufwärts bis zu einer Straße, der wir nach rechts folgen und somit durch die Feldfluren von Psínthos wandern. Wir ignorieren mehrere Wege von beiden Seiten und folgen stets dem Hauptweg. Nach knapp 15 Min. folgen wir bei einer Sandsteilwand links des Weges einem Weg nach rechts, der uns zwischen zwei Zäunen zu einem etwas tiefer gelegenen **Flussbett** ❸ bringt. Dort laufen wir etwa 50 Meter im Flussbett nach links und folgen dann dort, wo hinter einem markanten Baum rechts des Flussbettes das hohe Schilf beginnt, einem breiten Weg rechts aufwärts. Der Weg führt in einer Rechtskurve hinauf zu einem malerischen Olivenhain und bringt uns immer geradeaus weiter durch den Hain. Nach etwa 10 Min. quert eine steil abfallende,

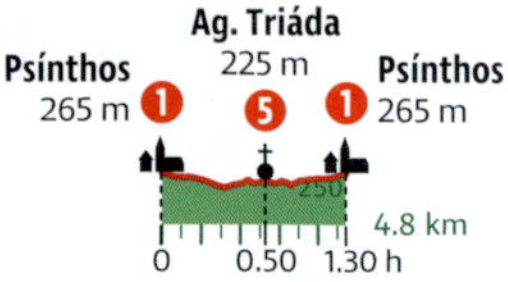

steinige **Piste** ❹ unseren Weg. Wer nicht zum Kloster laufen möchte, kann hier nach rechts den Rückweg antreten. Ansonsten geht es wenige Meter steil nach links bergauf. Wir treffen auf eine weitere breite Piste und folgen hier dem Feldweg geradeaus abwärts. Wir ignorieren alle seitlichen Abzweigungen und wandern an einer T-Kreuzung nach rechts weiter. Kurz danach folgen wir einer kreuzenden Straße nach links aufwärts zur **Kapelle Ag. Triáda** ❺. Dort bietet sich eine Rast an. Zurück laufen wir bis zum **Wegpunkt** ❹ wie auf dem Hinweg und folgen dann der steilen, steinigen Piste weiter geradeaus abwärts. Wir überqueren ein Flussbett, ignorieren alle seitlichen Abzweigungen und gelangen so zu einer breiten **Straße** ❻. Ihr folgen wir nach rechts zurück zum Dorfplatz von **Psínthos** ❶.

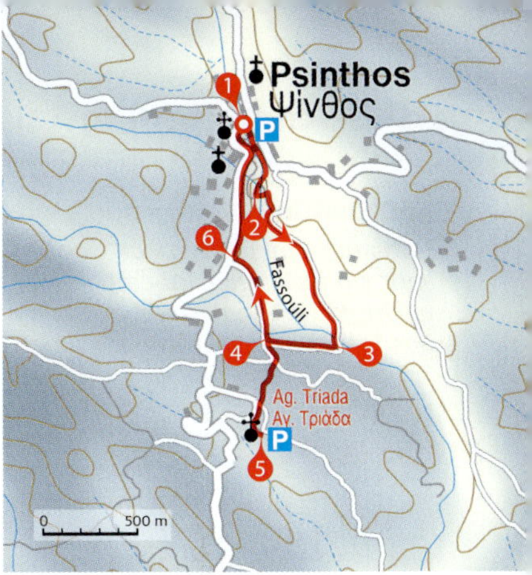

Hübscher Teich für die endemischen Gizáni-Fische am Ortsrand von Psínthos.

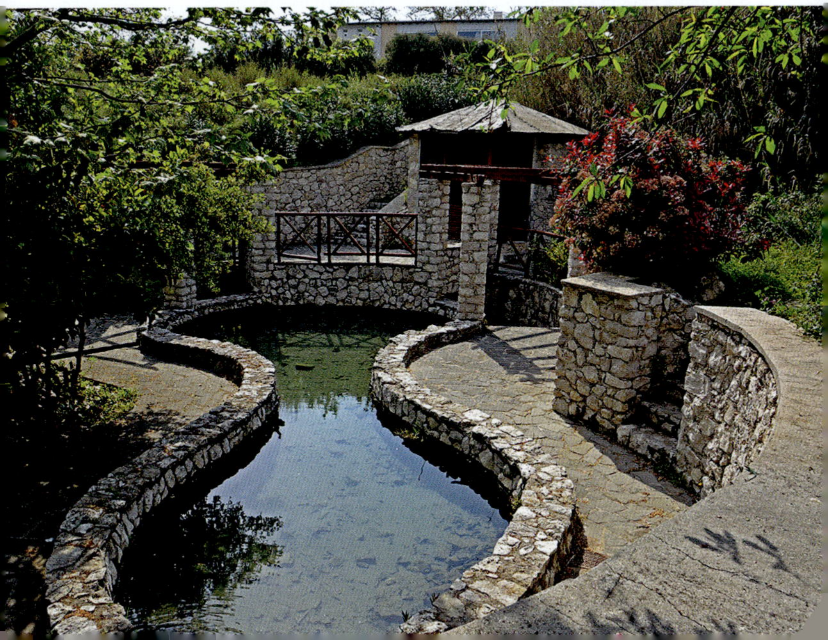

↗ 220 m | ↘ 220 m | 3.2 km

6 Das Schmetterlingstal Petaloúdes

1.30 h

Auf schattigen Pfaden durch ein wildromantisches Tal

Unter dichtem Blätterdach wandern wir entlang eines plätschernden Bächleins ein idyllisches Tal empor. Hier suchen alle den »Russischen Bär«, eine nachtaktive Schmetterlingsart, die normalerweise im Sommer zahlreich das Tal bevölkert. Störungen durch Massentourismus haben allerdings dafür gesorgt, dass die Zahl der Falter drastisch zurückgegangen ist. Die tagsüber unscheinbar zusammengefalteten Schmetterlinge wurden ständig aufgescheucht, damit sie als rote Wolke in alle Richtungen aufstoben. Mittlerweile wird stärker auf korrektes Verhalten im Tal geachtet. Schmetterlinge hin oder her – ein Besuch lohnt allemal, allein aufgrund der tollen Landschaft.

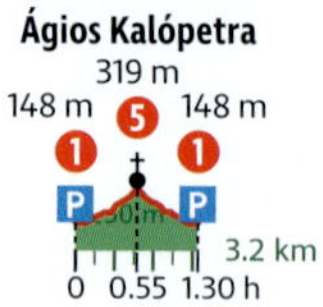

Ausgangspunkt: Asphaltierter Parkplatz am nördlichen Eingang ins Schmetterlingstal, 148 m, direkt an der Hauptstraße »Kalamónas – Psínthou«, ausgeschildert mit »Butterfly Valley«. Sollte dort keine Parklücke mehr frei sein, kann auch 130 m weiter nördlich an der Hauptstraße auf einem großen, unbefestigten Parkplatz geparkt werden. Erreichbar über ein kurzes, schmales Sträßchen, das von der Hauptstraße abwärtsführt. Von Rhódos-Stadt gibt es in der Hauptsaison zweimal täglich RODA-Busse, deren Rückfahrzeiten genügend Zeit für die Erkundung des Tals lassen. In der Nebensaison gibt es keine Busse. Ausgangspunkt Variante: Große Parkbucht beim Imbiss »Aléxandros Panórama« an der Hauptstraße »Kalamónas – Psínthou«, südlich des Schmetterlingstals, 430 m.

Anforderungen: Auf- und Abstieg auf gepflegtem, schattigem Wanderweg. Teilweise steil und wurzelig, viele Stufen. Für Kinder ab 5 Jahren geeignet.

Einkehr: Restaurant am nördlichen Eingang zum Tal, mehrere Snackbars im Tal.

Variante: Gipfeltour Koutroúvelos: Vom Imbiss Panórama wandern wir auf der anderen Straßenseite auf einer breiten, steilen und steinigen Piste aufwärts bis zum Gipfel des Koutroúvelos, der uns tolle Aussichten auf das Inselinnere bietet. Folgen wir beim Abstieg einem Waldweg nach rechts, gelangen wir zu einer großen, steinigen Freifläche, die wir nahezu gerade überqueren. So erreichen wir einen breiten Fahrweg, der uns nach links wieder zum Imbiss Panórama zurückbringt. Kurzer Aufstieg auf einem breiten, steinigen Fahrweg. Für Kinder ab 5 Jahren geeignet. Leicht. 30 Min., 1,2 km, 60 m Höhenunterschied.

Hinweise: Das Schmetterlingstal ist Mai–Okt. tgl. 8–18 Uhr geöffnet, Nov.–April sind die Kassenhäuschen meist

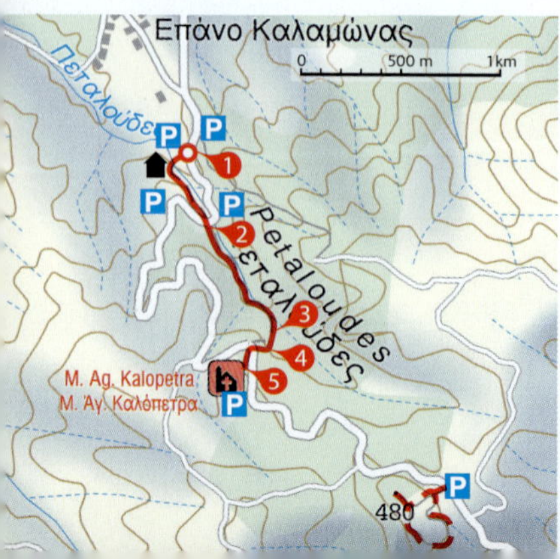

unbesetzt, mitunter ist der Weg wegen Instandhaltungsarbeiten gesperrt. Die Schmetterlinge sind nur im Sommer von Mitte Juli bis Anfang September zu sehen. Eintritt 3–5 Euro, Kinder bis 12 Jahre frei. Tickets gut aufbewahren, da diese beim Passieren der verschiedenen Eingänge immer wieder vorgezeigt werden müssen. Bitte zum Schutz der Schmetterlinge die Verhaltensregeln für das Tal beachten.
Tipp: Haben die zahlreichen Ausflugsbusse gerade mal wieder große Menschenmassen ausgespuckt, kann es durchaus voll werden. Es lohnt also, früh oder erst am späten Nachmittag das Tal zu besuchen, um den großen Andrang zu umgehen.

Am nördlichen Ende des **Parkplatzes** ❶ biegen wir nach links abwärts auf ein Asphaltsträßchen. Bald leitet uns eine hohe weiße Wand leicht nach rechts zu einem Restaurant. Wir passieren zahlreiche Tische und Stühle und laufen nach einer Linkskurve geradeaus zum ersten Kassenhäuschen des Petaloúdes-Tals. Wir bewahren die Tickets gut auf und wandern aufwärts, entlang eines plätschernden Baches. Nach 10 Min. erreichen wir die **Asphaltstraße** ❷, halten uns links und steigen nach dem zweiten Kassenhäuschen auf schmalen Stufen und Brücken weiter im Schmetterlingstal auf. An zwei Kreuzungen gehen wir geradeaus. So gelangen wir zu einem breiten Forstweg ❸ und erklimmen dort die Treppe nach links aufwärts. Wir passieren das dritte **Kassenhäuschen** ❹, halten uns rechts und erreichen kurz darauf die Asphaltstraße, die uns nach links zum **Kloster Ágios Kalópetra** ❺ leitet. Zurück geht es auf demselben Weg durch das Tal.

Wanderweg durch das Schmetterlingstal Petaloúdes.

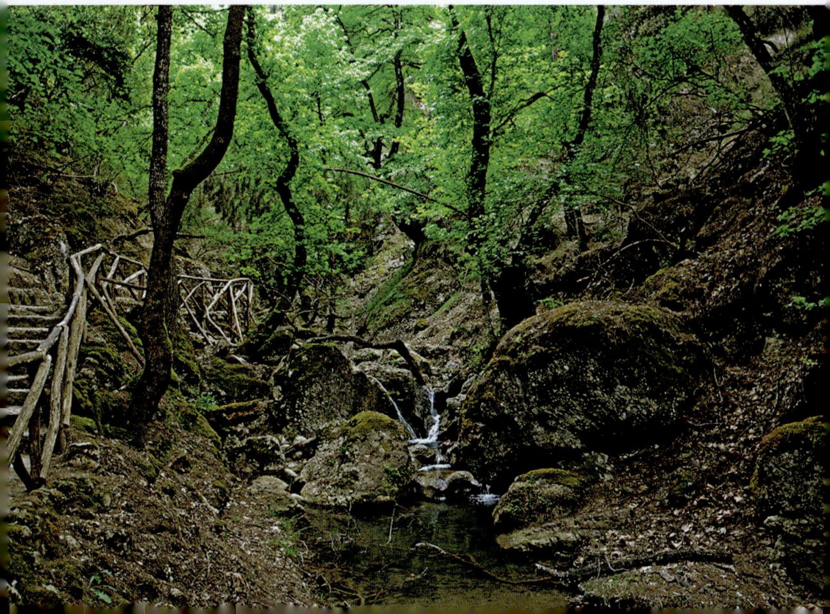

Die Westküste von Soroní bis Lakkí

An Rhódos' Westküste geht es eher ruhig zu. Kleine, touristisch kaum erschlossene Berg- und Küstendörfer prägen dieses Gebiet. Die Hauptattraktion im etwas flacheren, nördlicheren Teil ist die antike Stadt **Alt-Kámiros** (Tour 8). Sie ist eine der drei Stadtstaaten, die in hellenistischer Zeit auf Rhódos etabliert wurden. Ihre Grundmauern und Tempel sind bis heute erhalten. In **Kámiros Skála** liegt ein kleiner Hafen, von dem Schiffe zur Nachbarinsel Chálki fahren. Etwas versteckt lässt sich hier an einer Felswand das Relief eines alten, hellenistischen Grabes entdecken.
Weiter südlich fällt die Küste schroff und steil ins Meer ab, riesige Waldflächen bedecken die wilde Berglandschaft am Fuße des Attáviros und des Akramítis. Am Dorfrand von **Kritinía** wartet ein kleines Heimatmuseum auf Besuch. Am anderen Ende des idyllisch gelegenen Dorfes liegt ein Amphitheater mit hervorragender Taverne. Vom Dorfplatz aus reicht die Sicht bis an die Küste, wo sich das **Kastell von Kritinía** (Tour 9) auf einem Hügel erhebt. Von Kritinía führt ein Weg zum einsamen **Kloster Ámartos** und der **Höhlenkapelle Paleóchora**.

An der Westküste lassen sich traumhafte Sonnenuntergänge erleben.

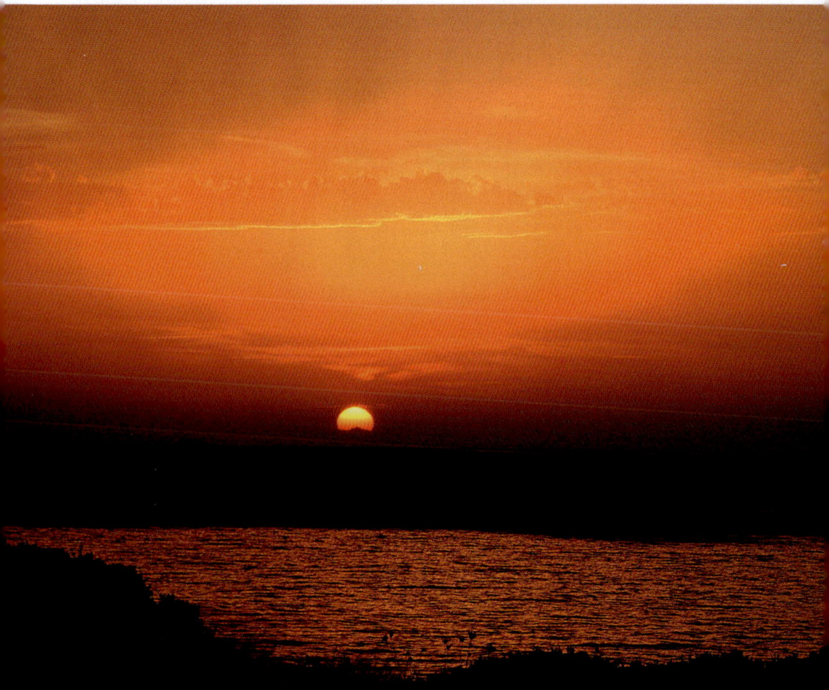

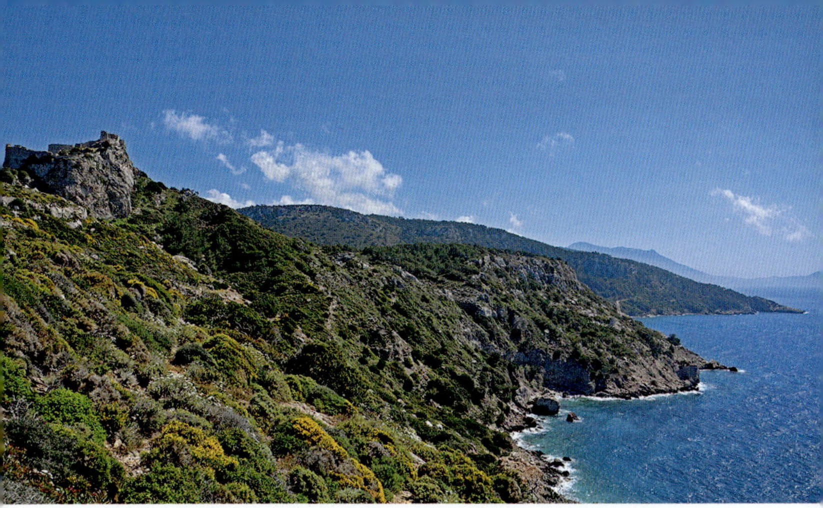

Am Wasser gebaut: das Kastell von Kritinía an der schroffen Westküste.

An der Hauptstraße zwischen Kritinía und Siána stehen häufig kleine Stände, an denen lokale Naturprodukte erworben werden können. Ein Aussichtspunkt mit Parkbucht rechts der Straße eröffnet weite Blicke über das grüne Waldmeer bis zur Küste. Das verschlafene Küstendörfchen **Glifáda** (Tour 10) lebt meist nur am Wochenende etwas auf, wenn Einheimische in der Taverne einkehren. An der Zufahrtsstraße nach Glifáda liegt das Dorf **Lakkí** (Tour 11), das aber von den meisten kaum als Ortschaft wahrgenommen wird, weil die Häuser weit verstreut inmitten grüner Weinfelder stehen. En résumé: Der Inselwesten ist ein perfekter Ort für einsame Küsten- und Bergwanderungen.

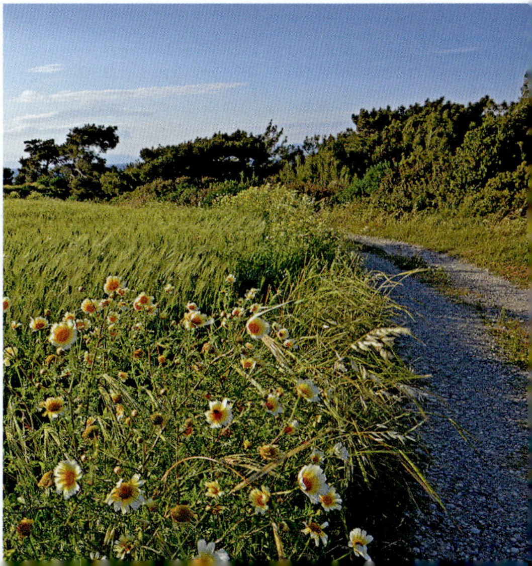

Blumengesäumter Feldweg im Frühjahr.

↗ 220 m | ↘ 220 m | 6.8 km

7 Rund um Soroní

2.15 h

Aussichtsreiche Wanderung über der flachen Westküste

Auf dieser Tour besteigen wir einen Bergkamm bei Soroní, von dem sich tolle Ausblicke auf die Küste, die Türkei und Sými sowie das bergige Hinterland von Rhódos bieten. Auch das Elektrizitätswerk der Insel werden wir häufig zu Gesicht bekommen. Der rot-weiße Anstrich der rauchenden Schlote erinnert an einen Leuchtturm und soll die Rauchschleuder freundlicher wirken lassen. In einem Kloster am Ortsrand treffen wir auf freundliche Nonnen, die uns gern die Kirche aufschließen.

Ausgangspunkt: Kirche von Soroní, 30 m. Nächste Bushaltestelle »Soroní Kentro« an der Hauptstraße »Ialisoú – Kataviás«, 400 m bis zum Ausgangspunkt. Von Rhódos-Stadt fahren regelmäßig RODA-Busse in das Dorf.
Anforderungen: Leichte, sehr sonnige Wanderung auf breiten und teilweise etwas ausgewaschenen Feldwegen und Pisten.
Einkehr: Unterwegs keine. Viele Einkehrmöglichkeiten in Soroní.
Unterkunft: Viele kleine Hotels, Pensionen und Ferienhäuser an der Westküste.
Hinweis: Das Kloster ist meist sonntags 7–12 Uhr und 16–17.30 Uhr geöffnet.
Tipp: Wer nach der Wanderung einen Sprung ins Meer wagen möchte, hat am Kiesstrand von Soroní die Möglichkeit dazu (1,4 km vom Ausgangspunkt).

Von der Kirche von **Soroní** ❶ gehen wir, das Meer im Rücken, auf einer Betonstraße Richtung Süden aufwärts zu einem Schotterplatz. Wir überqueren ihn halb rechts und folgen dann einem Feldweg weiter bergauf. Wir ignorieren alle seitlichen Abzweigungen, erreichen nach einer guten Viertelstunde eine **T-Kreuzung** ❷ und biegen nach links. Bald folgen wir

Hinter Soroní entdecken wir wilde Berglandschaften.

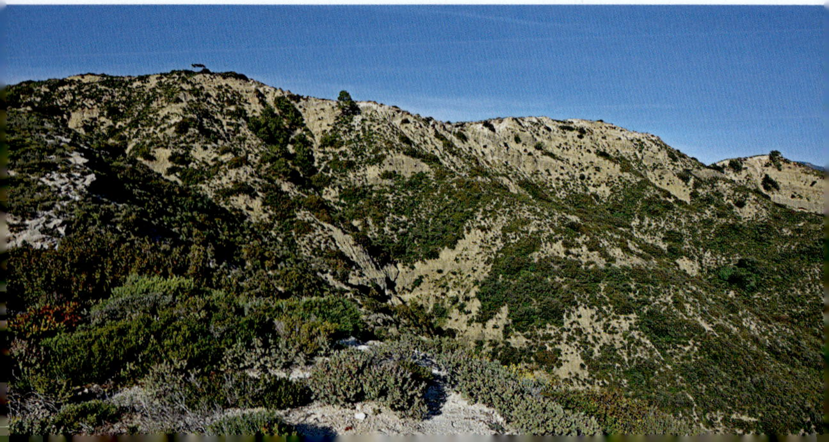

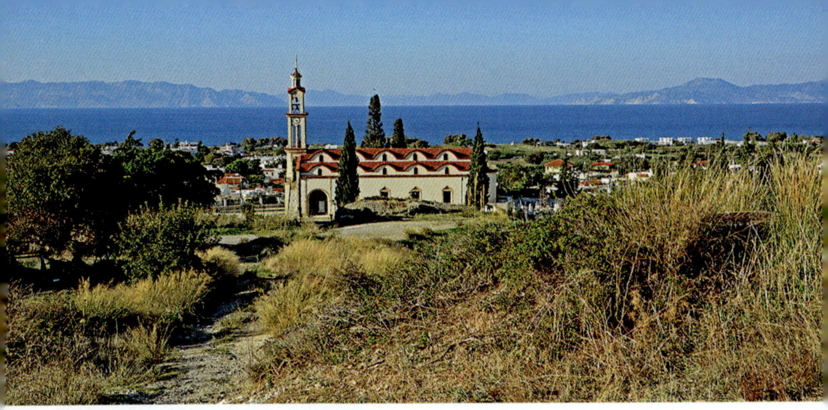

Blick auf das idyllisch anmutende Dorf Soroní.

der breiten Piste durch eine Linkskurve, die uns schöne Ausblicke auf die umliegende Bergwelt bietet. Wenig später treffen wir auf eine weitere **Kreuzung** ❸ und wandern nach rechts weiter. Am Ende einer Linkskurve biegt ein Weg nach rechts oben ab, der uns zu einer hölzernen **Aussichtsplattform** ❹ bringt. Wir gelangen auf demselben Weg wieder zurück auf die breite Piste und laufen wir an einer **Y-Kreuzung** ❺ halb links abwärts. Wir folgen dem breiten Hauptweg immer weiter bergab, ignorieren alle seitlichen Abzweigungen, wandern an Tiergehegen und Olivenhainen vorbei und erreichen eine **asphaltierte Straße** ❻. Hier gehen wir nach rechts. 200 m weiter biegen wir nach rechts auf das ausgeschilderte, asphaltierte Sträßchen zum Kloster. Wir laufen an einer Kapelle vorbei und erreichen wenig später das **Kloster Panagía Pantanássis** ❼. Der Rückweg führt uns auf gleicher Strecke zurück bis zum **Wegpunkt** ❻. Dort folgen wir der Straße bis nach Soroní weiter geradeaus und ignorieren mehrere seitliche Abzweigungen. Vor einer alleeartigen Baumreihe links der Straße führt nach links eine von schmalen Zypressen gesäumte Straße den Hang hinauf. Sie bringt uns zum **Friedhof**, den wir überqueren, wodurch wir wieder zur Kirche von **Soroní** ❶ gelangen.

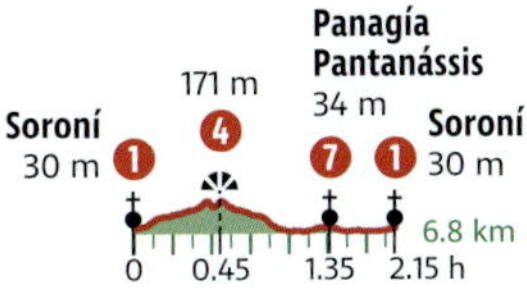

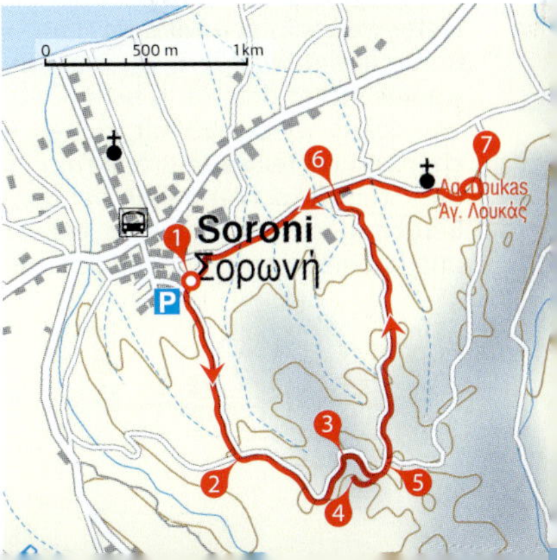

8 Rund um Alt-Kámiros

3.45 h

Von einer antiken Stadt ins Bergvorland von Rhódos

Alt-Kámiros zählt zu den bedeutendsten Ausgrabungsstätten der Insel. Die bis heute erhaltenen Mauerreste der Tempel und Wohnhäuser sind über 3000 Jahre alt. An den Besuch lässt sich die beschriebene Wanderung anschließen, die zunächst durch Felder und Wäldchen führt und sich später auf einen Bergkamm hinaufzieht, von dem sich tolle Aussichten auf den Profítis Ilías und den Attáviros ergeben.

Ausgangspunkt: Großer Parkplatz bei den Tavernen an der Zufahrtsstraße zum Museumsgelände Alt-Kámiros an der Westküstenstraße »Kalavárda – Émbona« 1 m.
Anforderungen: Mittelschwere, sonnige Wanderung größtenteils auf breiten Feldwegen und Pisten. Teilweise sind die Wege etwas steil und zugewuchert, dann aber unregelmäßig farbig markiert. Es müssen umgestürzte Bäume überstiegen werden. Lange Hosen empfehlenswert.
Einkehr: Unterwegs keine. Tavernen am Ausgangspunkt, Snackbar auf dem Museumsgelände von Alt-Kámiros.
Unterkunft: Hotels und Ferienhäuser in Fánes, Theológos und vereinzelt außerhalb der Ortschaften entlang der Westküste bis Kámiros Skála.
Hinweis: Das Museumsgelände Alt-Kámiros ist Mai–Okt. täglich 8.30–20 Uhr geöffnet, Nov.–April täglich außer Dienstag 8.30–15.30 Uhr. Eintritt 6 €. Vom Ausgangspunkt sind es gut 750 m und 70 Höhenmeter auf Asphalt bis zum Museumseingang.

Vom **Parkplatz** ❶ folgen wir der Zufahrt nach Alt-Kámiros. Die Straße macht einen scharfen Linksbogen – hier gehen wir jedoch geradeaus. An der nächsten Kurve wandern wir nach links auf einer breite Piste in die Felder. Wir ignorieren viele seitliche Abzweigungen und laufen nach etwa 40 Min. unter einer niedrigen **Stromleitung** ❷ bei einem alten Gewächshaus hindurch. Kurz danach wandern wir auf einer mit niedrigen Betonsäulen ausgestatteten Brücke über ein Bachbett. An einer Kreuzung wenige Meter weiter folgen wir dem Hauptweg durch eine Linkskurve. Dort, wo die Kurve endet, wandern wir nach links auf einer ausgewaschenen **Piste** ❸ wenige Meter den Hang hinauf. An ihrem höchsten Punkt, bevor die Piste geradeaus wieder abfällt, gehen wir nach rechts einen steilen, zugewucherten und teilweise erodierten Pfad hinauf. Ausgewaschene rote Punkte und Steintürmchen helfen bei der Orientierung. Wir folgen dem Weg am Berghang entlang, müssen teilweise über umgestürzte Bäume klettern und haben einen schönen Blick auf die Bergwelt und den Attáviros.

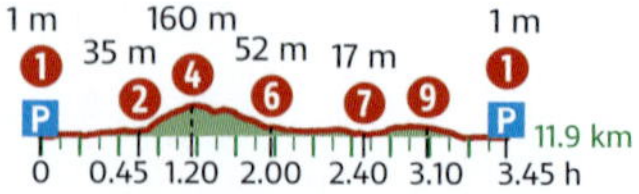

Nach einer guten halben Stunde erreichen wir eine **breite Piste** ❹, der wir nach links folgen. Wir ignorieren wieder alle seitlichen Abzweigungen, bis wir an eine **Kreuzung** ❺ gelangen, an der nach rechts eine Piste sanft abwärtsführt und der Weg geradeaus wenige Meter nach der Kreuzung eine aufsteigende Rechskurve beschreibt. Hier laufen wir rechts abwärts und folgen dem Weg ins Tal. Der Weg endet an einem breiten **Feldweg** 6. Wir wandern nach links weiter und dann immer geradeaus auf dem Hauptweg, bald nähern wir uns einem Flussbett. Wir ignorieren weiterhin alle seitlichen Abzweigungen und kommen an einem eingezäunten **Weinfeld** 7 rechts des Weges vorbei. An der Kreuzung etwa 60 m nach dem Feld biegen wir nach links. An der nächsten Kreuzung geht es rechts weiter. Wir folgen dem Hauptweg, bald durch malerische Olivenhaine sanft aufwärts, bis an einer Y-Kreuzung ein junges **Kiefernwäldchen** 8 zwischen den beiden abzweigenden Wegen wächst.

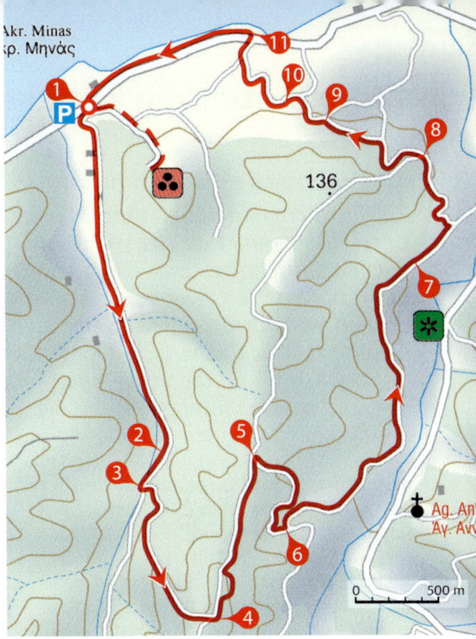

Hier laufen wir nach halb rechts weiter. Wir folgen dem Hauptweg erst durch eine Links-, dann durch eine scharfe Rechtskurve, ignorieren einen Weg von links oben und gehen dann an einer Y-Kreuzung halb links weiter. Wir erreichen eine **T-Kreuzung** 9, biegen nach links, wenig später nach rechts, halten uns geradeaus auf dem Hauptweg und gehen dann an einer T-Kreuzung unter Kiefern nach links. An der nächsten **Y-Kreuzung** 10 geht es halb rechts weiter bis zu einer Kreuzung bei einem Strommast, an der wir halb rechts weiterwandern. Der Hauptweg führt uns an einer Pension vorbei, wir erreichen die **Küstenstraße** 11. Von hier können wir entweder am Straßenrand oder am Strand nach links zurück zum **Parkplatz** 1 laufen.

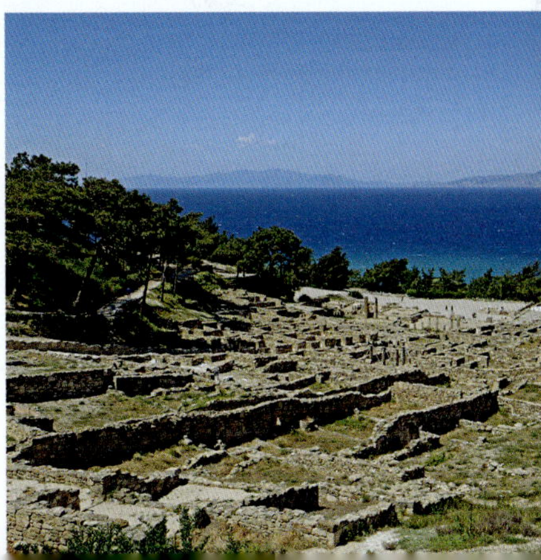

Beste Lage mit Meeresblick: die antike Stadt Alt-Kámiros.

TOP

9 Zum Kastell von Kritinía

↗ 350 m | ↘ 350 m | 12.3 km

4.00 h

Aussichtsreiche Wanderung zur schönsten Burgruine von Rhódos

Wie in einem Bilderbuch thront die alte Festung von Kritinía auf einem felsigen Hügel direkt an der Westküste. Unter ihr breiten sich abwechslungsreiche Landschaften aus. Für jeden Geschmack ist etwas dabei. Wir erwandern malerische Olivenhaine, einen einsamen Kieselstrand mit abgebrochenen Marmorsäulen und erklimmen auf abenteuerlichen Pfaden eine geheimnisvolle Schlucht. Lichte Kiefernwälder eröffnen fantastische Ausblicke auf die Küste und die vorgelagerten Inseln. Genau daran waren auch die Kreuzritterorden interessiert, als sie im Jahr 1472 mit dem Bau des Kastells an diesem strategisch günstigen Punkt begannen.

Ausgangspunkt: Dorfplatz in Kritinía, 270 m, 70 m unterhalb der Dorfkirche. Parken am Straßenrand.

Anforderungen: Mittelschwere, sonnige bis halbschattige Wanderung, größtenteils auf breiten Feldwegen. Teilabschnitte erfordern jedoch Trittsicherheit und Orientierungssinn, da sie steinig und stachelig überwuchert sind. Es empfehlen sich lange Hosen im Gepäck.

Einkehr: Im Ort Kritinía gibt es mehrere Tavernen und Cafés. Am Kastell Kritinía ist in den Sommermonaten ein Café geöffnet. Besonders empfehlenswert ist der frisch gepresste Orangensaft.

Unterkunft: Kleine Hotels, Pensionen und Ferienwohnungen in Kritinía, Kámiros Skála und Émbonas.

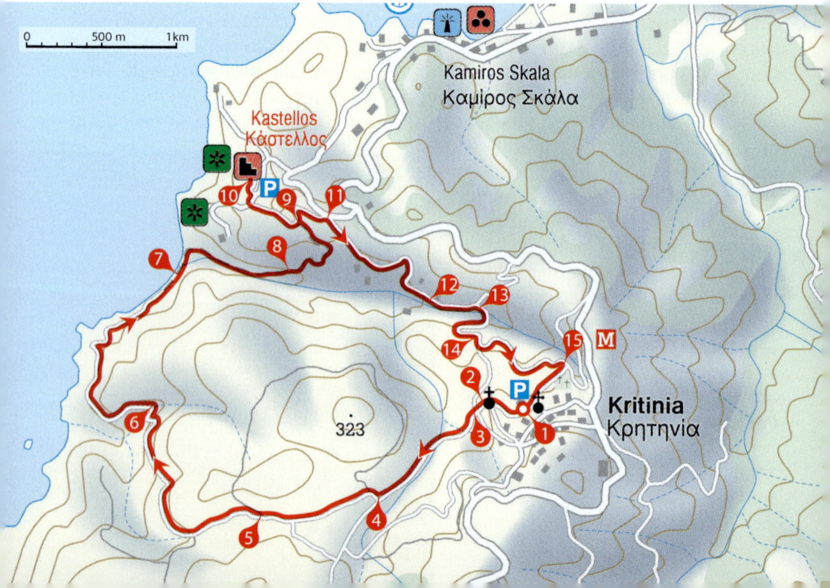

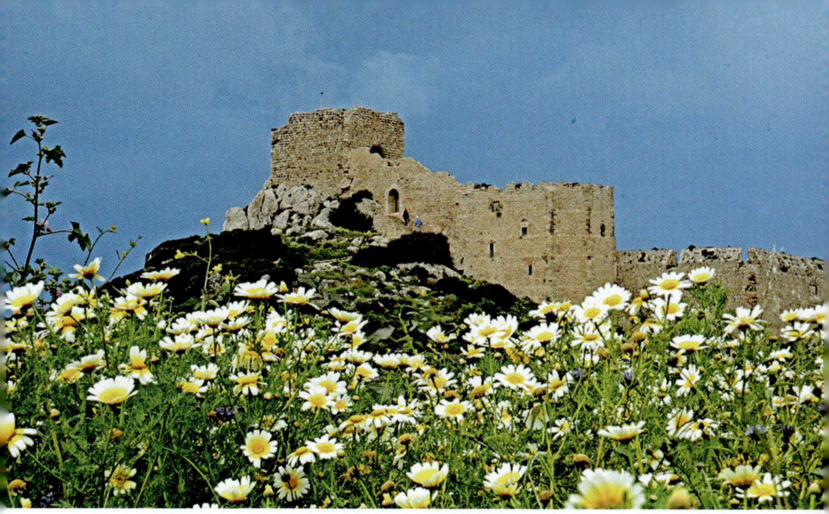

Eine Augenweide: das alte Kastell von Kritinía im Frühjahr inmitten eines Blütenmeers.

Auf dem Dorfplatz in **Kritinía** ❶ kehren wir dem Aussichtsgeländer den Rücken zu und biegen bei der alten Platane nach rechts auf die Straße. Beim Schild »Siana Embona« gehen wir, ebenso wie danach auch, weiter geradeaus dem Verlauf des Sträßchens folgend bis zur weiß getünchten **Kapelle Ágios Ioánnis Pródromos** ❷, die von mächtigen Zypressen gesäumt wird. In der Kirche lassen sich eindrucksvolle alte Fresken aus dem 16. Jh. bewundern. Nach dem Wohnhaus hinter der Kapelle biegen wir rechts auf einen steilen Feldweg ab, der uns nach wenigen Minuten zu einer **Fünferkreuzung** ❸ führt. Wir wählen den zweiten Weg von links. Diesem Hauptweg folgen wir nun durch einen Olivenhain und ein Kiefernwäldchen, bis wir bei Strommasten inmitten von Weinfeldern auf ein winziges **Schild** ❹ links des Weges treffen, das geradeaus nach Ámartos weist. An dieser Kreuzung gehen wir nach rechts und folgen nur 30 m danach einem Feldweg nach links. Nun werden alle Abzweigungen unbeachtet gelassen, bis in einem **Kiefernwäldchen** ❺ ein Weg nach links abzweigt, den wir ignorieren. Kurz danach erreichen wir eine Weggabelung. Wir wandern hier geradeaus leicht absteigend weiter, der Weg ist mit einem weißen Kreis an einer Kiefer markiert und führt wenig später entlang malerischer Olivenhaine. Wir folgen immer weiter dem Hauptweg geradeaus, bald durch lichten Kiefernwald mit beeindruckenden Ausblicken auf die Küste sowie die vorgelagerten Inseln Mákri, Alimiá und Chálki. Er führt uns zu einer langen **Beton-Tränke** ❻ zu unserer Linken. Von dort wandern wir leicht ansteigend weiter und folgen dem Hauptweg an der Küste entlang, bis wir eine einsame **Bucht** ❼ erreichen.

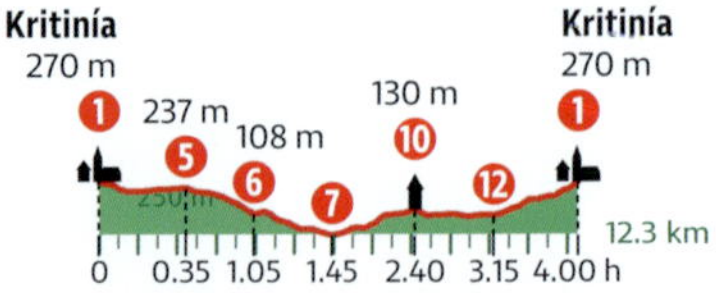

Wir gehen den Kieselstrand entlang, an dessen Ende wir auf die Säulen- und Mauerreste einer alten Basilika stoßen. Hinter der Ruine weist uns ein roter Pfeil den Weg nach rechts. Nun steuern wir auf einem stachelig überwucherten Pfad auf eine Schlucht zu. Weiße Kreise weisen uns hier den Weg. Bei einem Felsen mit zwei weißen Kreisen und zwei roten Punkten folgen wir weiterhin dem Pfad im Tal. Wenig später beginnt sich der Weg an der linken Seite der Schlucht hochzuschlängeln. Wir orientieren uns an den roten Punkten und Pfeilen und erreichen so an einer **Mauer** 8 das Ende eines breiten Weges, dem wir aufwärtsfolgen. Er führt an einer Hausruine vorbei, 50 m danach zweigt bei einem Wasserverteiler ein Feldweg nach links ab, dem wir folgen. Nach etwa 70 m wandern wir, markiert durch weißen Kreis auf markantem kleinen Felsbrocken, halb rechts aufwärts durch wilde Zistrosenbüsche, bis wir auf einen breiten Feldweg 9 treffen. Für den Rückweg werden wir hier später dem rechten Weg folgen. Nun biegen wir jedoch zunächst nach links und wandern ein kleines Stück durch Felder und Olivenplantagen. Wir ignorieren zwei Abzweige nach rechts und biegen an der darauffolgenden, asphaltierten Kreuzung nach rechts aufwärts. So erreichen wir an der nächsten Kreuzung die Zufahrtsstraße zum Kastell und biegen wenige Meter nach links aufwärts zum Parkplatz. Zu unserer Linken führen Treppenstufen zu der alten **Burgruine von Kritinía** 10 hinauf.

Entlang dieses Kieselstrandes führt unser Weg zu den Überresten einer alten Basilika.

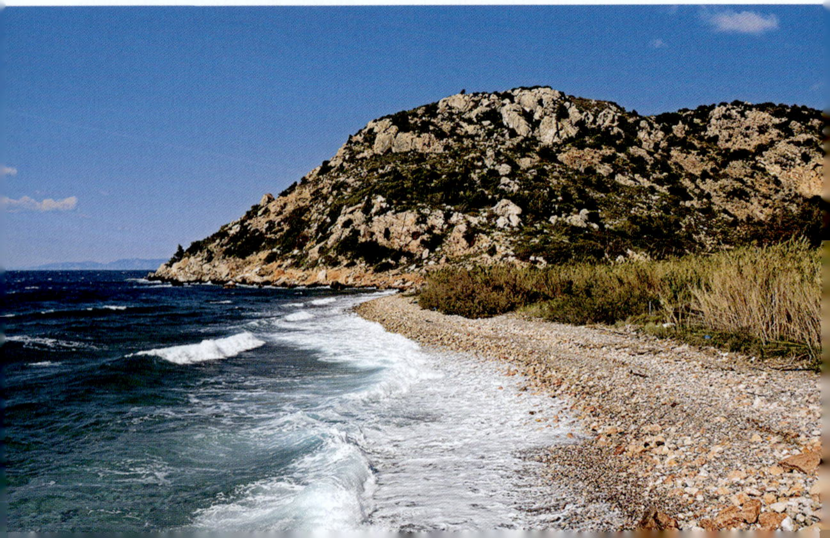

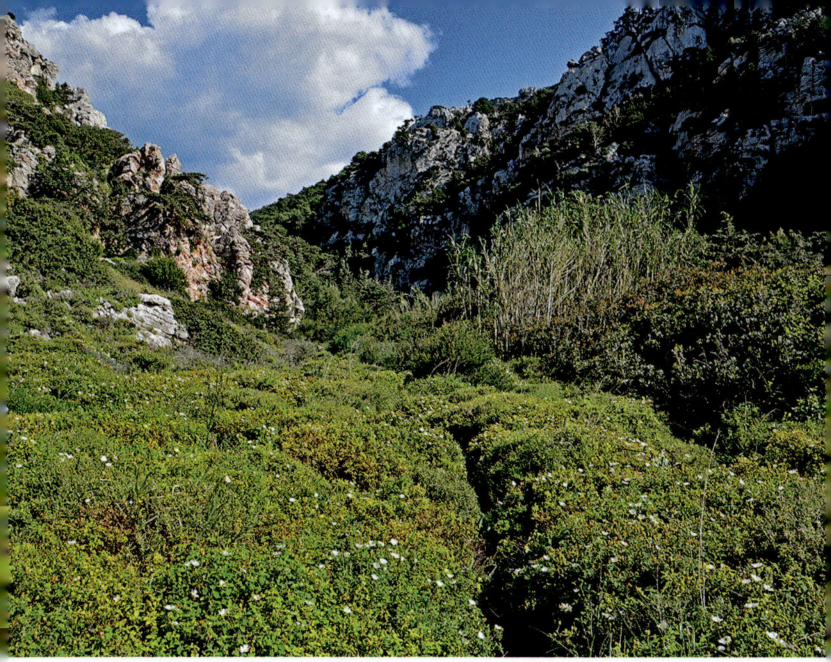

Auf stachelig überwuchertem Pfad schlängelt sich unser Weg in eine Schlucht, an deren linkem Hang wir bis zum Kastell aufsteigen werden.

Für den Rückweg wandern wir zum **Wegpunkt** 9 zurück. Rechts von uns befindet sich unser Hinweg – wir gehen nun aber halb links auf dem Feldweg bis zu einer **Asphaltstraße** 11. Wir folgen dieser wenige Meter geradeaus und biegen dann nach rechts auf den Schotterweg, der von der Straße abzweigt. Diesem Hauptweg folgen wir nun immer geradeaus durch agrarisch geprägte Landschaft vorbei an einem **türkisfarbenen Haus** 12. Bald befindet sich rechts neben uns ein mit Schilfrohr bewachsener Bach. Kurze Zeit später ignorieren wir einen Weg von rechts, der über den Bach führt. Etwa 3 Min. später kreuzt nochmals ein Weg von rechts das **Bachbett** 13, dem wir dieses Mal folgen und geradeaus bis zu einer **Kreuzung** 14 bei einem erhöhten Felsen aufsteigen. Dort wählen wir den linken Weg und ignorieren alle darauffolgenden Abzweigungen, bis wir, schon mit Blick auf das Museum von Kritinía, auf der linken Seite unseres Weges einen Stein mit roter Markierung finden. Kurz danach zweigt rechts ein **Waldweg** 15 ab, dem wir folgen. Schon bald treffen wir auf eine Betonstraße, auf der wir rechts über die Brücke gehen. Danach halten wir uns halb links und wandern noch wenige Meter aufwärts zum Dorfplatz von **Kritinía** 1.

↗ 200 m | ↘ 200 m | 5.7 km

10 Von Glifáda zur Hiótes-Bucht

2.00 h

Von einem verschlafenen Küstendörfchen zu einem verwaisten Kieselstrand

Was für ein Ausblick: Ein alter Wachturm thront einsam über der Hiótes-Bucht. Dieser Augenschmaus ist einzig und allein Wandernden vorbehalten, denn die Bucht lässt sich nur über einen schmalen Küstensteig erreichen. Der Weg wurde vor einigen Jahren von der Forstverwaltung schön angelegt und mit Sitzgelegenheiten und Aussichtspunkten ausgestattet. Dass die Bucht einst bewohnt war, ist heute kaum vorstellbar. Nur ein paar windschiefe Häuschen und ein alter Dreschplatz zeugen von der einstigen Bewirtschaftung des Ortes.

Ausgangspunkt: Parkplatz vor der Taverne Parádisos in Glifáda, 30 m. Von der Hauptstraße »Kritinía – Siána« dem Abzweig mit der Beschilderung »Glifáda Beach« folgen. An der Kreuzung direkt am Meer nach rechts biegen. Die steile Zufahrtsstraße ist bis zur Taverne asphaltiert.
Anforderungen: Leichte, halbschattige Wanderung auf breiten Forstwegen und einem angelegten, aber leider vernachlässigten und daher mitunter verwachsenen und erodierten Pfad mit vielen Stufen. An einer Stelle muss über einen kleinen Erdrutsch-Hügel gestiegen werden. Für Kinder ab 6 Jahren geeignet. Achtung! Das Geländer des Küstenpfades ist nicht kindersicher. Lange Hosen empfohlen.
Einkehr: Unterwegs keine. Taverne Parádisos in Glifáda, in der Gäste herzlich von Sávvas und Anastasía begrüßt und bewirtet werden.
Unterkunft: Kleine Hotels, Pensionen und Ferienhäuser in Kritinía, Siána und Émbonas.
Anschlusstour: Tour 11.
Kurztour: Wer ein einigermaßen geländetaugliches Fahrzeug zur Verfügung hat, kann die Tour auch erst an der Parkbucht beim Küstenpfad ❹ starten und kürzt somit die Wanderung um eine Stunde ab.

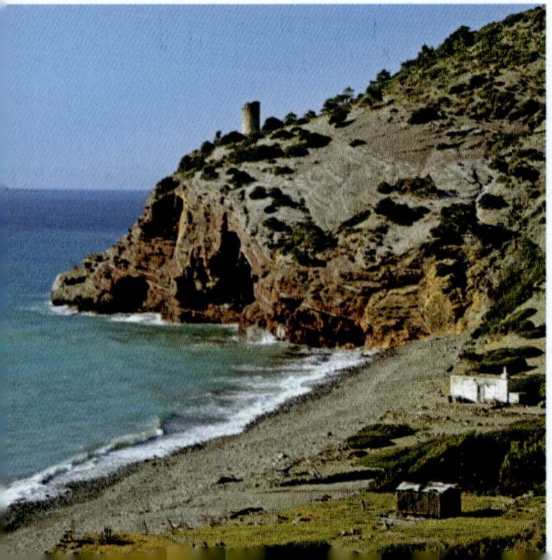

Von der **Taverne Parádisos** ❶ laufen wir auf der Dorfstraße Richtung Turmruine, halten uns immer geradeaus und ignorieren seitliche Auffahrten zu Häusern. Der breite Fahrweg führt uns über ein **Bachbett** ❷ und biegt direkt dahinter nach rechts. An der darauffolgenden Kreuzung etwa 50 m weiter wandern wir rechts und später in Serpentinen einen Hügel hinauf. An

Malerisches Motiv: Der alte Wachturm thront über der Hiótes-Bucht.

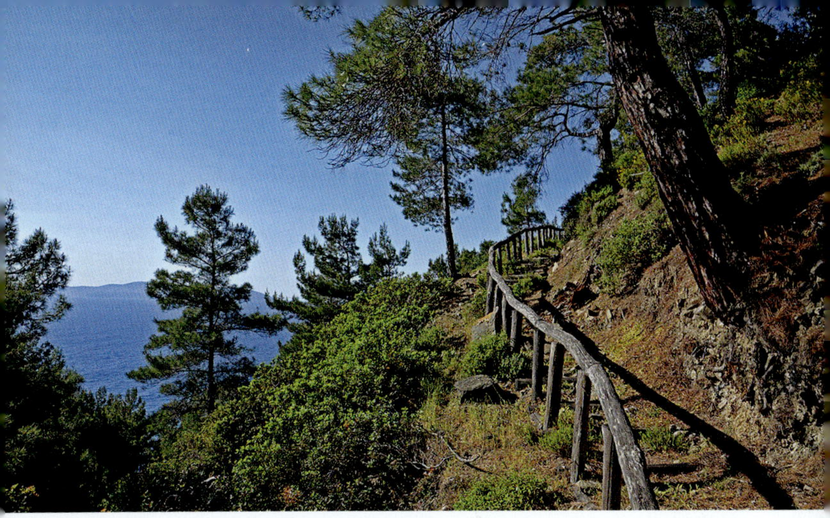

Ein schmaler Küstensteig bringt uns durch lichten Kiefernwald zu der einsamen Bucht.

einer Kreuzung bei Trafohäuschen biegen wir nach links und erreichen so kurz darauf die **Kirche von Glifáda** ❸ links unseres Weges. Von hier haben wir eine schöne Aussicht auf die Bucht von Glifáda. Wieder zurück am Weg gehen wir nach links weiter und folgen dem breiten Forstweg entlang der Küste. Nach etwa 20 Min. erreichen wir eine große Parkbucht links des Weges, die mit einem in die Jahre gekommenen Holzgeländer abgegrenzt ist. Am Ende der Parkbucht führen Treppenstufen auf den einst angelegten, ebenfalls mit Holzgeländer ausgestatteten **Küstenpfad** ❹. Nach etwa 7 Minuten passieren wir eine **Holzbrücke** ❺. Kurz dahinter stoßen wir auf einen Aussichtspunkt mit Bänken. Wir passieren eine weitere Brücke, und bald führt uns der Pfad abwärts zur **Hiótes-Bucht** ❻. Ein einsamer, alter Wachturm ragt über dem Kieselstrand empor. Gehen wir wenige Meter landeinwärts ein wenig auf Erkundungstour, können wir einen alten Dreschplatz und eine Hausruine entdecken.

Zurück zur **Taverne Parádisos** ❶ geht es auf demselben Weg.

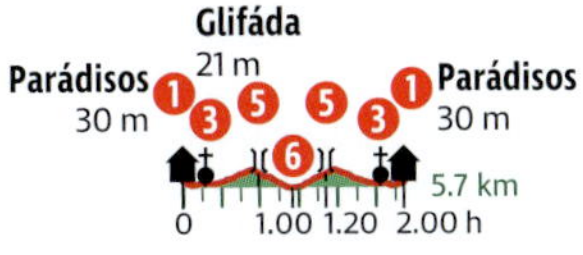

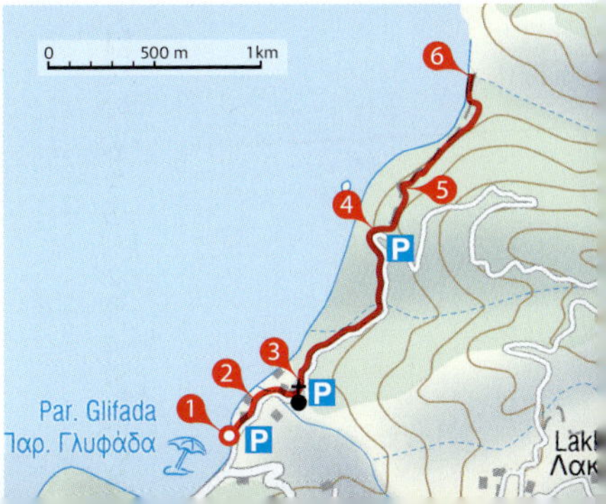

↗ 110 m | ↘ 110 m | 4.3 km

11 Durch die Weinfelder von Lakkí

1.30 h

Spaziergang um ein winziges Dorf mit grandiosen Aussichten auf den Akramítis

Diese kurze Wanderung führt entlang grüner Weinfelder, durch ein Dörfchen mit vereinzelten Häusern und zu einer kleinen Kirche. Vor uns ragt stets beeindruckend das raue Gebirgsmassiv des Akramítis empor. Lakkí ist ein wichtiges Weinanbaugebiet von Rhódos, in das sich normalerweise keine Touris verirren. Die Landwirte auf den Feldern beäugen unbekannte Gäste deshalb mitunter etwas argwöhnisch, tauen aber meist schnell auf, laufen mit bis zur Kirche oder geben ein paar köstliche Trauben mit auf den Weg.

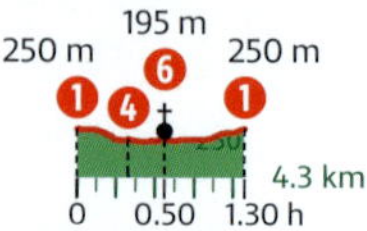

Ausgangspunkt: Abzweigender Waldweg in Lakkí, 250 m. Von der Hauptstraße »Kritinía – Siána« dem Abzweig mit der Beschilderung »Glifáda Beach« folgen. Dort, wo die Straße das zweite Mal ein Weinfeld passiert, führt links oberhalb am Anfang des Weinfeldes ein Waldweg in den Wald. Hier parken wir.
Anforderungen: Leichte, halbschattige bis sonnige Wanderung meist auf breiten Feld- und Waldwegen. Für Kinder ab 5 Jahren geeignet.

Einkehr: Unterwegs keine. Taverne in Glifáda.
Unterkunft: Kleine Hotels, Pensionen und Ferienhäuser in Kritinía, Siána und Émbonas.
Anschlusstour: Tour 10.
Kurztour: Wer bei der Kreuzung ❹ nach links läuft, danach immer weiter dem Hauptweg bis zur Straße folgt und dort nach links biegt, kürzt die Tour um 40 Min. ab (2,4 km, 70 m Höhenunterschied).

Von dem abzweigenden **Waldweg ❶** laufen wir ein paar Meter auf der Straße weiter abwärts. Dann folgen wir einem Feldweg nach rechts, an der nächsten Y-Kreuzung halten wir uns halb links in Richtung eines **Olivenhains ❷**. Danach ignorieren wir sämtliche Feldwege von links und wandern bald geradeaus durch ein Wäldchen. Wir folgen weiterhin dem zweispurigen Waldweg geradeaus abwärts. Nach einem Olivenhain mitten im Wald führt der Weg etwas ausgewaschener und schmaler bis zu einer **Piste ❸**, der wir nach links folgen. Immer geradeaus gelangen wir so

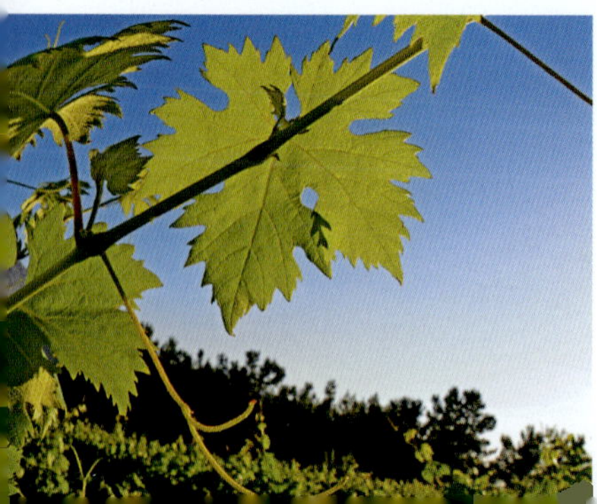

Nicht nur die Trauben, sondern auch die Weinblätter können für kulinarische Köstlichkeiten herangezogen werden.

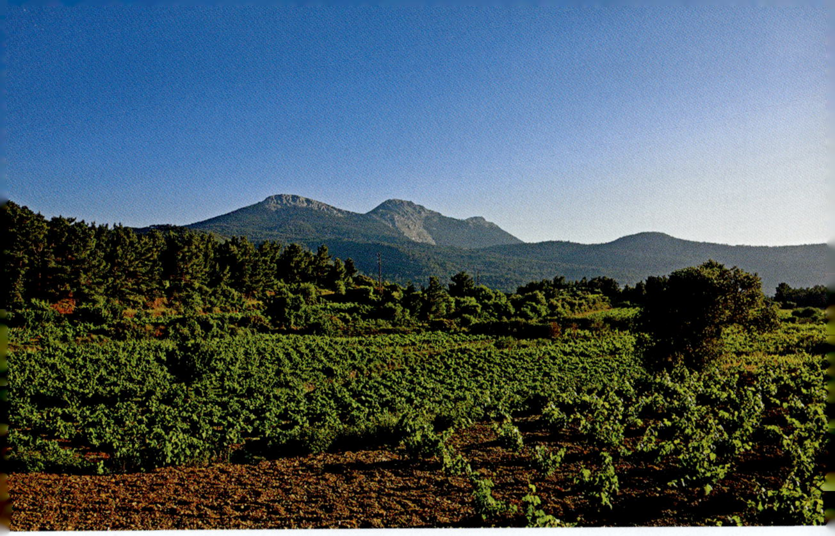

Von der fruchtbaren Ebene bei Lakkí bieten sich tolle Ausblicke auf den Akramítis.

zu einer Kreuzung bei einem hellen **Haus** 4 mit Gitterstäben an den Fenstern. Dort biegen wir nach rechts. Wir folgen dem Hauptweg, ignorieren einen Feldweg von rechts und laufen an einem kleinen **Heiligenschrein** zu unserer Linken vorbei. Wir passieren eine Hausruine, ignorieren mehrere seitliche Abzweigungen, gehen immer geradeaus und kommen nach etwa 10 Min. zu einem **Brunnen** 5. Wir wandern hier halb links weiter, ignorieren eine Piste von links und steigen bei der nächsten Kreuzung nach rechts einen Hügel hinauf. Am Ende des Olivenhains halten wir uns halb rechts und erreichen wenig später die hübsche **Kirche von Lakkí** 6.
Danach laufen wir wieder zur Piste unterhalb der Olivenbäume zurück und biegen nach rechts. Wir lassen alle Abzweigungen unbeachtet und erreichen so die asphaltierte **Straße** 7. Wir folgen der Straße nach links etwa 160 m bergauf und biegen dann nach links auf einen Feldweg. Nach dem ersten Haus halten wir uns links, ignorieren links einen Feldweg und steuern auf eine Mauer zu. Wir wandern immer geradeaus auf dem Hauptweg, bis der Weg in eine breite **Piste** 8 mündet, an der Straßenlaternen und ein Strommast stehen. Hier geht es nach rechts weiter aufwärts, auf der breiten Piste immer geradeaus bis zur Asphaltstraße. Biegen wir dort nach links, erreichen wir nach knapp 250 m unseren **Ausgangspunkt** 1.

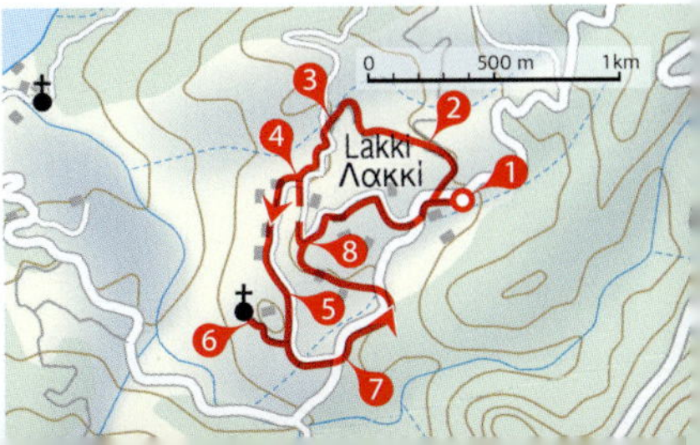

Zentralmassive und inneres Bergland

Im Inselinneren lädt abwechslungsreiche Bergwelt zum Wandern ein. Vielerorts sichtbar ist der karge Gebirgsklotz **Attáviros** in der Mitte der Insel. Der höchste Berg von Rhódos lässt mit seinen 1215 m ein wenig Hochgebirgsfeeling aufkommen: Bäume schaffen es nicht bis zum Gipfel. Stattdessen erstreckt sich dort eine weite Stein- und Geröllwüste (Touren 14 und 15). Über Tausende von Jahren schuf ein Gebirgsbach einen gewaltigen **Canyon** an der Westseite des Attáviros. Ein Abstecher in den Eingang der Schlucht ist ein absolutes Muss (Tour 13).
Im Weindörfchen Émbonas am Fuße des Bergriesen werden täglich Massen an gutem, lokalem Wein verköstigt. Etwas weiter südlich erhebt sich der zweithöchste Berg von Rhódos, der **Akramítis** (823 m). Von Monólithos und dem Honigdorf **Siána** führen abwechslungsreiche Pfade hinauf bis zum Gipfel (Tour 12).

Rund um den Attáviros wird köstlicher Wein produziert.

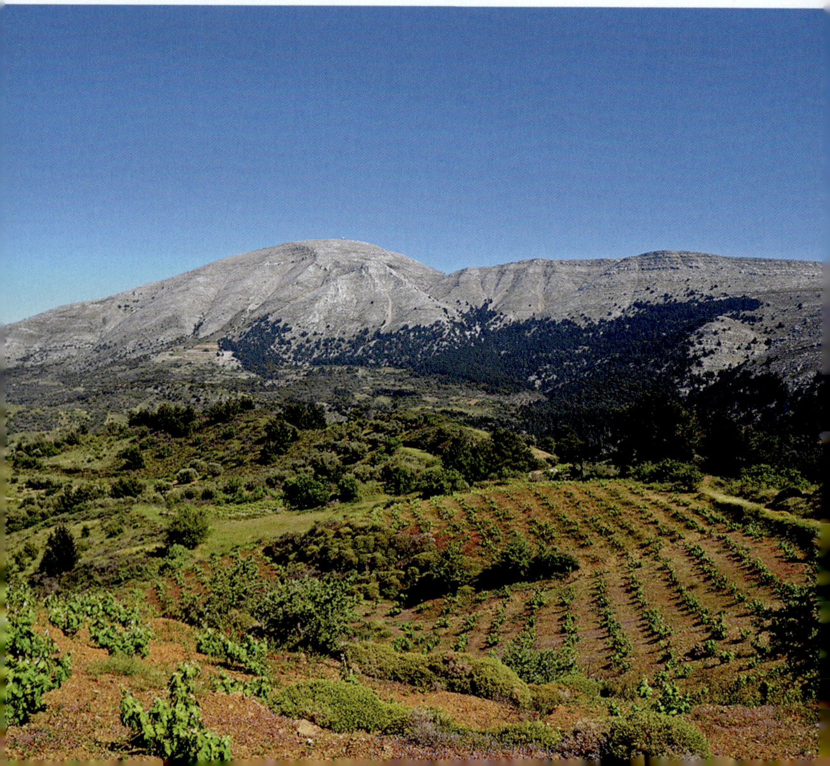

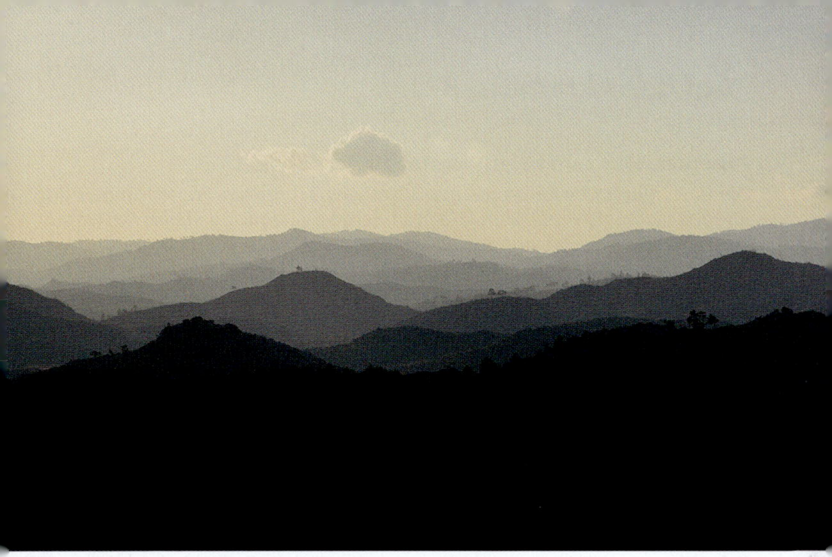

Hinter jedem Hügel breitet sich eine andere Landschaft aus.

Nördlich des Attáviros erstreckt sich in Ost-West-Richtung der **Profítis Ilías** (798 m). Die dritthöchste Erhebung auf Rhódos ist mit vielen alten Pflasterwegen überzogen und wurde unter italienischer Besatzung zum Luftkurort und Herrschaftssitz erkoren. Wer dem Berg einen Besuch abstattet, wähnt sich plötzlich mitten in den Alpen, da hier romantische Herbergen, inspiriert von Sennhütten, inmitten dunkler Nadelwälder stehen. Vom Bergdorf **Sálakos** führt ein alter Pfad in Serpentinen den Profítis Ilías hinauf (Tour 19). Am Rande des Dorfes findet sich die hübsche **Nymphenquelle** samt dazugehörigem **Schmetterlingstal** (Tour 18).

In dem waldigen Bergland im Inselinneren stoßen wir immer wieder auf hübsche Klöster und kleine Dörfchen wie zum Beispiel das **Kloster Thári** bei **Láerma** (Tour 16), die **Kapelle Fountouklí** in der Nähe der ehemaligen italienischen Musterkolonie **Eleoúsa** (Tour 20) oder das **Kloster Nektários** (Tour 21). Busse fahren die Bergdörfer nur vereinzelt an. Es bedarf also guter Planung oder eines Mietfahrzeuges, um alle Orte zu erreichen. Mit etwas Glück lassen sich am Wegrand auch seltene Orchideenarten entdecken.

Wirklich großen Andrang auf die Wanderungen gibt es kaum. Der Aufstieg auf den Profítis Ilías ist die wohl am häufigsten frequentierte Tour. Andernorts lässt sich oft keine Menschenseele blicken. Die aussichtsreichen Berggipfel und abenteuerlichen Pfade sind ein wahres Wanderparadies. Fernab von Stadtlärm und Bettenburgen lassen sich hier beeindruckende Landschaften genießen.

TOP

12 Auf den Akramítis, 823 m

↗ 550 m | ↘ 550 m | 9.3 km

4.00 h

Panoramatour zum zweithöchsten Gipfel der Insel

Die Besteigung des Akramítis gehört zu den schönsten Wanderungen auf Rhódos. Schmale Pfade durch lichten Bergwald, entlang steiler Felswände und über Bergwiesen bringen uns zu dem steinigen Gipfelgrat, von dem sich phänomenale Aussichten in alle Richtungen bieten. Auch eine alte Kapelle und eine geschichtsträchtige Höhle liegen auf dem Weg. Die abwechslungsreiche Tour ist das reinste Wandervergnügen.

Ausgangspunkt: Parkbucht an der Straße Monólithos – Siána, 375 m. Von Monólithos kommend, liegt etwa 850 m nach dem Ortsausgang rechts der Straße eine Parkbucht. Auf der linken Seite zeigen ein gelb umwickelter Kiefernstamm und ein rot-weißes Schild mit der Aufschrift »Πρός λημέρι« das Ende unseres Rückwegs an.
Anforderungen: Mittelschwere, halbschattige bis sonnige Wanderung auf schmalen, teils etwas steinigen und steilen Pfaden. Trittsicherheit nötig. Markierung durch Steintürmchen, rote Punkte und gelbe Pfeile.
Einkehr: Unterwegs keine. Tavernen in Monólithos und Siána.
Unterkunft: Kleine Hotels und Pensionen in Monólithos und Siána.
Variante: Vom Friedhof von Siána an der Verbindungsstraße nach Monólithos führt ein schmaler, steiler, steiniger Pfad zum Gipfel. Dieser Weg könnte als Aufstiegsalternative gewählt werden. Vom Friedhof gehen wir einige Meter Richtung Siána und wandern dann links aufwärts, rechts an einem Tiergehege vorbei und durch ein Gatter. An der nächsten Gabelung gehen wir halb rechts weiter aufwärts und dem Pfadverlauf folgend bis zum Gipfel. Mittelschwer. Nur Aufstieg: 1.30 Std., 1,9 km, 400 m Höhenunterschied.
Hinweis: Bei Nebel oder Unwetter sollte die Wanderung nicht durchgeführt werden.

Der Gipfelgrat des Akramítis mit Gipfelsäule und verlassenem Feuerwachthäuschen.

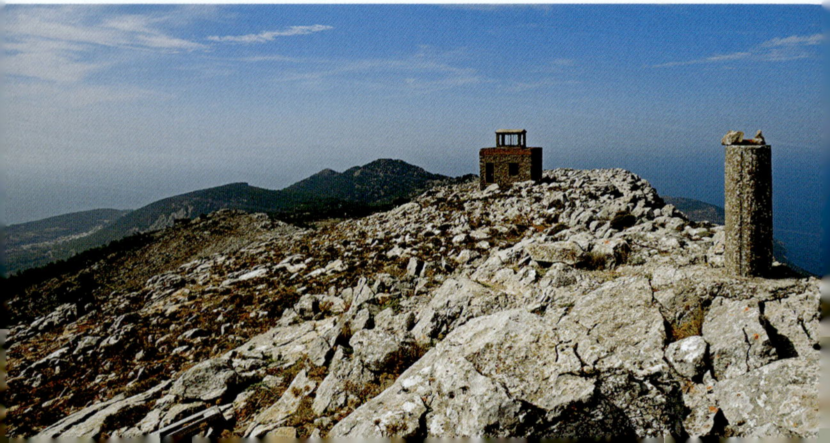

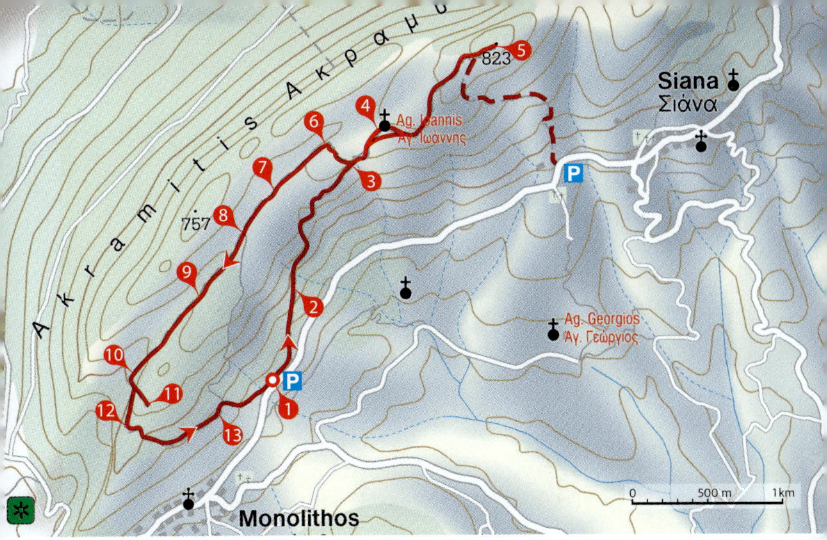

Von der **Parkbucht** ❶ gehen wir etwa 130 m auf der Straße Richtung Siána und steigen bei dem Schild »Πρός Άγιο Ιωάννη« nach links aufwärts in den Wald hinein. Wir folgen einem ausgetretenen Waldpfad bergauf, der unregelmäßig mit gelben Holzpfeilen und roten Punkten markiert ist. Der Weg führt uns über ein kleines **Geröllfeld** ❷ und danach steinig, aber gut erkennbar weiter bis zu einer **Kreuzung** ❸, an der ein roter Pfeil auf einem Stein rechts von uns Richtung Hinweg zeigt und wir einige Meter entfernt auf einem großen Felsen die Aufschrift »St. John« erkennen können. Nach hinten links führt uns später der Rückweg, wir laufen jedoch geradeaus weiter bis zur **Kapelle Ág. Ioánnis** ❹, die links, leicht erhöht, über dem Hauptweg liegt. Nach dem Besuch der Kirche laufen wir wieder zurück zum Hauptweg und folgen ihm nach links weiter. Wir wandern auf dem steinigen Pfad zunächst durch ein Wäldchen, später auf einer steinigen Hochebene und danach weiter aufwärts, erst links eines Felsrückens, dann, an den letzten großen Kiefern, wo der Felskamm einen felsigen Sattel beschreibt, nach rechts aufwärts auf den Felsrücken, dem wir immer weiter nach oben folgen. Wir passieren ein **Häuschen** und erreichen den höchsten Punkt des **Akramítis** ❺, der mit einer Messsäule markiert ist.

Nach einer Gipfelrast mit fantastischem Rundumblick wandern wir wieder zurück zur **Kreuzung** ❸ und gehen dort halb rechts weiter. Der Weg führt uns stetig abwärts, wir ignorieren einen Pfad links, überqueren eine Steinmauer und halten uns an der **Kreuzung** ❻ kurz danach links. Wir wandern auf dem Weg immer weiter geradeaus, zunächst durch lichten Wald und dann über eine – nur im Frühjahr grüne – **Bergwiese** ❼ bzw. Lich-

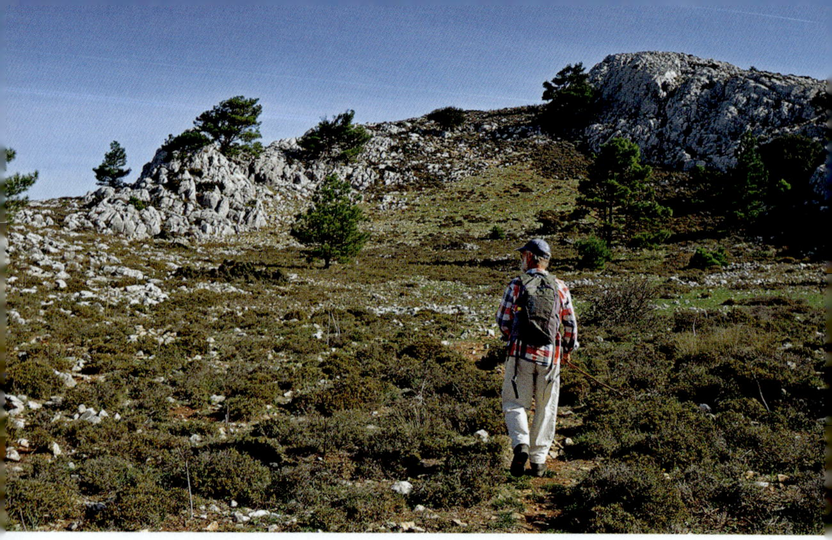

Kurz vor dem steinigen Aufstieg zum Gipfel wandern wir über eine Hochebene.

tung mit vereinzelten Bäumen und Steinhaufen. Nach der Bergwiese gibt es einen kurzen Zwischenanstieg, kurz danach weist uns ein aus Steinen gelegter **Pfeil** 8 am Boden den Weg geradeaus. Der Weg führt uns bis zu einer weiteren **Bergwiese** 9. Wir überqueren sie in gerader Richtung, tauchen wieder ein in den Schatten spendenen Wald und erreichen nach knapp 20 Min.eine **Freifläche** 10 mit Mauerresten. Wir überqueren sie in ihrer ganzen Länge geradeaus und biegen dann wieder nach links in den Wald hinein. Nur wenige Meter danach stehen wir an einer rot markierten Kreuzung. Nach links aufwärts führt ein steiler, zehnminütiger Abstecher zur **Höhle Liméri** 11, die allerdings von außen recht unspektakulär ist. Eine Marmortafel erinnert an die Widerständischen, die im Zweiten Weltkrieg hier Unterschlupf fanden und gegen die deutsche Besatzung kämpften.

Von der Höhle kommend, biegen wir nach links wieder auf den Hauptweg und folgen ihm, bald an einer steilen Felswand links von uns entlang. Nach rechts bieten sich schöne Ausblicke. Am **Ende der Felswand** 12 steigen wir wenige Meter über die Felsen auf und folgen dem Pfad scharf nach links noch ein kurzes Stück aufwärts, bis er dann endgültig abwärtsführt. Wir erreichen eine **Gabelung** 13, an der wir weiter abwärtswandern. An einer Kreuzung, von der man die Straße bereits durch den Wald sehen kann, biegen wir nach rechts und erreichen so die **Parkbucht** 1.

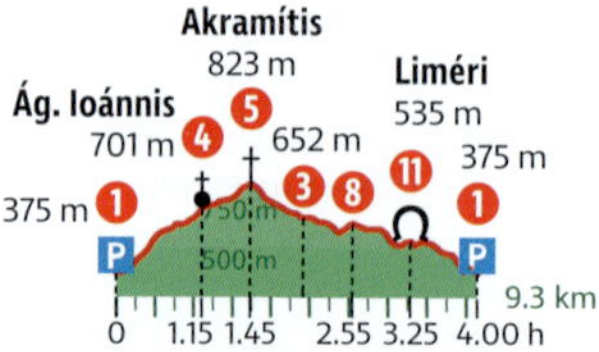

↗ 280 m | ↘ 280 m | 5.5 km

2.30 h

Durch den Canyon von Siána

13

Nervenkitzel in der schönsten Schlucht von Rhódos

Diese Wanderung ist wahrlich kein Zuckerschlecken – eher ein anstrengendes, aber sehr schönes Abenteuer. Zunächst geht es – halb kletternd, halb wandernd – durch eine eindrucksvolle Schlucht, die sich am Ende zu einem Nadelöhr verengt. Sie wird von treppenartig geschichtetem Gestein gesäumt, das bizarre Bassins und Felswände bildet. Danach wandern wir auf schmalen Pfaden durch Phrýgana-Vegetation und Bergwald. Der Abstieg erfolgt mit phänomenalen Aussichten auf den Akramítis an einem steilen Berghang.

Ausgangspunkt: Parkbucht an der Straße Kritinía – Siána, 360 m. Von Kritinía kommend folgt kurz nach dem Abzweig zum Glifáda-Beach eine scharfe Linkskurve und gleich darauf eine scharfe Rechtskurve am Eingang des Canyons. Kurz danach befindet sich eine breite Parkbucht rechts des Weges.
Anforderungen: Schwierige, halbschattige Wanderung, zunächst auf einem rot markierten, ungesicherten Steig mit Kletterstellen. Danach geht es auf schmalen, unscheinbaren Pfaden weiter, die meist mit roten Punkten und Steintürmchen markiert sind. Nicht ohne Klettererfahrung begehen. Orientierungssinn, Trittsicherheit und Schwindelfreiheit sind definitiv nötig. Es benötigt teils Konzentration, um alle Markierungspunkte zu entdecken. Lange Hosen empfohlen.
Einkehr: Unterwegs keine. Tavernen in Siána, Monólithos und Kritinía.
Unterkunft: Kleine Hotels und Pensionen in Siána und Monólithos.
Kurztour: Auch ein kurzer Abstecher in

Beeindruckendes Bild schon von der Straße aus: der Eingang zum Canyon.

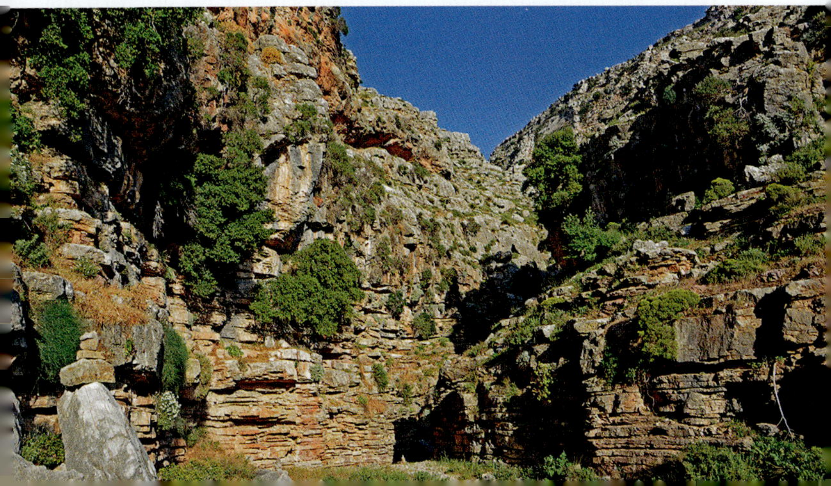

die bezaubernde Schlucht lohnt sich. Dazu folgen wir der Beschreibung einfach bis zur ersten größeren Kletterstufe ❷. Mittelschwer, 20 Min., 0,5 km, Höhenunterschied 15 m.

Hinweise: Wer ab der ersten Kletterstufe ❷ angefangen hat aufzusteigen, sollte nicht mehr umkehren. Den Canyon hinunterzuklettern wäre nämlich weitaus gefährlicher, als ihn hochzuklettern. Wegen der steilen Felswände funktioniert die GPS-Ortung nicht einwandfrei. Diese Wanderung sollte nicht während oder kurz nach starken Regenfällen durchgeführt werden. Es besteht die Gefahr eines plötzlichen Wasserschwalls und Erdrutsches. Steinschlaggefahr an Steilwänden möglich.

Um Verirrungen vorzubeugen, ist es wichtig, sich vor allem auf den schmalen Pfaden ab Wegpunkt ❺ immer an den roten Punkten zu orientieren. Sie führen teilweise in unerwartete Richtungen, aber sie führen zum Ziel. Beste Vorgehensweise: An einem roten Punkt anhalten und den nächsten Punkt suchen. Wenn er nicht gleich sichtbar ist, sich im Radius von etwa 10 m um den roten Punkt bewegen, bis der nächste Punkt dann doch sichtbar wird. Aufgrund der Wegsuche ist mit erhöhter Gehzeit zu rechnen. Für den Rückweg empfiehlt sich ein GPS-Gerät.

Von der **Parkbucht** ❶ laufen wir auf der Straße ein paar Meter Richtung Kritinía und biegen hinter der Leitplanke nach rechts in den Canyon. Wir klettern über einen Felssturz und steigen durch das beeindruckend ausgespülte Bachbett weiter aufwärts. Nach dem zweiten wasserlosen **Bassin** im Schichtfels wird das Bachbett etwas breiter. Unmittelbar dort markiert ein **roter Punkt** links an einer Felswand die erste größere, etwa 5 m hohe **Kletterstrecke** ❷. Haben wir diese kurze Kraxelei geschafft, geht es nach rechts weiter und wieder zum Bachbett. Wir folgen der Schlucht entlang des Trockenbettes nun immer weiter aufwärts. Es müssen immer wieder kurze Klettereinheiten zurückgelegt werden, die stets mit roten Punkten markiert sind. Wir passieren ein **großes Steintürmchen** ❸ links oberhalb des Weges. Wir folgen immer weiter der Hauptschlucht, die sich nach gut 30 Min. stark verengt. 60 m weiter wandern wir bei einer **Y-Kreuzung** ❹, an der zwei Flussarme aufeinandertreffen, halb rechts und klettern die letzten Meter aus der engen Schlucht heraus. Wir erreichen einen offenen **Platz** ❺ mit großen, breiten Felsplatten. Ein paar Meter weiter führt ein unscheinbarer Pfad nach links den Hügel hinauf. Etwas oberhalb sehen wir auf einem Stein wieder einen roten Punkt. Nun müssen wir mit detektivischem Geschick jeweils die nächsten Punkte suchen. Wir passieren halb tote Kiefern, durchqueren ein **Bachbett** und steigen einen Hang aufwärts.

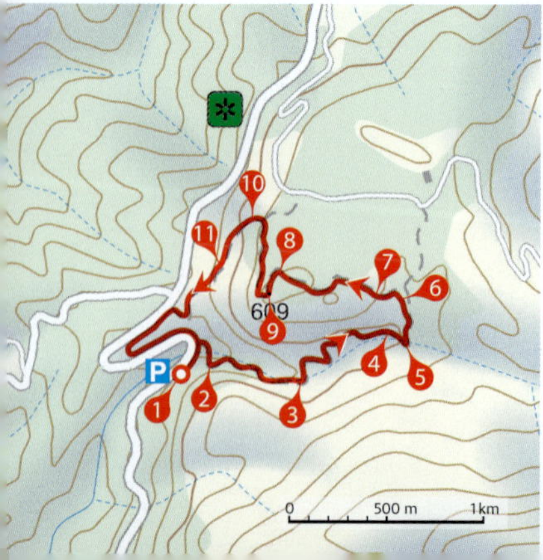

Wir passieren eine **allein stehende Kiefer** ❻ wenige Meter rechts unseres Pfades, der uns bald schon über einem weiteren Bachbett führt. Die roten Tupfen führen uns dann halb rechts aufwärts in den Wald, vorbei an einer niedrigen **Naturstein-Mauer** ❼ rechts von uns. Von dort folgen wir einem breiten, zweispurigen Waldweg geradeaus weiter, an einer Kreuzung mit einem weiteren breiten Waldweg biegen wir nach links. Wir folgen ihm durch eine Rechtskurve. Nach 5 Min. markiert ein **kleiner Fels** ❽ links des Weges mit verblichenem roten Pfeil unseren Abzweig nach links. Rote Punkte führen uns bis zu einer **Messsäule** ❾ in einem Felsenmeer am Berghang.

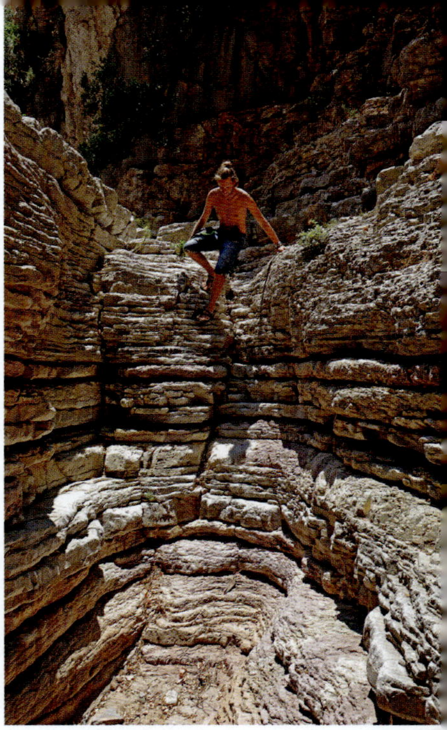

Die Felsschichten können wie Treppen benutzt werden.

Von dort gehen wir etwa 50 Meter auf demselben Weg zurück und wandern dann etwas weiter links als auf dem Hinweg am leicht abfallenden Berghang entlang. Rote Punkte weisen uns den Weg. Nach gut 10 Min. macht der Pfad eine Linkskurve, es geht ein kurzes Stück steil abwärts bis zu einem **Felsblock** ❿ mit rotem Punkt. Nun wandern wir auf einem gut ausgetretenen und markierten Pfad mit schönen Ausblicken weiter abwärts. Der Pfad führt uns schon bald in den Wald hinein, in dem wir auf rutschigen Kiefernnadeln absteigen. Nach gut 10 Min. erreichen wir einen etwas breiteren Weg oberhalb einer großen Freifläche. Wir wandern wenige Meter nach links und dann auf einem Pfad nach rechts abwärts bis zu einem weiteren breiten Weg, dem wir nochmals nach links folgen. Er geht bald in ein **asphaltiertes Sträßchen** ⓫ über, auf dem wir bis zu einer großen Straße wandern. Wir folgen ihr nach links und haben die Möglichkeit, über eine Grasfläche links die Straßen-Serpentine pfadlos abzukürzen. Dann geht es noch ein Stückchen weiter abwärts, am Canyon-Eingang vorbei und kurz dahinter zum **Ausgangspunkt** ❶.

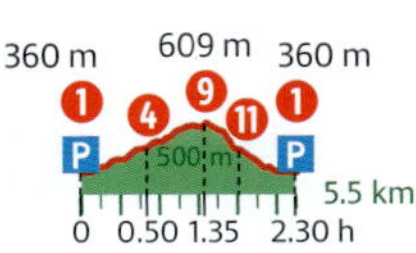

↗ 850 m | ↘ 850 m | 11.4 km

14 Von Émbonas auf den Attáviros, 1216 m — 6.00 h

Extremtour auf den höchsten Berg der Insel

Diese Wanderung hat es in sich! Der Aufstieg erfolgt ohne Umschweife: direkt, steil und ohne Pfad über ein Geröllfeld. Die Aussichten sind fantastisch. Aus der Vogelperspektive blicken wir auf das Dorf Émbonas und die Westküste von Rhódos. Nach dem Gipfelsturm erkunden wir antike Tempelreste und folgen dann alten Pfaden durch das hoch gelegene Hügelland des Attáviros. Der Abstieg erfolgt teilweise pfadlos durch stachelige Phrýgana-Vegetation und später auf einem romantischen Pfad durch eine Schlucht, vorbei an einer Fledermaushöhle bis nach Émbonas.

Ausgangspunkt: Parkbucht an der Hauptstraße südlich von Émbonas, 450 m. Von Émbonas kommend liegt sie auf der linken Seite, etwa 120 m hinter der Linkskurve am Ortsausgang. Anfahrt am besten mit dem Mietfahrzeug. Keine geeignete Busverbindung vorhanden.
Anforderungen: Schwierige, sehr steile und sonnige Wanderung auf schmalen Pfaden, teilweise weglos auf Geröllfeldern und durch Phrýgana-Vegetation. Orientierungssinn, Trittsicherheit, Schwindelfreiheit und gute Kondition erforderlich. GPS empfohlen.
Einkehr: Unterwegs keine. Viele Möglichkeiten in Émbonas.
Unterkunft: Kleine Hotels und Pensionen in Émbonas.
Anschlusstour: Es besteht die Möglichkeit, dem Rückweg der Tour 15 bis nach Ág. Isídoros zu folgen.
Hinweise: Bei Nebel oder Unwetter sollte diese Wanderung nicht durchgeführt werden. Aufgrund der nötigen Pausen ist bei dieser Tour mit deutlich erhöhter Gehzeit zu rechnen. Der steile Aufstieg von Émbonas empfiehlt sich nicht für den Abstieg.

Links der **Parkbucht** ❶ folgen wir einem breiten Beton-Fahrweg bergauf. Dort, wo der Beton aufhört, halten wir uns geradeaus aufwärts und erreichen nach etwa 10 Min. links neben einem Weinfeld das scheinbare Ende des Weges. Hier können wir jedoch halb links aufwärtssteigen, wir folgen dem breit ausgetretenen Pfad erst geradeaus, dann durch eine Rechtskurve bis zu einer **schrägen T-Kreuzung** ❷. Hier laufen wir nach rechts, ignorieren einen Pfad nach links und gehen an der darauffolgenden T-Kreuzung nochmals nach rechts. Wir gehen ein kurzes Stück eben durch Weinfelder und wandern an einer **Y-Kreuzung** ❸ halb links aufwärts. Kurz darauf folgen wir dem höher gelegenen Weg, der durch ein umgehbares Tor versperrt ist, ein paar Meter weiter ignorieren wir einen Feldweg von links und folgen dem Weg durch eine Rechtskurve. Wenig später biegen wir auf einen

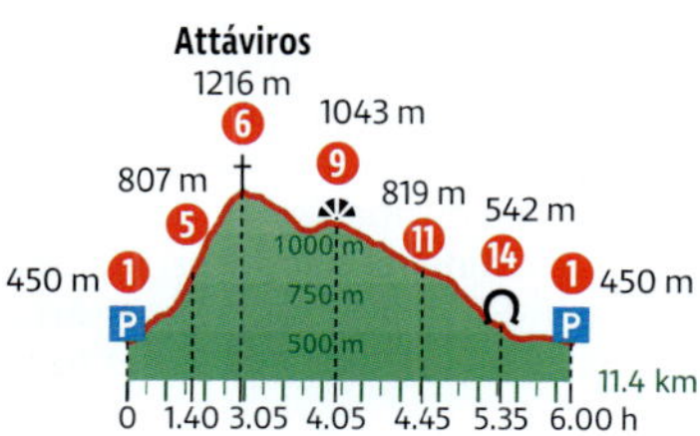

rot markierten, gerölligen Pfad nach rechts. Er führt uns zu einem Zaun, an dem wir nach links weiterwandern; so gelangen wir zu einer **Leiter** 4, die uns über den Zaun bringt. Dahinter laufen wir geradeaus auf einem steinigen Pfad weiter bergauf. Er ist mit Steintürmchen und roten Punkten markiert und führt erst auf der linken Seite, später rechts einer Rinne den Berg hinauf. Nach den letzten **Bäumen** 5 bleiben wir noch etwa 20 Min. an der Rinne und können dann entscheiden, ob wir die Steilwand vor uns nach rechts oder links weglos umgehen wollen. Haben wir sie in einem Bogen umgangen, wandern wir weiter weglos aufwärts bis zur Radarstation am Gipfel. Der GPS-Track sollte nur als grobe Orientierung dienen, am besten ist, einfach nach eigenem Gutdünken immer weiter aufwärtszukraxeln. Schlussendlich erreichen wir die Gipfelsäule des **Attáviros** 6 neben der Radarstation. Dahinter laufen wir geradeaus zu einem Maschendrahtzaun, den wir durch ein Tor durchqueren. Nun steuern wir geradeaus auf die Überreste alter **Tempel** 7 auf einer kleinen Anhöhe zu. Von dort wandern wir geradeaus weiter und wieder bergab zu dem Maschendrahtzaun, den wir durch ein demoliertes Tor hinter uns lassen. Nun geht es auf einem steinigen, alten Pfad in Serpentinen abwärts bis zu der Straße, die auf den Gipfel führt. Direkt auf der anderen Straßenseite klettern wir ein

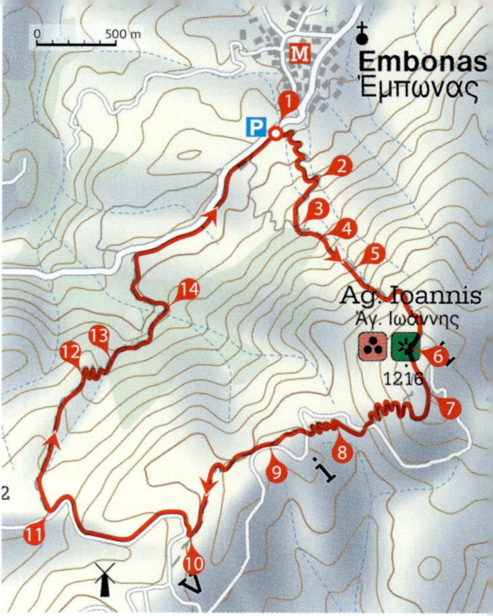

Durch Feldfluren und Weingebiete steigen wir zum Attáviros auf.

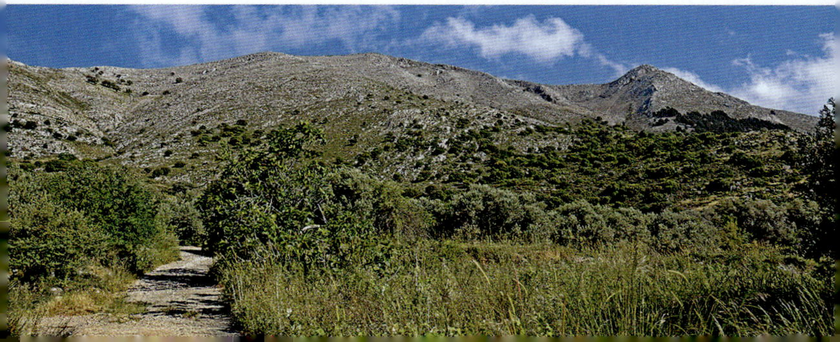

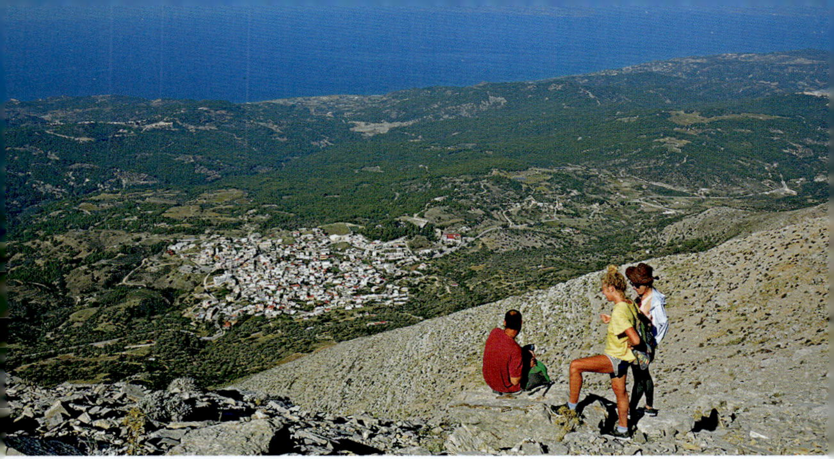

Rast mit Blick auf Émbonas: Für diese Aussicht lohnt alle Anstrengung.

paar Felsbrocken hinab und gelangen so wieder auf einen schmalen Pfad, der uns wenig später nochmals zur **Straße** ❽ führt, dann aber wieder nach links von ihr weg und in Serpentinen aufwärts, wiederum bis zur Straße. Dort geht es nun geradeaus auf einem Pfad weiter. Dort, wo dieser parallel zur Straße verläuft, lohnt sich ein kurzer Abstecher nach rechts, um die grandiose **Aussicht** ❾ auf Émbonas und die steilen Abhänge zu genießen. Ansonsten geht es weiter auf dem schönen alten Kalderími durch das Bergland, rechts unter uns können wir bald eine breite Sandpiste ausmachen. Wir steigen pfadlos zu der **Piste** ❿ ab und folgen ihr nach rechts. Es geht nun knapp 20 Min. auf der Piste abwärts, bis wir durch eine scharfe Linkskehre wandern. Kurz danach biegen wir gut 100 m vor einer kreuzenden Stromleitung nach rechts und passieren alte, steinerne **Grundmauerreste** ⓫. Zunächst geht es in einer kleinen Senke weiter, später pfadlos etwas links davon. Wir springen über ein paar Felsen und entfernen uns immer weiter von dem Graben, der später mit Kiefern bewachsen ist. Wir folgen aber immer in etwa seiner Richtung und steuern auf ein **Kiefernwäldchen** zu, in das wir halb rechts hineinwandern. Hier treffen wir wieder auf rote Punkte und ein **Steintürmchen** ⓬, das uns den Weg nach rechts abwärts markiert. Wir folgen nun immer weiter den Markierungen und durchqueren das **Bachbett** der Schlucht. 3 Min. später halten wir uns an einer **Kreuzung** ⓭ halb links abwärts. Der Pfad führt uns weiter durch die Schlucht bis zu einer großen **Höhle** ⓮ rechts des Weges. Von dort geht es weiter am Bachbett entlang, das mit großen Felsbrocken bestückt ist und uns bis zu einer **Tränke** führt. Dahinter geht es durch ein **Gatter**. Wir ignorieren einen Abzweig nach rechts und erreichen so eine Straße. Ihr folgen wir nun noch 1,3 km wieder zurück zum **Ausgangspunkt** ❶.

↗ 830 m | ↘ 830 m | 16.8 km

6.30 h Von Ágios Isídoros auf den Attáviros, 1216 m 15

Auf einem alten Fußpfad zum höchsten Gipfel von Rhódos

Von dem winzigen Bergdörfchen Ágios Isídoros führt ein uralter Fußweg bis zum Gipfel des Attáviros. Zunächst durch eine Schlucht, geht es später über breite Bergrücken an einem Windpark vorbei und in Serpentinen aufwärts. Gemächlich führt uns der Pfad nach oben – diese Tour beschreibt die bequemste Art und Weise, zu Fuß auf den Gipfel zu gelangen. Unterwegs bieten sich tolle Blicke auf die karge Bergwelt und das Dorf Émbonas. Auch antike Heiligtümer warten in luftiger Höhe auf ihre Erkundung.

Ausgangspunkt: Metalltor mit der Aufschrift »Pathway« in Ágios Isídoros, 540 m. Vom Dorfkern kommend, führt am östlichen Ortsausgang links der Hauptstraße ein Fahrweg aufwärts. Folgen wir ihm, erreichen wir nach 150 m eine Linkskurve. Rechts davon befindet sich das Metalltor. Parken am Straßenrand oder direkt am Metalltor möglich.
Anforderungen: Mittelschwere, sehr sonnige Wanderung auf schmalen, steinigen Pfaden. Trittsicherheit und aufgrund der Länge gute Kondition erforderlich.
Einkehr: Unterwegs keine. Tavernen in Ágios Isídoros.
Unterkunft: Kleine Hotels und Pensionen in Émbonas, Siána oder Monólithos.
Anschlusstour: Es besteht die Möglichkeit, dem Rückweg der Tour 14 bis nach Émbonas zu folgen.
Hinweise: Bei Nebel oder Unwetter sollte diese Wanderung nicht durchgeführt werden. Aufgrund der nötigen Pausen ist bei dieser Tour mit deutlich erhöhter Gehzeit zu rechnen.

In einsamer Berglandschaft steigen wir zum Gipfel auf.

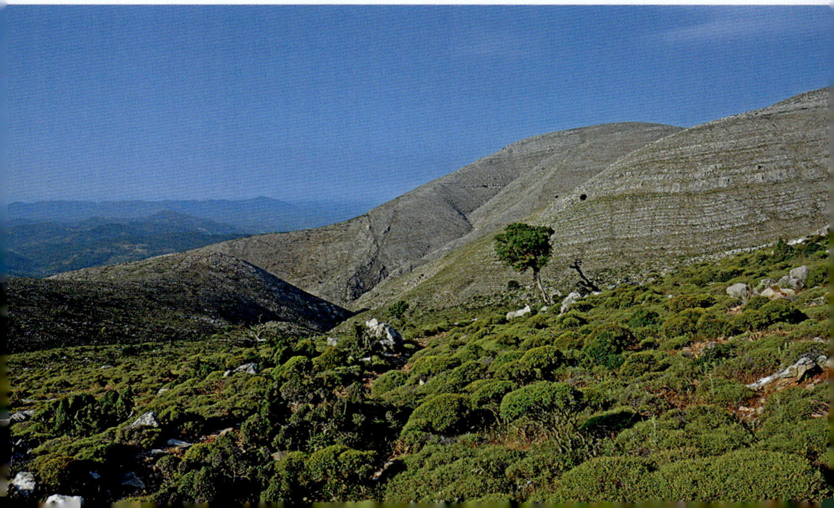

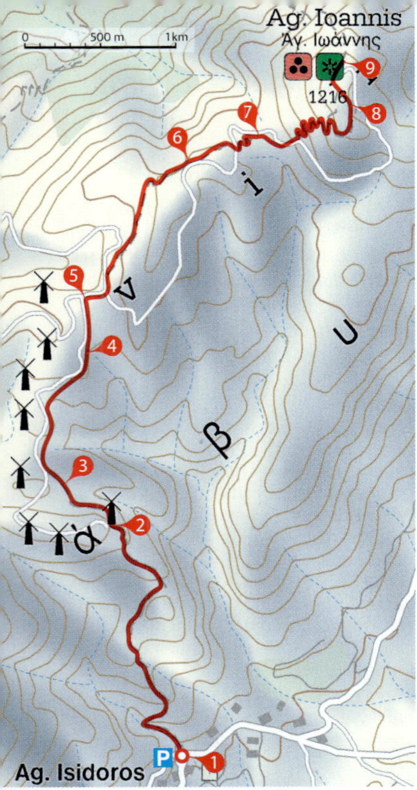

Wir durchqueren das Metalltor in **Ágios Isídoros** ❶ und folgen von dort dem gut ausgetretenen, alten Pflasterpfad bergauf. Zunächst führt er uns 250 m durch eine Schlucht, danach leitet er uns nach rechts auf einen Bergrücken hinauf. Wir steigen immer weiter bergan und folgen dem ausgetretenen Bergpfad, der unregelmäßig farblich markiert ist, bis nach etwa 60 Min. ein **Windpark** ❷ links von uns in die Höhe ragt. Der Pfad führt uns zu einer **Freifläche** ❸, die wir geradeaus überqueren und an deren Ende wir auf einem schmalen Pfad etwas rechts unterhalb der breiten Piste weiterwandern. Wir gehen nun immer ungefähr parallel zu der Piste. Nach etwa 20 Min. laufen wir direkt an einer Gruppe alter, uriger **Bäume** ❹ vorbei. Etwa 300 m weiter treffen wir auf ein **Haus** ❺, an dem wir links vorbeigehen und auf eine breite Piste treffen. Dieser folgen wir nach rechts und laufen am Haus vorbei bis zu einer Schranke. Eventuell lohnt es sich, einen etwas größeren Bogen um das Haus zu machen, da

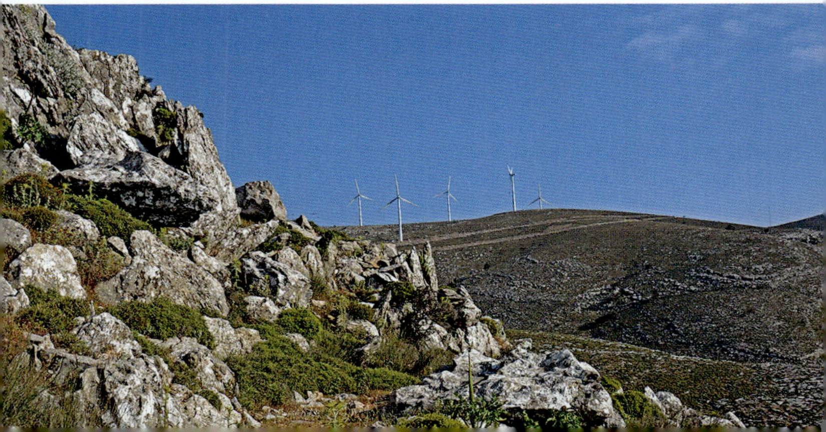

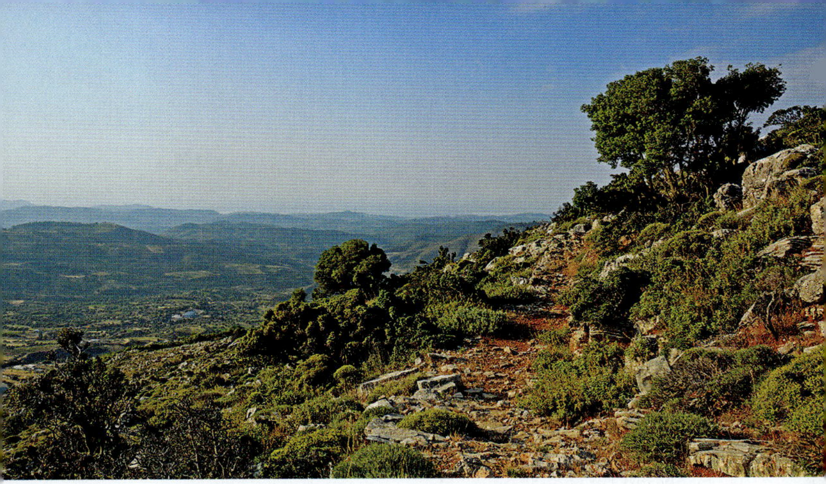

Oben: Ein deutlicher, gut ausgetretener Pfad führt uns bergauf.
Links: Diese Tour führt an dem großen Windpark auf dem Attáviros-Massiv vorbei.

es meist von angeleinten Hunden mit großem Leinenspielraum bewacht wird. Nach der Schranke biegen wir nach links und laufen etwa 80 m später, bei einem Steintürmchen ca. 30 m hinter einem Strommast, auf einem unscheinbaren Pfad halb rechts aufwärts. Er bringt uns nach einer guten halben Stunde wieder in die Nähe der Straße – nach links bietet sich hier ein toller **Ausblick** 6 auf die steilen Wände des Berges und auf Émbonas. Danach laufen wir geradeaus auf dem Pfad weiter, über einen Bergrücken und hinab zur Straße. Auf der anderen Straßenseite führt der Pfad weiter und bringt uns in Serpentinen nochmal zur **Straße** 7, wo wir halb rechts dem schmalen Pfad etwa 300 m parallel zum Bergsträßchen folgen und dann nach links kurz steil über Geröll aufsteigen zu einem einzelstehenden Baum am Straßenrand. Dort wandern wir geradeaus auf einem alten Pfad in Serpentinen aufwärts bis zu einem Maschendrahtzaun, den wir durch ein umgeworfenes Tor durchqueren. Hinter der kleinen Anhöhe treffen wir auf alte **Tempelreste** 8.

Dahinter halten wir uns halb links und folgen einem Pfad aufwärts durch ein Tor zur Radarstation und der Gipfelsäule des **Attáviros** 9 links daneben.

Der Weg zurück nach **Ágios Isídoros** 1 erfolgt auf derselben Strecke.

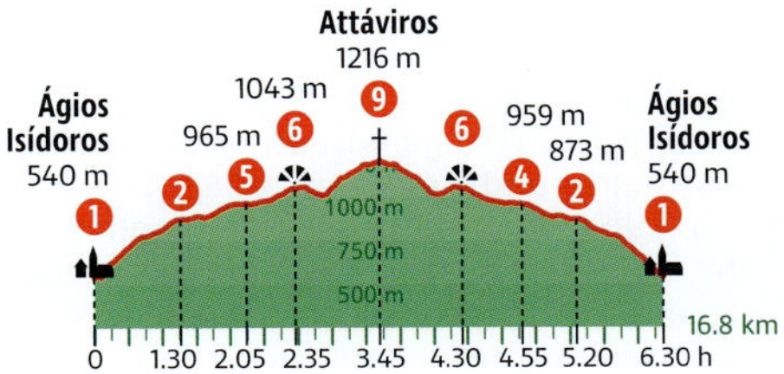

↗ 310 m | ↘ 310 m | 11.7 km

16 Von Láerma zum Kloster Thári

3.45 h

Tolle Aussichten, Feuerspuren und ein heilbringender Ort

Es war einmal eine todkranke, byzantinische Prinzessin, die sich auf Rhódos einen schönen Platz zum Sterben suchte. Sie fand ein hübsches Fleckchen Erde mitten in den Bergen der Insel und ließ sich dort nieder. Doch eines Tages erschien ihr der Erzengel Michael und sprach: »Thársi!« – Habe Mut! Und die Prinzessin ward wieder gesund. Aus Dankbarkeit ließ die königliche Familie an dem Ort ihrer Genesung eine Kirche bauen, die heute immer noch auf dem von Mönchen bewohnten Klostergelände zu sehen ist. Rundherum wüteten in den Jahren 2008 und 2023 große Feuer, die den Wald in der Gegend großflächig niederbrannten. Gerade deshalb ergeben sich aber momentan einmalige Aussichten auf die Bergwelt von Rhódos.

Ausgangspunkt: Kirche von Láerma, 282 m. Anfahrt per Mietfahrzeug am besten von Lárdos, Asklipío oder Apóllona. Parken am Straßenrand oder an der Parkbucht etwas außerhalb des Dorfkerns möglich.
Anforderungen: Mittelschwere, sonnige Wanderung größtenteils auf breiten Forst- und Feldwegen. Die Einstufung mittelschwer rührt vor allem von der Länge und dem Höhenunterschied der Tour.
Einkehr: Unterwegs keine. Mehrere Tavernen in Láerma.
Unterkunft: Kleine Pensionen in Láerma.
Variante: Von der Kreuzung ⑩ laufen wir geradeaus und folgen der breiten Piste ungeachtet aller Abzweigungen zum kleinen, verlassenen Kloster Íngo am Fuße eines felsigen Gipfels. Leicht, 0.45 h, 2,5 km, Höhenunterschied 30 m.
Kurztour: Wer die Wanderung um eine halbe Stunde abkürzen möchte, geht an der Pluskreuzung ⑨ links abwärts und dann nach einem Gehege nach rechts auf einen Fahrweg, der nach einer Rechtskurve zunächst parallel an einem Flussbett entlangführt und dann in dieses mündet. Dem steinigen Flussbett so lange folgen, bis nahe des Wegpunktes ⑪ eine breite Piste dieses kreuzt. Hier geht es dann links weiter auf der Standard-Route bis nach Laerma. Mittelschwer. 3.15 Std., 10,2 km Höhenunterschied 250 m.
Hinweis: Das Kloster Thári ist täglich von 8 bis ca. 19 Uhr geöffnet, Eintritt frei. Es darf nur mit angemessener Kleidung betreten werden.
Tipp: Die Elpída-Ranch bietet tolle Ausritte und Abenteuer-Touren an. Das deutsch-griechische Pärchen kümmert sich liebevoll um Mensch und Tier. Jeder Besuch ist willkommen.

Etwas unterhalb der Kirche von **Láerma** ① biegen wir, den Rücken zu einem Brunnen, nach rechts auf die Hauptstraße durch das Dorf. Wir folgen ihr zunächst geradeaus, nach einer Parkbucht linker Hand durch eine Linkskurve und kurz darauf durch eine Rechtskurve. 50 m weiter wandern wir halb links abwärts auf einen **asphaltierten Weg** ②. Wenige Meter später laufen wir an einer Kreuzung geradeaus weiter auf einen Feldweg. Nach etwa 8 Min., am Ende einer steilen Sandböschung rechts von uns, trifft ein Feldweg von rechts auf unseren Weg. Wir laufen jedoch weiter geradeaus. Kurz darauf lassen wir einen Feldweg nach hinten links unbeachtet. An einer schrägen **T-Kreuzung** 3 laufen wir rechts weiter. Wir ignorieren seitliche Abzweigungen, wandern an einer **Hausruine** 4 links des Weges vorbei und gehen knapp 200 m weiter an einer Kreuzung nach rechts. Wir passieren ein **Militärgelände** 5 und biegen dort, wo der Militär-Zaun endet, nach links, gleich darauf wieder nach rechts und überqueren ein Bachbett. Kurz dahinter laufen wir an der **Elpída-Ranch** 6 vorbei, der auch gerne ein Besuch abgestattet werden kann. Wer gleich weiter zum Kloster möchte, wandert nach der Ranch halb links aufwärts, ignoriert seitliche Abzweigungen und erreicht etwa 20 Min. später den Parkplatz am **Kloster Thári** 7. Nach der Besichtigung des hübschen Klostergeländes laufen wir ein Stück auf demselben Weg zurück und biegen an den beiden Kreuzungen oberhalb des Klosters jeweils rechts. Wir bleiben immer geradeaus auf dem Hauptweg und passieren nach 10 Min. ein **Feuerwachthäuschen** 8. Der Hauptweg führt uns zu einer plusförmigen **Kreuzung** 9. Dort folgen wir dem mittleren Weg weiter geradeaus und ignorieren danach einen Abzweig nach rechts. An der nächsten **Kreuzung** 10 biegen wir nach links ins Tal hinab. Alternativ lässt sich geradeaus noch ein Abstecher zum einsamen **Kloster Íngo** machen. An einer Y-Kreuzung halten wir uns halb links und wandern mit tollen Aussichten abwärts und dann geradeaus durch ein **Bachbett** 11 hindurch. Direkt dahinter halten wir uns bei einer Kreuzung vor Ruinen rechts. Nun steuern wir durch Olivenhaine wieder auf Láerma zu, ignorieren diverse seitliche Abzweigungen und halten uns vor einem mit Maschendraht eingezäunten Feld rechts. An der darauffolgenden Kreuzung, wo unmittelbar hintereinander drei Wege von rechts auf unseren Hauptweg treffen, halten wir uns geradeaus. Danach wandern wir weiterhin geradeaus auf dem Hauptweg zu einer **dreizackförmigen Gabelung** 12. Wir wandern halb rechts aufwärts zur Straße, die nach links wieder zum Dorfkern von **Láerma** 1 führt.

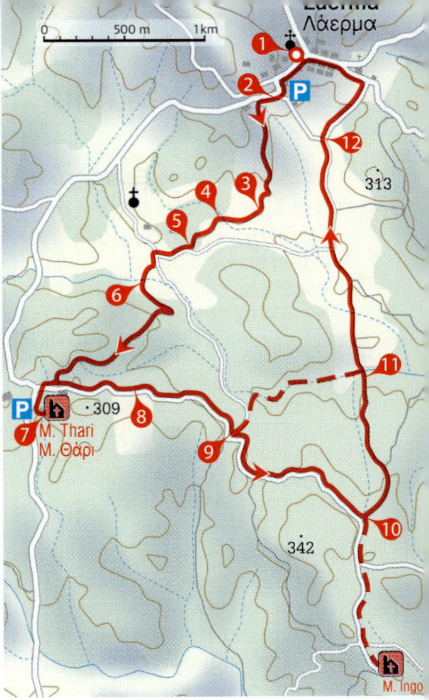

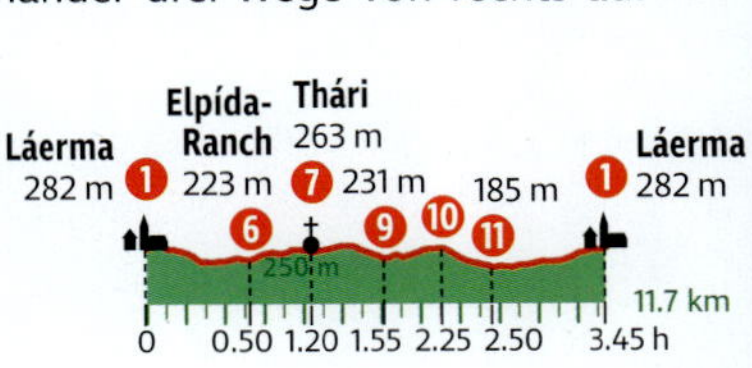

↗ 260 m | ↘ 260 m | 6.1 km

17 Rund um das Dörfchen Náni

2.15 h

Durch fruchtbare Felder zu einem winzigen See und alten Hausruinen

Diese Wanderung führt durch idyllische Feldfluren in sanfter Hügellandschaft. Unser Ziel sind die bemerkenswerten Ruinen des Dörfchens Náni, dessen Name »Zwerge« bedeutet. Ganz in der Nähe befindet sich auch ein kleiner See, auf den wir von einer Piste oberhalb einen Blick erhaschen können. Weiterhin passieren wir einen tiefen, dunklen Tümpel, in dem sich der endemische Gizáni-Fisch wohlfühlt.

Ausgangspunkt: Kapelle Agía Iríni an der Verbindungsstraße Sálakos – Émbonas, 327 m. Die Kapelle mit Parkbucht liegt genau an der Kreuzung, wo die ausgeschilderte Straße auf den Profítis Ilías hinaufführt.

Anforderungen: Leichte, sonnige Wanderung, größtenteils auf breiten Feldwegen.

Einkehr: Unterwegs keine. Taverne an der Kapelle Ag. Iríni.

Unterkunft: Pensionen und kleine Hotels in Sálakos und Émbonas.

Die Eingangstür zur **Kapelle Ag. Iríni** ❶ im Rücken, sehen wir in gerader Richtung, etwas tiefer gelegen, einen kleinen Spielplatz. Diesen überqueren wir, gehen an seinem Ende nach rechts über eine Brücke auf einen breiten Feldweg und folgen diesem nach rechts. Wir wandern ungeachtet aller Abzweigungen etwa 30 Min. immer weiter auf dem Hauptweg, bis wir an eine große **Kreuzung** ❷ gelangen, an der ein rostiges Schild mit weißer, griechischer Aufschrift an einem Olivenbaum befestigt ist. Hier steigen

Langsam, aber sicher erobert sich die Natur die Ruinen zurück.

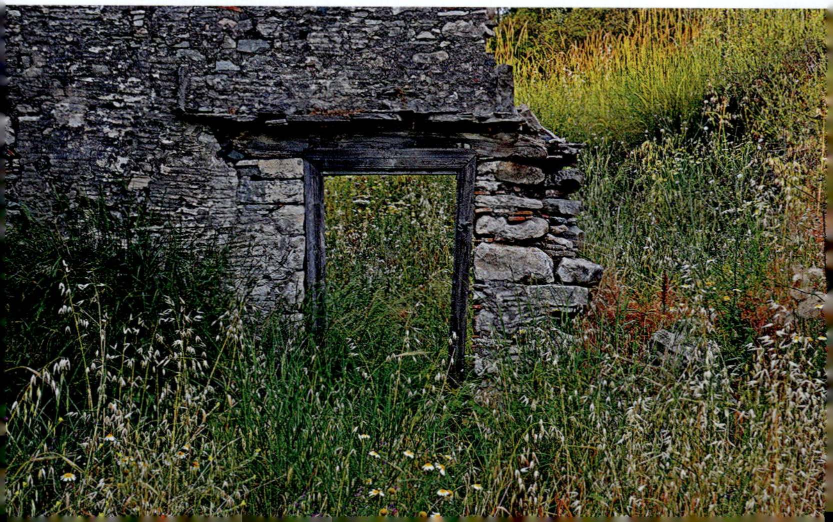

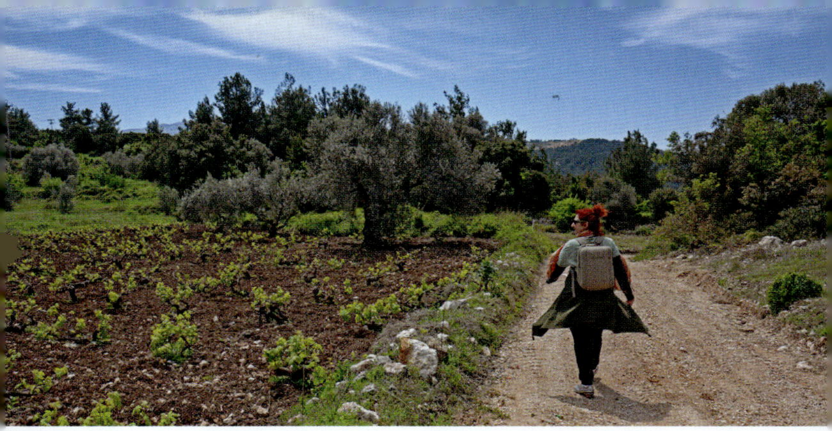

Entspannte Wanderung durch mediterrane Feldfluren.

wir links steil aufwärts und passieren eine **Piste** ❸ von rechts, auf der wir etwas später weiterlaufen werden. Nun geht es jedoch erstmal noch ein paar Meter geradeaus weiter – von der zweiten Linkskurve haben wir einen schönen **Ausblick** ❹ auf den kleinen See.
Da es leider keinen Rundweg um das Gewässer gibt, laufen wir wieder zur **Piste** ❸ zurück und folgen ihr nach links abwärts. 5 Min. später überqueren wir ein Bachbett, halten uns geradeaus und wandern an **Zitrusbäumen** ❺ vorbei. Wir ignorieren einen Feldweg von hinten rechts und haben schon bald einen schönen Blick auf das Dörfchen Náni und die umliegenden Felder. Kurz vor einer scharfen **Rechtskurve** ❻ trifft von rechts hinten eine breite Piste auf unseren Weg, der wir immer geradeaus folgen, bis sie an einer **Kreuzung** ❼ auf eine weitere breite Piste mit hölzernen Strommasten trifft. Wir biegen nach links, wandern 225 m geradeaus und gelangen so zu den **Ruinen von Náni** ❽ rechts des Weges. Zurück zur **Kreuzung** ❼ geht es auf demselben Weg. Nun wandern wir geradeaus bis zur **Kapelle Ág. Nanoús Panormítis** ❾.
Von dort laufen wir geradeaus auf der breiten Piste weiter, erreichen wieder die große **Kreuzung** ❷ und folgen dem Hinweg zurück zum Ausgangspunkt an der **Kapelle Ag. Iríni** ❶.

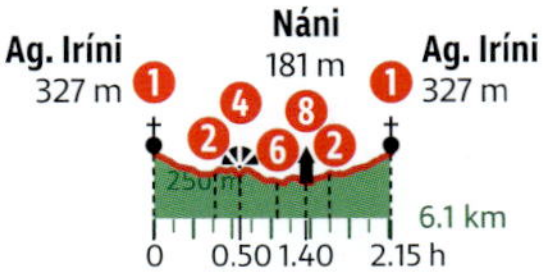

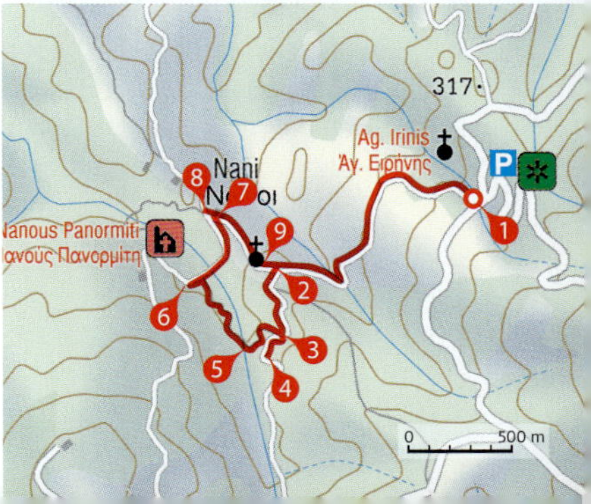

↗ 130 m | ↘ 130 m | 2.7 km

18 Durch das Schmetterlingstal von Sálakos

1.00 h

Spaziergang von der Nymphenquelle in ein uriges Tal

Auf einem einst schön angelegten Pfad wandern wir durch ein herrlich grünes, schattiges Tälchen. Neben uns plätschert stets ein quirliges Bächlein, das wir hin und wieder auf hölzernen Brücken überqueren.

Ausgangspunkt: Nymphenquelle in Sálakos, 240 m. Von der Küste kommend, zweigt wenige Meter hinter dem Hotel Nymphi von der Hauptstraße in einer Rechtskurve ein Sträßchen nach links ab, das mit einem großen Holzschild mit der Aufschrift »To Prof. Elias Top« ausgeschildert ist. Nach etwa 130 m erreichen wir die Nymphenquelle samt Parkplatz. Es gibt einen RODA-Bus frühmorgens von Rhódos-Stadt mit Rückkehr am Nachmittag. Nächste Bushaltestelle »Spílaio Sálakou«.
Anforderungen: Leichte, schattige Wanderung auf einem einst schön angelegten, stufigen Pfad. Leider sind die Holzbrücken und Geländer bereits in die Jahre gekommen. Bitte Vorsicht beim Überqueren bzw. Abstützen.
Einkehr: Tavernen in Sálakos.
Unterkunft: Kleine Hotels und Pensionen in Sálakos.
Anschlusstour: Tour 19.
Hinweis: Der Schmetterling mit Namen »Russischer Bär« ist nur im Sommer von Mitte Juli bis Anfang September zu sehen. Nach niederschlagsarmen Wintern kann das Becken der Nymphenquelle ausgetrocknet sein.
Tipp: Das Wasser aus der Nymphenquelle wird in der kleinen, lokalen Manufaktur »Nymfi« als Trinkwasser abgefüllt.

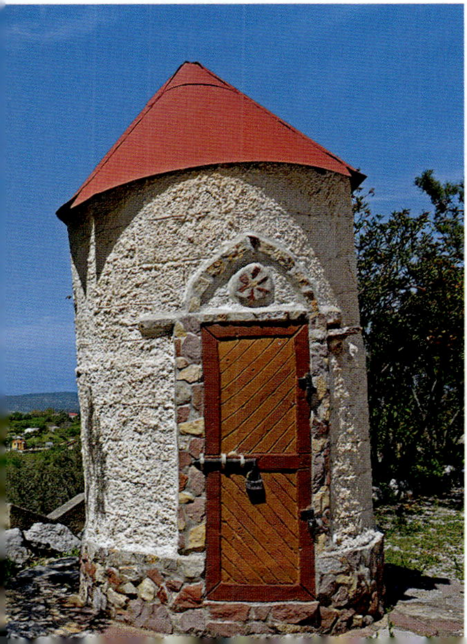

Von der **Nymphenquelle** ❶ laufen wir über den Parkplatz und an einer dekorativen Windmühle vorbei. An der nächsten Kreuzung hinter dem Parkplatz halten wir uns rechts und steuern auf einen kleinen Platz mit einem tröpfelnden Brunnen zu. Rechts des Brunnens laufen wir aufwärts zu einer kleinen **Höhle** ❷, die an Weihnachten für ein realitätsnahes Krippenspiel verwendet wird. Von der Höhle führt ein schmaler Pfad weiter, der bald schon wieder auf den breiten Weg trifft. Wenige Meter dahinter markiert ein hölzernes Geländer den Einstieg in das **Schmetterlingstal** ❸. Auf einem

Eine dekorative Windmühle schmückt den Parkplatz an der Nymphenquelle.

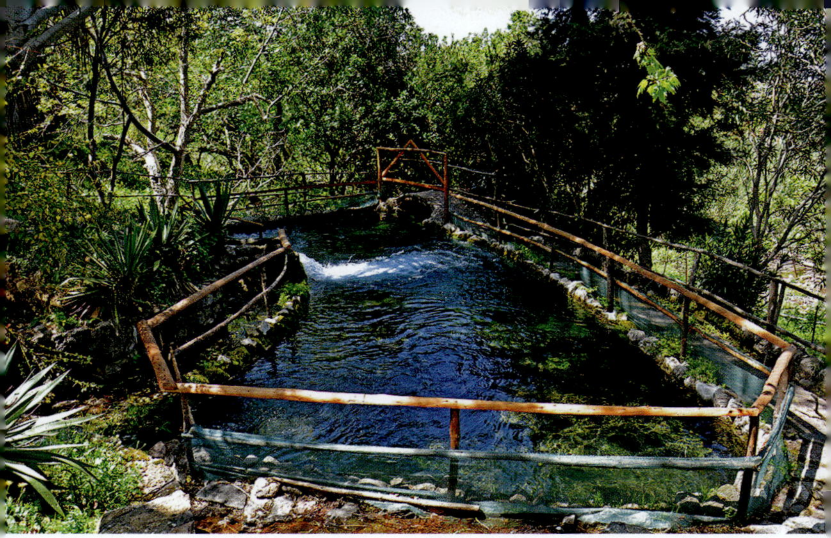

Unter einer großen Platane liegt die Nymphenquelle.

angelegten Pfad geht es nun abwärts. Wenig später passieren wir einen Brunnen rechts von uns und kurz dahinter wandern wir rechts an einer massiven **Steinbrücke** 4 vorbei (nicht drübergehen). An einer U-Kurve wandern wir auf der rechten Seite des Baches geradeaus und steigen halb links auf Treppenstufen zu einem verfallenen Picknickplatz (Stand Anfang 2024) abwärts. Von dort führt der Weg weiter nach links über eine **Holzbrücke** 5. Danach geht es für kurze Zeit eben weiter, wenig später nach rechts abwärts und über eine weitere **Brücke** 6. Wir ignorieren eine Piste nach rechts oben und steigen bei einem Holzgeländer nach links weiter ab. Dort, wo eine Piste geradeaus bergab führt, steigen wir nach links abwärts und gelangen so zu einem **kleinen Feld** 7, an dem wir rechts entlangwandern. Wir folgen dem Hauptweg auf gleichem Höhenniveau immer geradeaus und erreichen eine **Betonstraße** 8.

Zurück zum Ausgangspunkt an der **Nymphenquelle** 1 geht es auf demselben Weg.

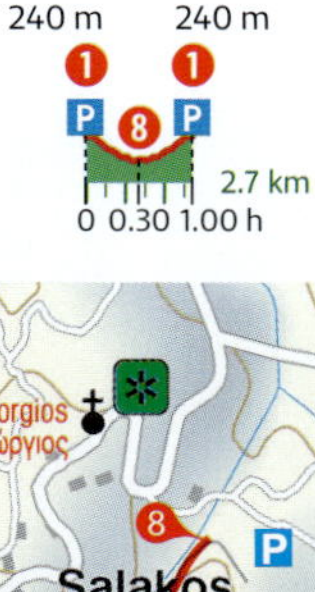

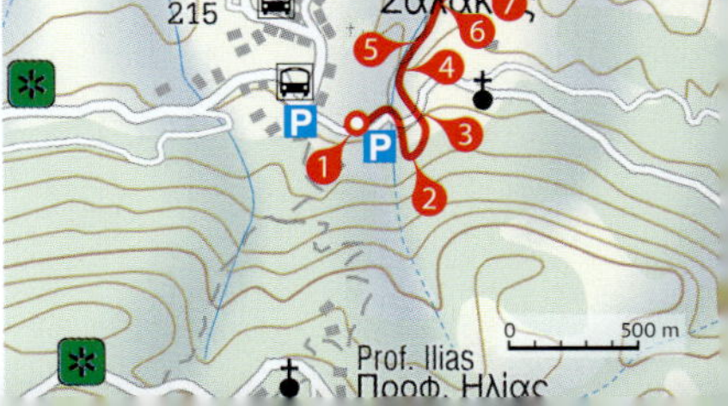

TOP

19

Von Sálakos auf den Profítis Ilías

↗ 550 m | ↘ 550 m | 7.4 km

3.50 h

Auf einem alten, aussichtsreichen Bergpfad zu verwunschenen Villen

Durch lichten Zypressen- und Kermeseichenwald führt ein alter Bergpfad in Serpentinen den dritthöchsten Berg von Rhódos hinauf. Etwas unterhalb des Gipfels erwartet uns eine groteske Alpenszenerie: Chaletartige Gasthäuser, die während der italienischen Besatzung gebaut und als vornehmer Herrschaftssitz genutzt wurden. Während die Villa de Vecchi, in der später auch das griechische Königspaar residierte, mittlerweile dem Verfall überlassen ist, wurde das alte Hotel Élafos renoviert und bietet stilvolle Übernachtungsmöglichkeiten in luftiger Höhe. Ein Rundweg führt uns von dort auf romantischen Waldpfaden zu zwei herrlichen Aussichtspunkten. Abenteuerlich und abwechslungsreich präsentiert sich diese Wanderung – ein absolutes Muss für alle Wanderbegeisterte!

Ausgangspunkt: Nymphenquelle in Sálakos, 240 m. Von der Küste kommend, zweigt wenige Meter hinter dem Hotel Nymphi von der Hauptstraße in einer Rechtskurve ein Sträßchen nach links ab, das mit einem großen Holzschild mit der Aufschrift »To Prof. Elias Top« ausgeschildert ist. Nach etwa 130 m erreichen wir die Nymphenquelle samt Parkplatz. Es gibt einen RODA-Bus frühmorgens

Von dem alten Bergpfad haben wir schöne Aussichten auf Sálakos.

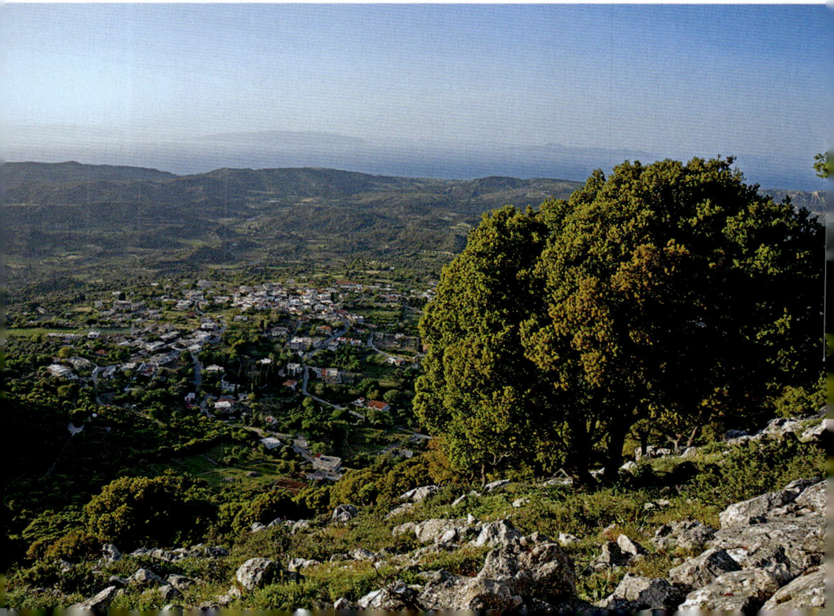

von Rhódos-Stadt mit Rückkehr am Nachmittag. Nächste Bushaltestelle »Spílaio Sálakou«.
Anforderungen: Mittelschwere, sonnige bis halbschattige Wanderung auf steinigen, gut ausgetretenen Pfaden. Für trittsichere Kinder ab 7 Jahren geeignet.
Einkehr: Taverne und Restaurant auf dem Profítis Ilías.
Unterkunft: Im Berghotel Élafos auf dem Profítis Ilías oder in Sálakos.
Anschlusstour: Tour 18.

Kurztour: Wer ab dem Restaurant Elafáki ❼ der Wegbeschreibung folgt, umgeht den Aufstieg und hat trotzdem auf einem kurzen Rundweg schöne Einblicke in die Bergwelt des Profítis Ilías. Mittelschwer, 1 Std., 2,1 km, Höhenunterschied 150 m.
Hinweis: Der eigentliche Gipfel des Profítis Ilías ist aufgrund militärischer Nutzung leider nicht zugänglich. Nach niederschlagsarmen Wintern kann das Becken der Nymphenquelle ausgetrocknet sein.

Von der **Nymphenquelle** ❶ gehen wir auf der Anfahrtsstraße zurück, bis links ein Holzschild bei einem Holzgeländer zum Profítis Ilías weist. Wir folgen dem Pfad die steinernen Holzstufen empor und wandern an Maschendrahtzaun entlang. An einer Kreuzung halten wir uns halb links und durchqueren wenig später ein **Gatter** ❷. Nun steigen wir auf dem breiten, gut erkennbaren, etwas steinigen Pfad schräg links den Hang hinauf. Wir passieren eine **Tränke** ❸ und wandern weiter in Serpentinen aufwärts. Nach 25 Min. Aufstieg durch lichten Kermeseichen-Wald mit tollen Ausblicken auf Sálakos erreichen wir einen **Aussichtspunkt** ❹ mit altersschwachem Holzgeländer. Dahinter geht es auf einem Pflasterweg weiter. Wir gelangen zu einem **Picknickplatz** ❺ und laufen geradeaus zwischen den Pavillons hindurch. Auf alten, steinernen Stufen steigen wir dann in Serpentinen den Wald empor. Der Pfad trifft auf einen breiten Weg. Hier machen wir einen kurzen Abstecher nach rechts zur **Kapelle Ág. Michaíl** ❻ mit tollen Ausblicken und alten Altarsteinen.
Wieder zurück an der Kreuzung folgen wir dem breiten Schotterweg, der sich bis zum **Hotel Élafos** hinaufschlängelt. An einer Gabelung etwas unterhalb des Hotels laufen wir geradeaus, links an einem kleinen Häuschen vorbei und erreichen so die **Parkplatzeinfahrt**. Dort halten wir uns halblinks und wandern ein paar Meter auf der Asphaltstraße aufwärts, am **Restaurant Elafáki** ❼ vorbei. Knapp 60 m hinter dem Restaurant folgen wir einer Treppe nach links oben bis zur **Villa de Vecchi** ❽. Dort biegen wir nach rechts.

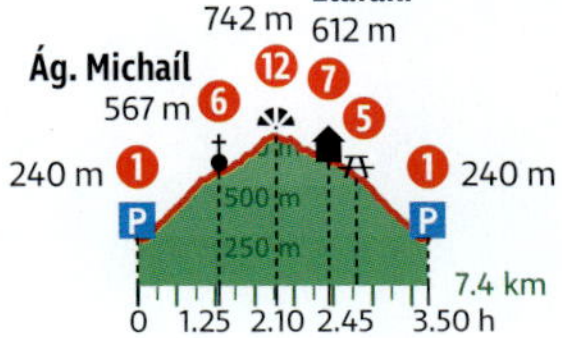

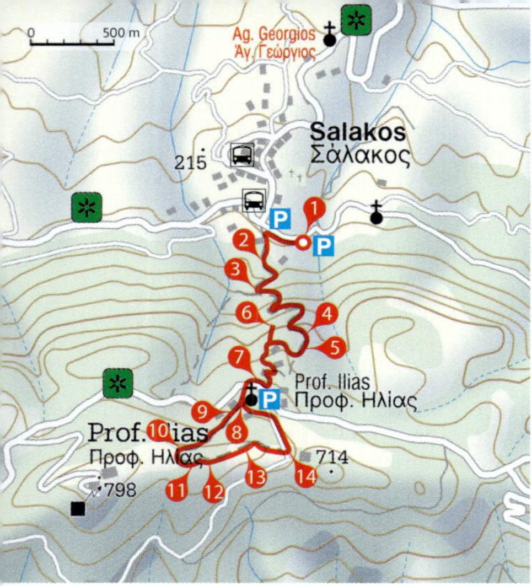

Wir steuern auf die alte **katholische Kapelle** ❾ zu und steigen auf einer Treppe nach links zu ihr auf. Vor der Kapelle biegen wir nach rechts und laufen um sie herum. Am hinteren Ende führt ein romantischer Waldpfad entlang bemooster Steine und Baumstämme durch den Wald aufwärts. Er ist mit Steintürmchen markiert, an denen wir uns im Zweifelsfall orientieren, denn hin und wieder kreuzen alte Pfade unseren Weg. Wir erreichen eine Lichtung mit vielen umgestürzten Bäumen und gehen geradeaus. An einer

Auf einer Anhöhe lässt es sich mit schöner Aussicht rasten.

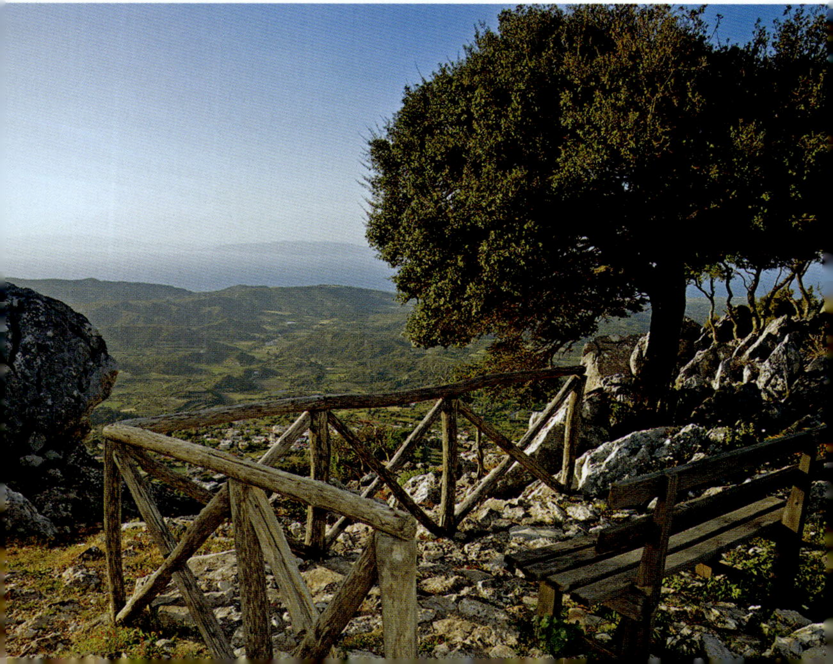

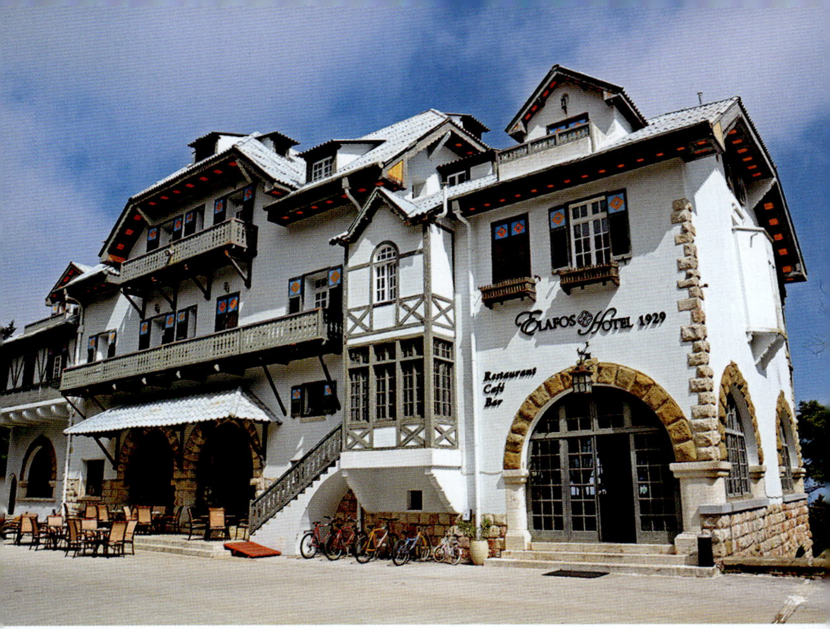

Plötzlich in den Alpen? Das Hotel Élafos.

weiteren **Lichtung** ⑩ biegen wir nach wenigen Metern scharf nach links und folgen dem Wegverlauf. Nachdem wir über alte Treppenstufen aufgestiegen sind, halten wir uns an einer unscheinbaren Kreuzung halb links und gelangen so zu einem schönen **Aussichtspunkt** ⑪.
Wieder zurück auf dem Hauptweg laufen wir bis zu dem Punkt, wo die ersten Treppenstufen abwärtsführen. Dort machen wir noch mal einen Abstecher zu einem zweiten **Aussichtspunkt** ⑫, diesmal ein paar Meter nach rechts.
Danach geht es wieder zurück zu den Stufen und auf ihnen abwärts. Wir passieren einen **großen Steinturm** ⑬ auf einer Anhöhe rechts des Weges. Bald sehen wir wenige Meter vor uns eine Teerstraße. Hier macht unser Pfad eine scharfe **Linkskurve** ⑭ und führt weiter durch den Wald. Kurz dahinter biegen wir scharf nach rechts unten und folgen dem weiteren Wegeverlauf, bis links vor einer Hausruine eine Treppe aufwärtsführt. Wir steigen die Stufen hinauf und laufen über das grasbewachsene Flachdach des alten Gebäudes weiter. An dessen Ende führt uns der Pfad weiter durch den Wald zurück zur **Villa de Vecchi** ⑧, um die wir rechts herumgehen, bevor wir auf demselben Weg wieder zurück zum Hotel wandern.
Der Rückweg zur **Nymphenquelle** ① verläuft wie der Hinweg.

↗ 380 m | ↘ 380 m | 10.1 km

20 Von Eleoúsa zur Kapelle Fountouklí

3.30 h

Verfallender italienischer Kolonialprunk und byzantinischer Kirchencharme

Während der italienischen Besatzung in den 1940ern wurde das Dorf Eleoúsa dazu erkoren, die Musterkolonie auf Rhódos zu werden. Rund um eine große Piazza wurden prächtige Bauten errichtet, die heute allerdings verlassen vor sich hin modern und nur noch als romantische Fotomotive dienen. Von dort geht es durch aussichtsreiche Bergwelt zu einer uralten, byzantinischen Kapelle, die einst ein hoher Beamter für seine, vermutlich an der Pest verstorbenen, Kinder errichten ließ. Ihre Abbilder sind als Fresken noch immer im Altarraum zu sehen. Von dem beliebten Ausflugsziel geht es durch Felder und Wälder durch den Weiler Dimiliá wieder zurück.

Ausgangspunkt: Dorfplatz von Eleoúsa, 280 m, bei alten, verlassenen italienischen Gebäuden und einer großen Kirche. Anfahrt am besten per Mietfahrzeug. Großer Parkplatz vorhanden.
Anforderungen: Mittelschwere, sonnige bis halbschattige Wanderung, größtenteils auf breiten Feld- und Waldwegen. Ein kurzes Stück ist relativ steil. Es ist ein wenig anspruchsvoll, stets den Überblick über alle Abzweigungen und Kreuzungen zu behalten.

Einkehr: Taverne Mitsos in Dimiliá, in der auch Deutsch und Englisch gesprochen wird. Mehrere Tavernen in Eleoúsa.
Tipp: An der Verbindungsstraße zwischen Eleoúsa und Archípoli liegt der Artpark. In diesem Arbeits- und Ausstellungsraum für Kunstschaffende aus aller Welt lassen sich hier viele tolle Kunstwerke aller Art bestaunen. In den Sommermonaten täglich 10–19 Uhr geöffnet. Eintritt frei.

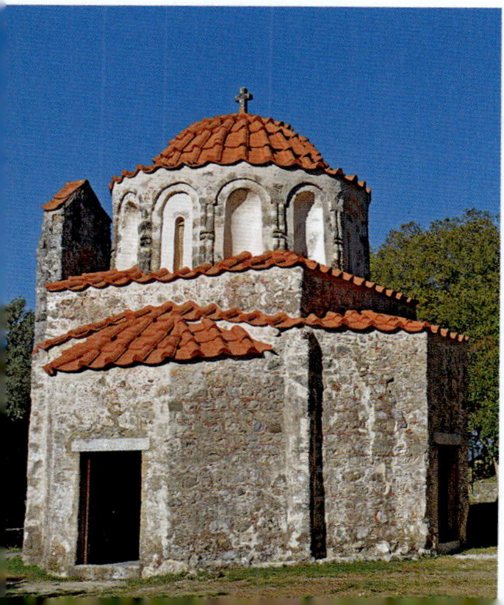

Vom Dorfplatz in **Eleoúsa** ❶ laufen wir rechts an der Kirche vorbei und gehen auf dem oberen Weg weiter. Wir wandern durch eine Zypressenallee zu einem kreisrunden **Wasserbassin**, in dem sich die Gizáni-Fische tummeln. An der Straße steht ein kleines steinernes Gebäude. Wenige Meter weiter führen Treppenstufen in den Wald, wir folgen einem kurzen Pfad hinauf zu einer **Freifläche**, die wir geradeaus überqueren. Danach folgen wir einem zweispuri-

Die Kapelle Fountouklí – eine der schönsten Kapellen von Rhódos.

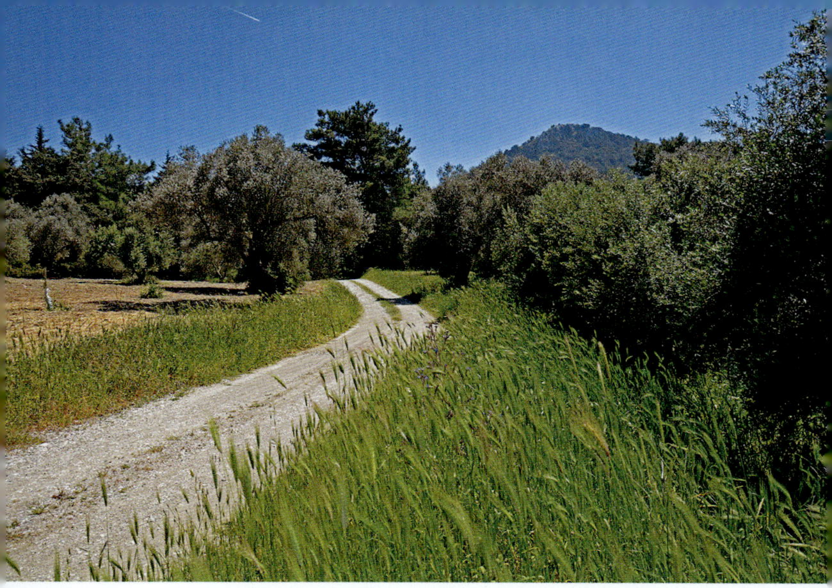

Wir wandern mitunter durch idyllische Feldfluren.

gen Schotterweg halb links, der direkt auf einen Felsen zusteuert, gehen durch eine Linkskurve und wandern an alten **Militäreinrichtungen** vorbei. An einer Y-Kreuzung halten wir uns rechts, steigen auf und wandern an zwei **Silos** 2 vorbei, direkt auf Hausruinen zu, vor denen wir nach rechts abbiegen. Wir laufen auf dem Hauptweg ungeachtet aller seitlichen Abzweigungen immer geradeaus bis zu einer **Kreuzung** 3, an der ein rotweißes Schild steht, das uns nach rechts unseren Weg in Richtung Fountoukli weist. Wir wandern auf dem Hauptweg an weiteren Ruinen vorbei und passieren einen **Stollen** 4. Danach geht es etwas steiler aufwärts bis zu einer **Olivenbaumebene** 5, an der wir mehrere Abzweigungen nach links ignorieren. Wir erreichen ein Plateau, biegen nach rechts, laufen an einer **Geländevertiefung** 6 vorbei und wandern an der darauffolgenden T-Kreuzung nach links aufwärts. Es ergeben sich schöne Ausblicke auf das Dörchen Dimiliá und das Bergvorland.

Nachdem wir diesem Weg eine gute Dreiviertelstunde gefolgt sind und eine Bergwiese überquert haben, treffen wir auf eine **Asphaltstraße** 7. Wir folgen ihr nach rechts, ignorieren eine Straße nach links und erreichen die **Kapelle Ág. Nikólaos Fountouklí** 8. Nach der Besich-

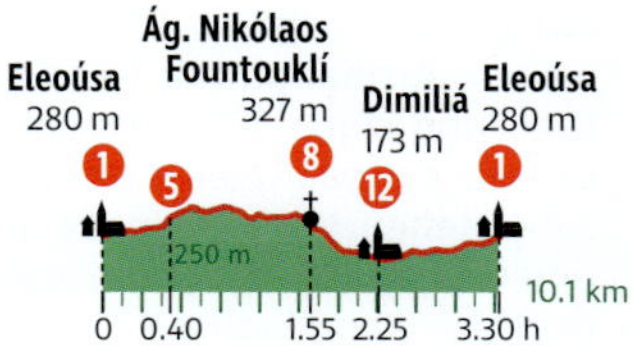

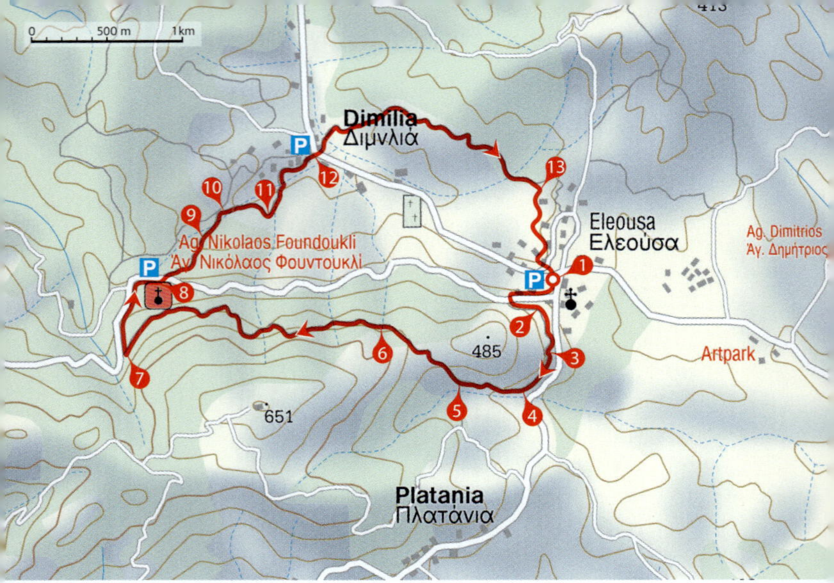

tigung der lieblichen Kirche laufen wir nach links über den Brunnenplatz und folgen einem Feldweg in einer Rechtskurve abwärts. Wir laufen ein Stück parallel zum Brunnenplatz, entlang eines Olivenhains und dann in den Wald. Es geht ein kurzes Stück sehr steil abwärts, an einem hohen **Beton-Wasserbehälter** ❾ nach rechts und danach halb rechts weiter. Wir erreichen ein **Asphaltsträßchen** ❿, biegen nach rechts und unmittelbar danach halb rechts auf einen Schotterweg. Wir ignorieren diverse seitliche Abzweigungen und erreichen ein **Bachbett** ⓫, in dem sich vier Wege treffen. Wir biegen nach links und folgen dem Hauptweg geradeaus bis zu einer **T-Kreuzung** mit einem asphaltierten Weg. Dort gehen wir nach rechts und dann geradeaus bis zum Dorfplatz von **Dimiliá** ⓬, wo es zwei Einkehrmöglichkeiten gibt.

Von dort laufen wir nach rechts und biegen vor einer hübschen, kleinen **Kirche** auf eine Straße nach links ab. Wir ignorieren zwei Wege von links, biegen bei einer Kreuzung nach rechts und wandern ungeachtet aller Abzweigungen immer weiter auf der asphaltierten Straße, bis diese in eine weitere **Asphaltstraße** ⓭ mündet. Dort laufen wir nach links. An einer T-Kreuzung laufen wir nach links oben weiter, bis wir auf eine Allee treffen, der wir ein paar Meter nach rechts folgen, bis wir auf einer Straßenkreuzung stehen. Wir wählen die mittlere Möglichkeit rechts des Bushäuschens und steigen aufwärts, immer weiter geradeaus und erreichen so wieder den Dorfplatz von **Eleoúsa** ❶.

↗ 200 m | ↘ 200 m | 4.5 km

1.45 h

Rund um das Kloster Ágios Nektários

21

Auf den Spuren des Apostels Paulus durch waldiges Bergland

Von einer alten, hohlen Platane, in der bereits der Apostel Paulus genächtigt haben soll, laufen wir auf breiten Feld- und Bergwegen um das hübsche Kloster Ágios Nektários. Ein schmaler, gepflasterter Pfad bringt uns außerdem zu zwei schönen Aussichtspunkten mit fantastischen Ausblicken auf das Kloster und die grüne, waldige Berglandschaft ringsum.

Ausgangspunkt: Platane des Apostels Paulus, 150 m, vor dem Eingangstor zum Kloster Ág. Nektários an der Verbindungsstraße Eptá Pigés – Archípoli.
Anforderungen: Mittelschwere Wanderung auf breiten Pisten und steinig-stufigen Pfaden, die teilweise etwas zugewachsen sind. Sonnig bis halbschattig. Für trittsichere Kinder ab 7 Jahren geeignet.
Einkehr: Unterwegs keine. Taverne am Kloster.
Unterkunft: Diverse kleinere Hotels in Afándou oder Archángelos.
Anschlusstour: Kurztour der Tour 22.
Kurztour: Wer nur die schönen Ausblicke oberhalb des Klosters genießen möchte, kann von der Platane rechts neben der Einfahrt zum Kloster einem schmalen Pfad in den Wald folgen. Er wird zu einem gepflasterten Treppensteig, dem wir, wie in der Haupttour beschrieben, zu den zwei Aussichtspunkten folgen. Mittelschwer, 45 Min., 1,5 km, 80 m Höhenunterschied.
Hinweis: Das Kloster wird meist bei Sonnenuntergang geschlossen.

Die Abendsonne wirft ein magisches Licht auf das Kloster.

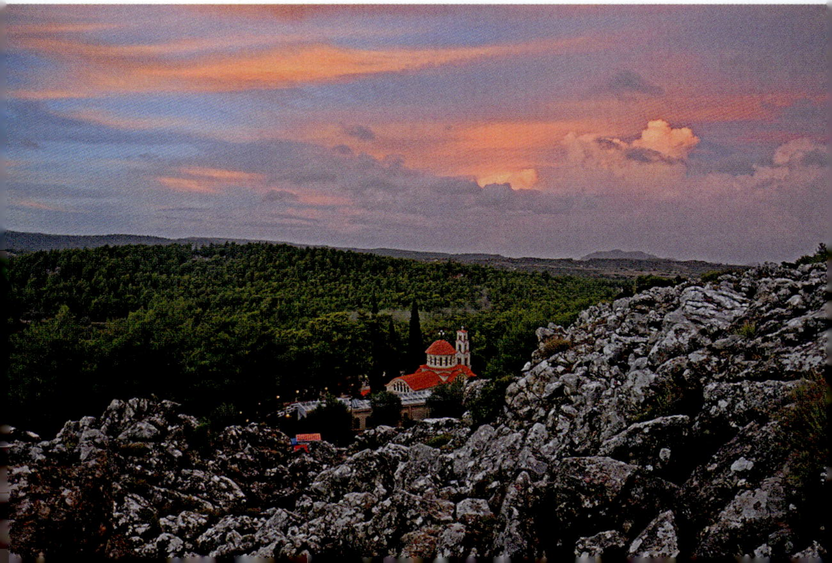

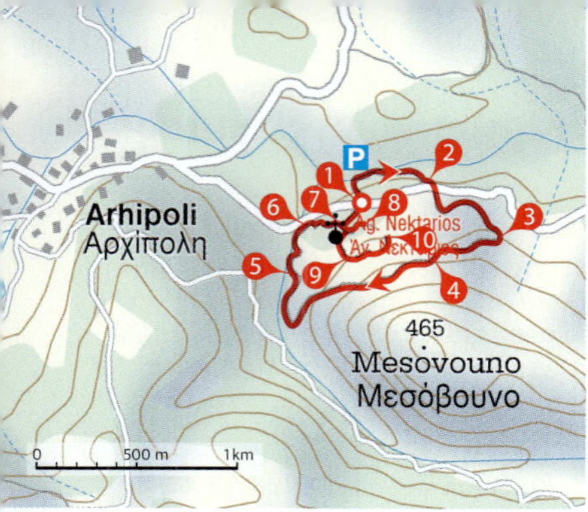

Die alte Platane des Apostels Paulus am Kloster **Ágios Nektários** ❶ im Rücken, überqueren wir die Straße und laufen am linken Ende des Parkplatzes bei einem in die Jahre gekommenen Holzgeländer abwärts. Wir überqueren einen steinigen Bachlauf neben einem alten Holzbrückchen, wenden uns danach nach rechts und gehen auf einem schmalen Pfad in den Wald hinein. An einer Kreuzung halten wir uns halb links und erreichen wenig später eine Wiese mit einem eingestürzten Pavillon (Stand Anfang 2024). Wir laufen geradeaus weiter auf einen zweispurigen Waldweg, halten uns an zwei Kreuzungen rechts und gelangen zu einer alten Asphaltstraße, der wir nach links zur breiten **Hauptstraße** ❷ folgen. Wir überqueren sie schräg und folgen auf der anderen Seite einem Waldweg bergauf. Wir lassen eine Piste nach rechts unbeachtet. Gut 5 Min. später folgen wir dem Weg durch eine scharfe **Rechtskurve** ❸ und wandern weiter aufwärts über die **Waldgrenze** ❹. Nun geht es am Fuße eines beeindruckenden, steilen Berghangs weiter geradeaus. Wir folgen dem Hauptweg immer weiter, wieder in den

Die hübsche Klosterkirche Ág. Nektários ist ein beliebter Ort für Hochzeitsgesellschaften.

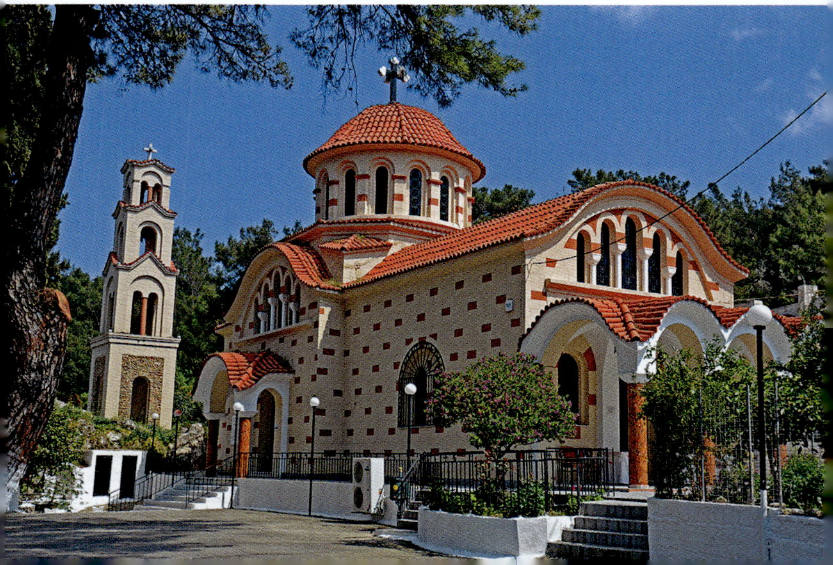

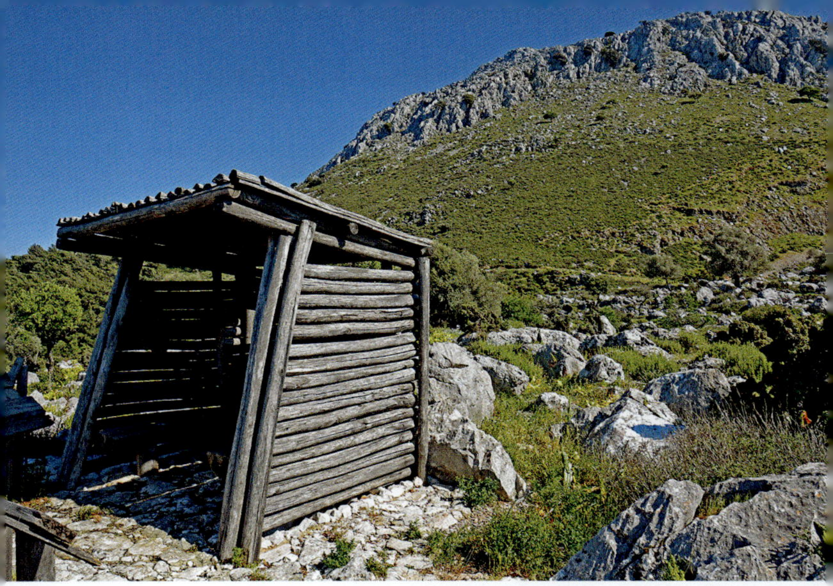

Vor fabelhafter Kulisse bietet das kleine Schutzhäuschen vor allem Ziegen Unterschlupf.

Wald hinein. Er führt uns durch eine scharfe Rechtskurve. Nach 5 Minuten biegen wir dort, wo der Hauptweg eine Linkskurve macht, nach rechts auf einen steinigen **Waldweg** 5 ab. An einer Kreuzung halten wir uns geradeaus und laufen ein Stück parallel zu der Straße unter uns. An einer weiteren **Kreuzung** 6 wandern wir nach rechts und in einer Linkskurve um einen Felsen. Danach biegen wir nach links und steigen dann halb rechts aufwärts. An einer T-Kreuzung geht es links weiter und direkt darauf folgend rechts bergauf. Wir treffen auf einen **gepflasterten Treppensteig** 7, dem wir nach rechts aufwärts folgen. Nach 25 m führt hinter einer großen Kiefer ein Treppensteig links aufwärts zu dem ersten **Aussichtspunkt** 8 auf das Kloster Nektários. Wir gehen zurück und biegen noch vor der markanten Kiefer nach links aufwärts, teilweise ist der gepflasterte Pfad etwas zugewachsen. Er führt uns an uralten **Olivenbäumen** 9 vorbei über die steinige Hochebene und eine Brücke zu einem weiteren **Aussichtspunkt** 10 mit einer kleinen Holzhütte.

Zurück geht es auf demselben Weg. Dort, wo wir vorher aus dem Wald auf den **Treppensteig** 7 gestoßen sind, laufen wir halb rechts weiter abwärts und folgen dem gepflasterten Pfad bis zum Platz vor dem Eingang des **Klosters Ágios Nektários** 1.

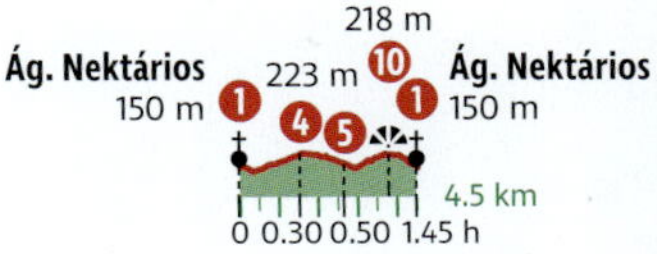

Die Ostküste von Afándou bis Líndos

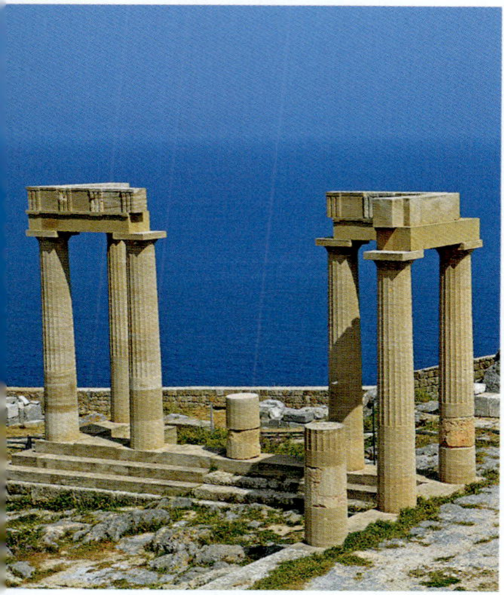

Dorische Säulen auf der Akrópolis von Líndos.

Auf dem Weg zum Grab des Kleóboulos passieren wir türkisblaue Buchten (Tour 30).

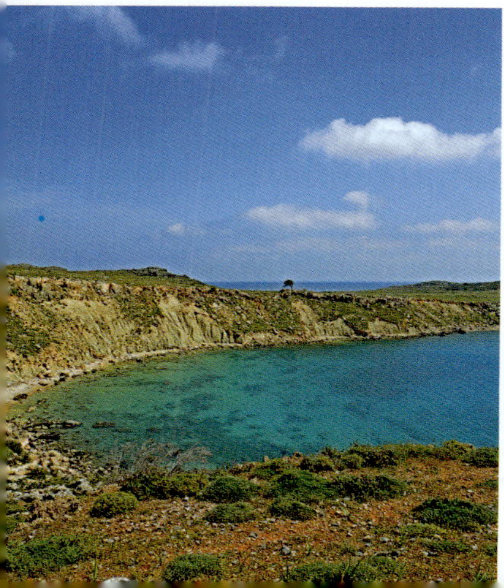

An der Ostküste finden sich viele interessante Ausflugsziele und die schönsten Sandstrände der Insel. Im Norden liegen unter schattigem Blätterdach sieben sprudelnde Quellen, die **Eptá Pigés**. Hier wird es in den Sommermonaten proppevoll. Hunderte Menschen kehren in der Taverne ein oder wagen einen kurzen Marsch durch einen dunklen Tunnel (Tour 22).

Ein weiteres Highlight ist die Wallfahrtskapelle **Tsambíka**, die hoch über der Ostküste auf einem Gipfel thront (Tour 23). Zahlreiche Menschen pilgern zu dem Ort, um unerfüllte Kinderwünsche wahr werden zu lassen. Auf Meeresniveau unterhalb des Berges liegt ein breiter Sandstrand, an dem Badespaß vorprogrammiert ist.

Das Dorf **Archángelos** ist ein perfekter Ausgangspunkt für einen Wanderurlaub. Rund um die Ortschaft gibt es viele schöne Möglichkeiten, die karge Bergwelt, dschungelartige Täler, versteckte Höhlen und traumhafte Strände zu erkunden (Touren 24–26).

Nicht weit entfernt liegt das Dorf **Malónas** inmitten des wichtigsten Anbaugebiets für Zitrusfrüchte auf Rhódos (Tour 27). In dieser Region finden sich beeindruckende Schluchten, einsame Klöster und aussichtsreiche Waldpfade (Touren 28/29).

Weiter südlich befindet sich **Líndos**, das »schönste Dorf von Rhódos« samt beeindruckender Akrópolis und türkisblauen Badebuchten (Tour 30).

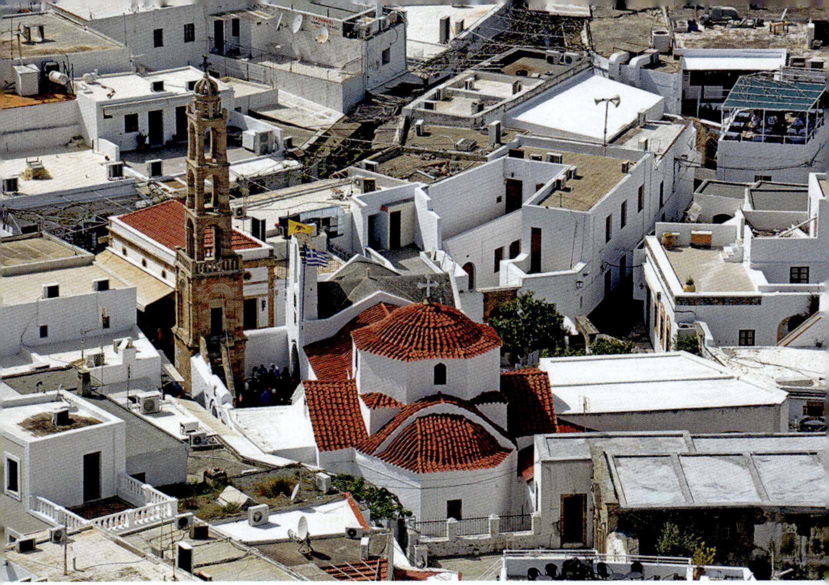

Die Kirche von Líndos mitten im Gassengewirr.

Über den weißen Häusern von Líndos thront die Akrópolis.

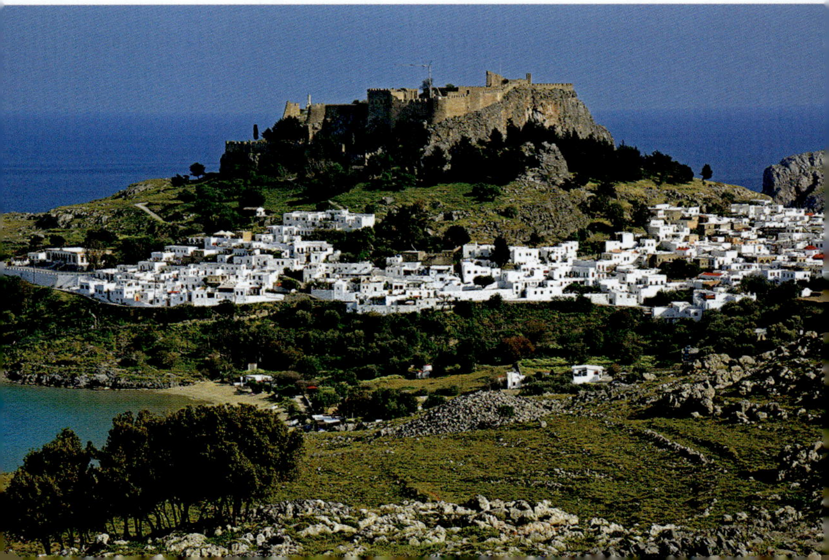

↗ 250 m | ↘ 250 m | 11.5 km

22 Von Archángelos zu den Sieben Quellen (Eptá Pigés)

3.30 h

Durch Olivenhaine und einen abenteuerlichen Tunnel zu einer grünen Oase

In einem grünen, schattigen Tal plätschert munter klares Wasser aus den Sieben Quellen in ein kleines Bächlein. Der liebliche Ort ist ein echter Touri-Magnet. Im Sommer sind die Bänke der Taverne proppevoll und in dem schmalen Tunnel wird die Luft knapp. Auf einer abenteuerlichen Rundtour lässt sich das Quellgebiet entdecken. Von Archángelos aus führt eine gemütliche Wanderung durch Olivenhaine zu den Eptá Pigés.

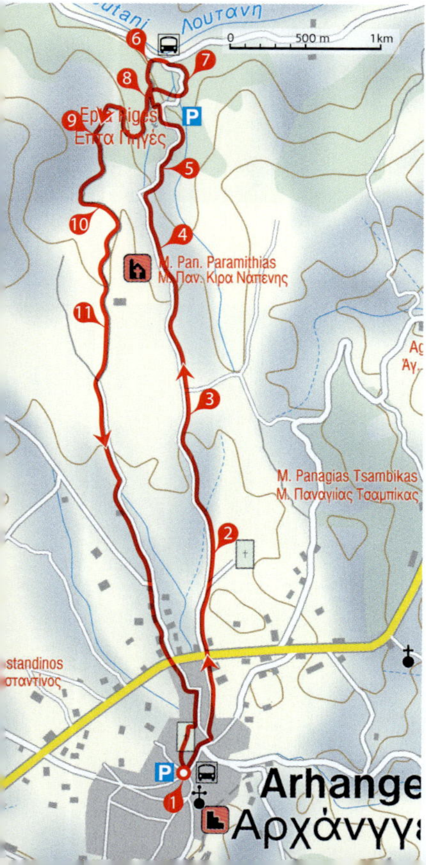

Ausgangspunkt: Bushaltestelle »Archángelos Sholia« an der Hauptstraße in Archángelos, nahe einer Brücke, 155 m. Hier steht ein Büstendenkmal auf einem kleinen Platz am Straßenrand. Häufig KTEL-Busse von Rhódos und Líndos. Wer mit dem eigenen Fahrzeug anreist, muss sich im verkehrstechnisch chaotischen Archángelos am Straßenrand einen Parkplatz suchen.

Anforderungen: Mittelschwere, sonnige bis halbschattige Wanderung zumeist auf breiten Pisten und Feldwegen, teilweise jedoch auch auf schmalen Pfaden bzw. pfadlos.

Einkehr: Taverne bei den Eptá Pigés.

Unterkunft: Kleine Hotels und Pensionen in Archángelos.

Kurztour: Abenteuerliche Rundtour um die Sieben Quellen: Dazu folgen wir einfach der Beschreibung der Haupttour von dem Parkplatz bei den Eptá Pigés zur Höhle 6, zum Staudamm 7 und wieder zur Taverne. Mittelschwer. Trittsicherheit und Schwindelfreiheit erforderlich. 0.30 h, 1,1 km, 35 m Höhenunterschied.

Hinweis: Für die Tunneldurchquerung sind Taschenlampen und Badelatschen hilfreich. Die Tunneldurchquerung erfolgt am besten vom westlichen Tunneleingang zum östlichen Tunnelausgang, da dies die Hauptlaufrichtung der meisten Besuchenden ist und Gegenverkehr sich bei der Enge des Tunnels als eher unpraktisch erweist.

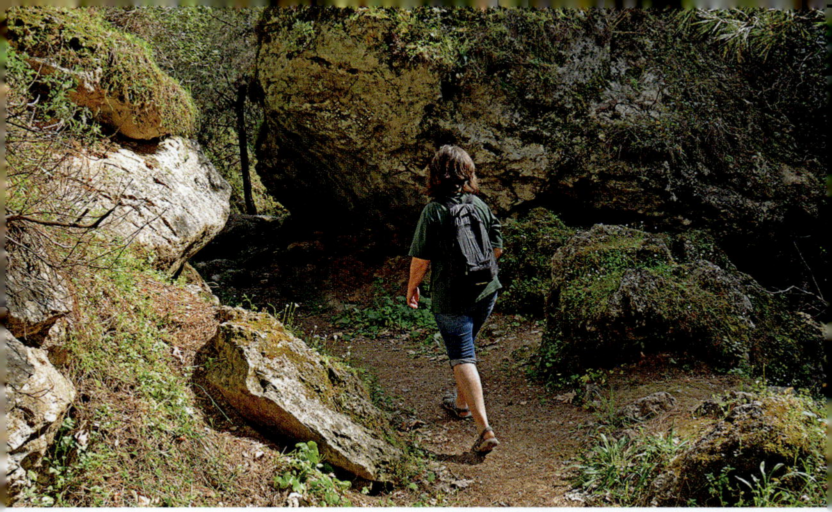

Ein schöner Wanderweg führt uns durch bemooste Felsblöcke.

Von der Bushaltestelle in **Archángelos** ❶ überqueren wir die Brücke und biegen dahinter nach links auf eine Straße. An einer Y-Kreuzung halten wir uns halb rechts und dann immer geradeaus bis zur **Hauptstraße »Ródou – Líndou«**. Wir überqueren diese und gehen auf der gegenüberliegenden Seite auf einem Asphaltsträßchen weiter geradeaus. Wir ignorieren eine Piste halb links und biegen kurz darauf nach links, unser Zwischenziel »7 ΠΗΓΕΣ«, die Sieben Quellen, ist schon auf der Mauer ausgeschildert. Wir folgen dem breiten Hauptweg ungeachtet aller Abzweigungen immer geradeaus, vorbei an der **Kapelle Ágios Geórgios** ❷, die versteckt inmitten dunkler Zypressen links des Weges steht. Wir ignorieren eine Piste rechts, biegen an der nächsten Kreuzung halb links und halten uns kurz danach halb rechts. Wir wandern ungeachtet aller Abzweigungen immer geradeaus und unter einer **Stromleitung** ❸ hindurch. An der Kreuzung danach geht es geradeaus. Wir ignorieren alle seitlichen Abzweige. Bei einem Zaun ist die Piste kurzzeitig betoniert. Hier halten wir uns halb rechts und folgen dem Wegverlauf an der **Kapelle Stilianós** ❹ vorbei. Dahinter folgen wir dem zweiten Weg nach rechts abwärts in den Wald. Im Tal biegen wir an einer **Kreuzung** ❺ nach links und folgen dem Hauptweg, bis wir links vom Weg eine Kapelle sehen. Wir steigen nach links zur Kapelle auf und wandern dann auf einer Asphaltstraße abwärts. Kurz danach folgen wir der Straße nach links und erreichen so die Parkplätze und Tavernen von den **Eptá Pigés**. Bevor wir jedoch die Sieben Quellen besuchen, machen wir noch eine abenteuerliche, kleine Rundtour. Wir folgen den Schildern nach rechts in Richtung »Tunnel« und passieren wenig später den **westli-**

chen Tunneleingang. Wir wandern zunächst weiter am Bachbett entlang, können nach rechts einen Abstecher zu einer **Höhle** 6 machen und erreichen wenig später die breite Straße und rechts die Auffahrt zu den Quellen. Wir laufen nach rechts auf die Straße am Flussbett und biegen nach 100 m, noch weit vor der Betonmauer am Straßenrand, halb rechts auf einen unscheinbaren, schmalen Pfad, der am rechten Steilhang eines Baches an Felswänden entlang aufwärtsführt. Wir passieren Überreste einer alten Brücke und biegen vor großen Felsblöcken nach links, erklimmen eine steile Böschung und stehen plötzlich neben einem **Wasserkanal**, der an die Levadas von Madeira erinnert. Hier wandern wir nach rechts und erreichen einen kleinen **Staudamm** 7. An seiner rechten Seite folgen wir steilen Treppenstufen aufwärts, kommen an einen kleinen Stausee und laufen an dessen rechtem Ufer bis zum **östlichen Tunnelausgang**. Wir gehen in Serpentinen den Hang hinauf und überqueren eine Straße, an der sich der Lüftungsschacht befindet. Links des Schachtes geht es auf einem Pfad wieder zum westlichen Tunneleingang. Wer möchte, kann nun noch eine Tunneldurchquerung wagen. Ansonsten gehen wir hinter der Taverne über eine Brücke, biegen nach links und erreichen so die **Sieben Quellen** 8. Dahinter führt ein Pfad am Bachbett entlang, dem wir, ungeachtet eines eventuell aufgestellten STOP-Schildes, in den Wald folgen. Nach etwa 100 m führt uns ein mit roten Punkten markierter Pfad am rechten Hang hinauf, erst durch den Wald, dann bis zu einem **Olivenhain**, den wir geradeaus durchqueren. Wo möglich, steigen wir nach links auf ein erhöhtes Plateau des Olivenhains, drehen uns nach rechts, gehen kurz geradeaus und folgen dann halb links einem Weg durch den Wald aufwärts bis zu einem weiteren Olivenhain. Dort biegen wir nach links und laufen auf einem schmalen Pfad auf eine Mauer zu, dorthin, wo sie in Felsen übergeht. Danach erreichen wir einen Zaun, an dem wir entlanglaufen. Er führt uns zu Bretterbuden; dort halten wir uns rechts und gehen auf einem Fahrweg bis zu einem breiten **Feldweg** 9. Wir wandern nach links weiter, laufen an der nächsten Kreuzung vor einem umzäunten Olivenfeld nach rechts und bleiben ungeachtet aller Abzweigungen

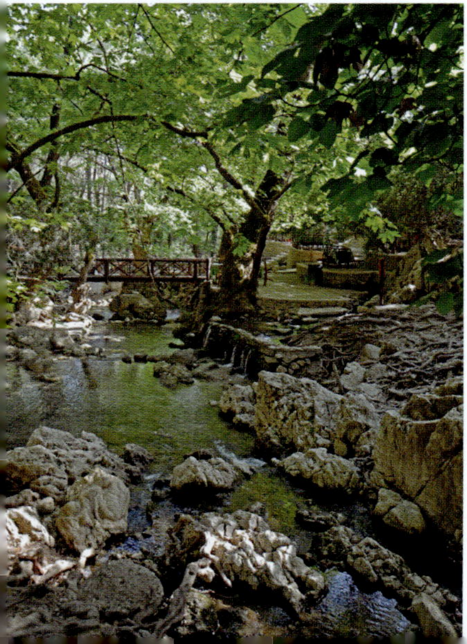

Eine Holzbrücke führt über den Wasserlauf, der von den Sieben Quellen gespeist wird.

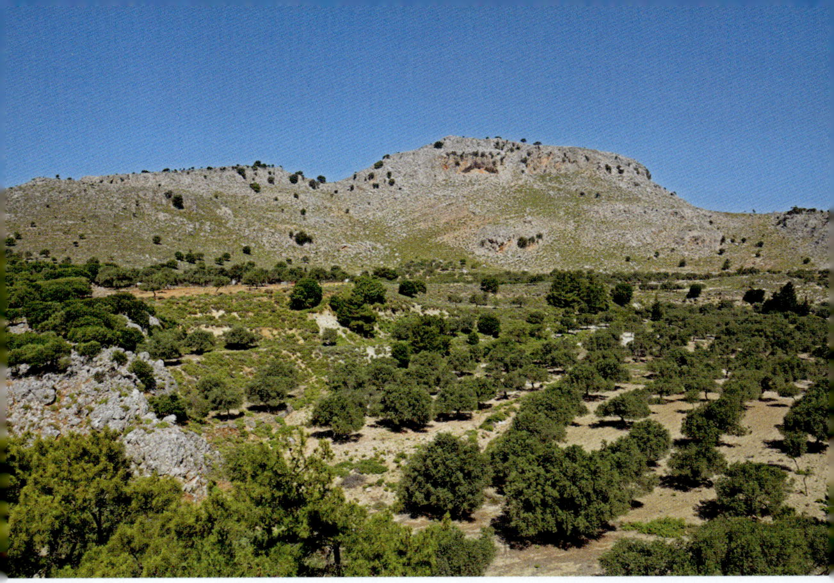

Der Rückweg führt uns durch karge Berglandschaft mit ausgedehnten Olivenhainen.

weiter auf dem Hauptweg. Wir passieren eine **Tränke** links des Weges und wandern am Fuße sandiger Steilhänge entlang. Wir ignorieren einen Weg mit rotem Schild nach rechts und biegen knapp 50 m weiter auf einem unscheinbaren **Pfad** ⑩ nach halb links den Hügel hinauf. Er ist mit einem kleinen Steintürmchen markiert und führt uns bis kurz vor einen **Schuppen**. Dort folgen wir dem Feldweg nach rechts am Schuppen vorbei und laufen auf dem Hauptweg immer weiter geradeaus. Nach knapp 10 Min. überqueren wir ein Bachbett und erreichen wenig später links des Weges das **Kloster Kirá Napení** ⑪ mit paradiesischem Innenhof. Der Schlüssel für das Tor hängt meist rechts am Zaunpfeiler.

Von dort folgen wir dem Asphaltsträßchen immer geradeaus bis zur Hauptstraße »Ródou-Líndou«, die wir nochmals überqueren. Nun laufen wir geradeaus weiter, biegen vor der hohen Mauer eines Sportplatzes nach links und dann, dem Wegverlauf folgend, nach rechts. Danach geht es geradeaus weiter. Nach einem Spielplatz biegen wir nach rechts, laufen auf einer Brücke über das Flussbett und wandern dann nach links am Kanal weiter bis zur Bushaltestelle in **Archángelos** ①.

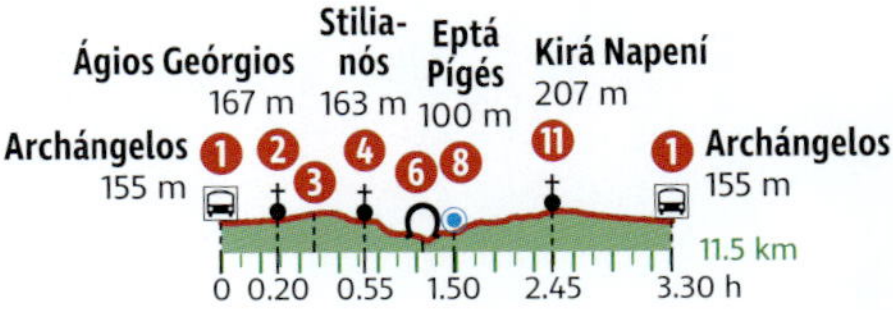

↗ 270 m | ↘ 270 m | 3.7 km

23 Rund um den Tsambíka-Berg

2.00 h

Aussichtsreiche Küstentour um eine Wallfahrtskirche

Legendenumwoben ist die Entstehung der kleinen Kapelle auf dem Tsambíka-Berg: Ein Hirte sah einst eine Lichterscheinung auf dem Berg, folgte ihr zusammen mit seiner Frau und beide wurden zu einer silbernen Marienikone geleitet, die am Hang lag. Sie trugen sie auf den Gipfel und neun Monate später stellte sich zum ersten Mal der so lang ersehnte Nachwuchs ein. Dankbar errichtete der frischgebackene Vater eine Kapelle auf dem Berg. Noch heute wird die Ikone bei unerfülltem Kinderwunsch konsultiert. Wird danach ein Kind geboren, so wird es traditionsgemäß Tsambíka oder Tsambíkos genannt.

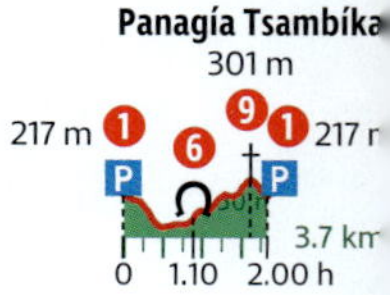

Ausgangspunkt: Parkplatz auf dem Berg von Tsambíka, 217 m, etwas oberhalb der Taverne. Anfahrt am besten per Mietfahrzeug. Die Anreise ist auch regelmäßig mit KTEL-Bussen der Linien »Rhódos – Archángelos – Líndos« möglich. Von der Haltestelle »Tsambíka Psilí« an der Hauptstraße »Ródou – Líndou« geht es zu Fuß eine steile, sonnige Asphaltpiste in gut 40 Min. zum Ausgangspunkt hinauf (1,3 km, 170 m Höhenunterschied). Alternativ kann auch von der Haltestelle »Tsambíka Beach« auf der Variante 1 in 15 Min. zum Wegpunkt 4 aufgestiegen und dort die Bergumrundung begonnen werden.

Anforderungen: Mittelschwere, sonnige Wanderung auf einem schmalen, steinigen Pfad an einem steilen Hang. Trittsicherheit, Schwindelfreiheit und Orientierungssinn nötig. Es braucht auf Teilstrecken Konzentration und Weggespür, um alle Wegmarkierungen zu finden.

Einkehr: Taverne am Parkplatz.

Unterkunft: Hotels, Pensionen und Ferienhäuser in Archángelos, Stegná und Kolýmbia.

Varianten: 1. Vom Wegpunkt 4 ist auf einem steilen, steinigen, erodierten Weg der Abstieg zum Tsambíka-Strand möglich. Umgekehrt kann auch aufgestiegen werden. Markiert mit roten Holzschildern mit der Aufschrift »Monastery – Beach«. Mittelschwer, 15 Min., 0,25 km, 70 m Höhenunterschied.

2. Dort, wo der Pfad hinter der Baumgruppe 7 nach links abbiegt, besteht auch die Möglichkeit, geradeaus nach Kolýmbia abzusteigen. Mittelschwer, 20 Min., 0,6 km, 130 m Höhenunterschied.

Kurztour: Wer nur die Tsambíka-Kapelle besichtigen möchte, steigt vom Ausgangspunkt auf dem stufenreichen Kreuzweg auf und wieder ab. Leicht, 35 Min., 0,8 km, 90 m Höhenunterschied.

Hinweis: Die Kapelle ist täglich geöffnet, Eintritt frei. Die Original-Ikone befindet sich aus Sicherheitsgründen nicht mehr in der Bergkapelle, sondern im Tsambíka-Kloster am Fuße des Hügels.

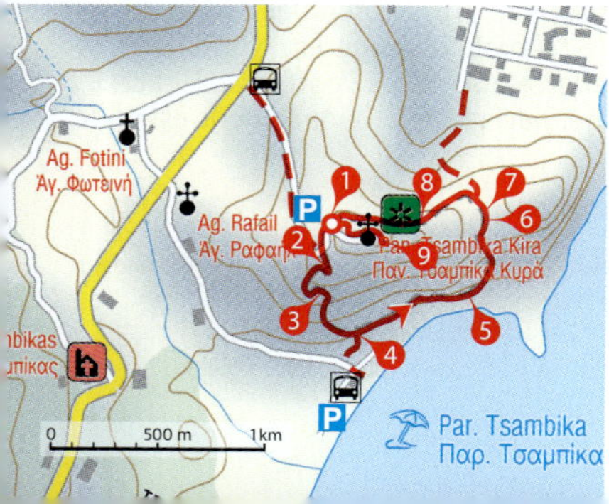

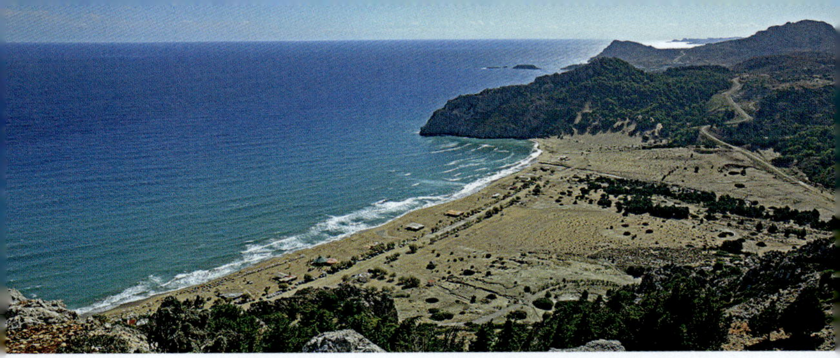

Auf dieser Tour haben wir fantastische Ausblicke auf den Strand von Tsambíka.

Vom **Parkplatz 1** etwas oberhalb der Taverne laufen wir, direkt unterhalb des betonierten Kreuzgangs, halb rechts auf einen staubigen Platz, an dessen Ende ein schmaler Pfad in den Wald hineinführt. Er bringt uns zu einer Freifläche, auf der wir geradeaus bis kurz vor die Steilkante gehen, von wo wir einen tollen **Ausblick 2** auf den Strand von Tsambíka haben.
Wir laufen gut 20 m zurück, biegen nach dem großen **Ruinen-Steinhaufen** nach links und folgen einem unscheinbaren Pfad durch Zypressen den Hang abwärts. In regelmäßigen Abständen weisen uns rote Holzschilder den Weg in Richtung »Beach«. So durchqueren wir nach etwa 5 Min. eine etwas größere **Zypressengruppe 3** und folgen weiter den Schildern. Wir steigen in Serpentinen einen steinigen, steilen Hang hinab, halten uns danach links und erreichen an einer Kreuzung, wenige Meter vor einem hinkelsteinförmigen Felsen links des Weges, ein weiteres Schild, das den nach halbrechts unten abzweigenden **Pfad 4** zum Tsambíka-Strand (siehe Variante 1) markiert. Wer keine Badepause einlegen möchte, geht geradeaus weiter, der Pfad wird wenig später stärker von Gebüsch gesäumt und verläuft parallel zur Küste. Von nun an folgen wir roten Punkten und Steintürmchen.
Bald taucht links über uns eine markant rötliche, löchrige **Felswand 5** auf. Kurz dahinter, wenn wir fast auf gleicher Höhe mit der **Landzunge** rechts unter uns sind, zieht der Weg in einer breiten Linkskurve landeinwärts. Wir wandern an der linken Seite einer breiten, sanften Senke empor, vorbei an einer großen Zypresse und einer **flachen Höhle 6**. 3 Min. später gehen wir durch eine alleeähnliche **Baumgruppe 7**, deren erster Baum mit einem roten Streifen markiert ist. Kurz dahinter durchqueren wir eine weitere Baumgruppe und wandern dahinter nach links weiter. Dort treffen wir auf weißrote Zeichen, denen wir durch den Wald und über einen **Felskamm 8** bis zum **Parkplatz 1** zurück folgen. Als krönenden Abschluss steigen wir nun auf den Betonstufen in Serpentinen zur **Panagía Tsambíka 9** auf, ergötzen uns an dem Ausblick und besuchen die kleine Kapelle mit alten Fresken.
Auf demselben Weg geht es wieder zum **Parkplatz 1** zurück.

↗ 100 m | ↘ 100 m | 3.8 km

24 Zur Tropfsteinhöhle von Kapí

1.15 h

Durch ein Orangental zu einer zauberhaften Grotte

Diese Wanderung wartet mit einem echten Geheimtipp auf: An einem felsigen Bachbett versteckt sich ein natürliches Gewölbe voller Tropfsteine. Ein schmaler, felsiger Pfad bringt uns zu dem Naturjuwel. Der Rückweg führt durch ein fruchtbares Tal; Mandarinen- und Orangenbäume säumen den Weg.

Ausgangspunkt: Der mit vielen runden Beton-Baumtrögen übersäte Parkplatz an der Kapelle Eleimonítria, 90 m. Von der Straße zwischen Archángelos und Malónas führt eine schmale, zunächst asphaltierte und steile Piste bis zum Ausgangspunkt. Diese ist unscheinbar auf griechisch ausgeschildert mit »IEPA MONH ΠΑΝΑΓΙΑΣ ΕΛΕΗΜΟΝΗΤΡΙΑΣ«. Anreise per Bus mit der KTEL-Linie Rhódos – Líndos möglich. Von der Bushaltestelle »Archángelos Katsélis« am Kreisverkehr der Hauptstraße »Ródou – Líndou« außerhalb von Archángelos kann die Kapelle in gut 40 Min. zu Fuß erreicht werden, die Straßen haben allerdings keine Gehwege (2,4 km, 15 Hm Aufstieg, 75 Hm Abstieg).
Anforderungen: Mittelschwere Wanderung, größtenteils auf breiten Feldwegen. Die Tropfsteinhöhle kann nur über schmale, evtl. matschige Pfade und durch eine kurze Klettereinheit über feuchte Felsen erreicht werden. Für Kinder ab 7 Jahren geeignet.
Einkehr: Unterwegs keine. Tavernen in Malónas und Archángelos.
Unterkunft: Kleine Hotels, Pensionen und Ferienhäuser in Malónas und Archángelos.
Anschlusstour: Tour 27. Es besteht die Möglichkeit, weiter nach Malónas zu wandern.
Hinweis: Nach niederschlagsarmen Wintern ist das Becken unterhalb der Tropfsteinhöhle meist ausgetrocknet.
Tipps: Auf einer spannenden Abenteuertour durch den »Dschungel von Rhódos« führt der Grieche Níkos zahlreiche Gäste bis zu der Tropfsteinhöhle. Mehr Infos: nikos-papas.com/de.

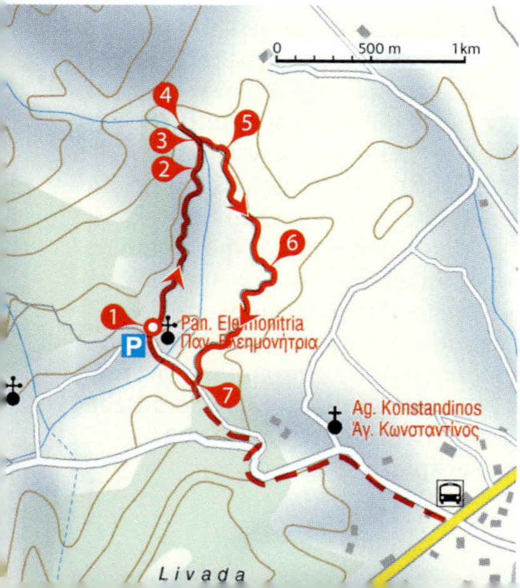

Vom Parkplatz gehen wir an der umzäunten **Kapelle Eleimonítria** ❶ vorbei, biegen am Ende des Zaunes nach rechts und folgen unmittelbar darauf einem asphaltierten Feldweg links aufwärts. Er führt uns in 20 Min. zu einer scharfen, erodierten **Rechtskurve** ❷, von der wir in gerader Richtung auf einem mit Steintürmchen markierten Pfad weiterwandern. Er führt uns abwärts bis zu einem Bach, den wir überqueren. Danach halten wir uns halb links, steigen die Böschung empor und folgen dem Bach nach

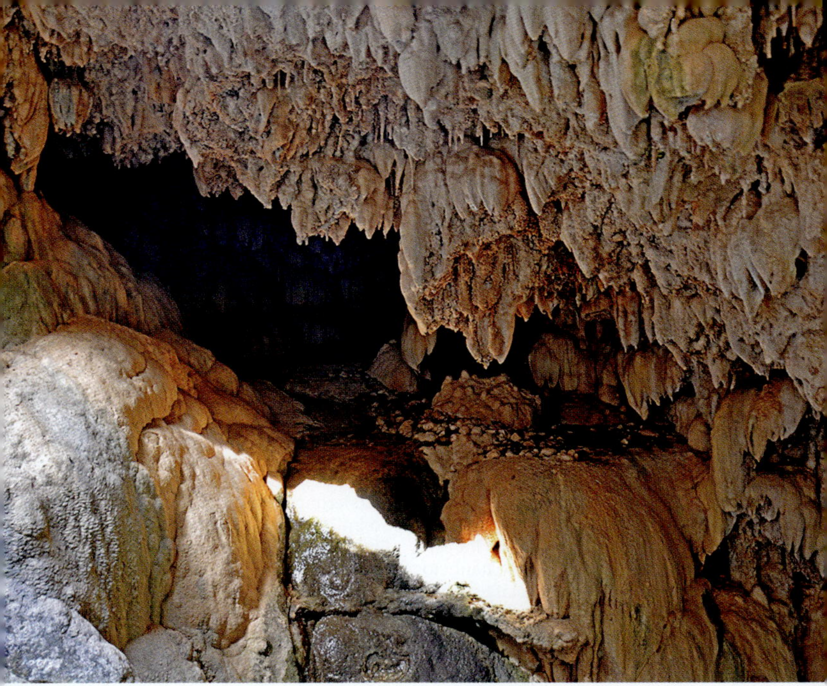

Unzählige Stalaktiten hängen von der Höhlendecke herab.

links, bis wir hinter einer niedrigen Staumauer einen schattigen Platz erreichen, über den ein erhöhter **Wasserkanal** 3 aus Beton führt. Wir laufen unter ihm hindurch und klettern das Bachbett hinauf bis zu einem großen natürlichen, meist trockenen **Wasserbecken**, über dem rechter Hand rötliche Tropfsteine herabhängen – die **Höhle Kapí** 4.
Wir gehen wieder zurück zu dem **Wasserkanal** 3 und steigen dort halb links aufwärts auf einen Platz, an dem ein Fahrweg endet, dem wir geradeaus folgen. So erreichen wir eine **Betonbrücke** 5, die uns über ein Bachbett führt. Wir folgen weiterhin dem breiten Fahrweg, lassen einen Feldweg sowie vier Pisten nach rechts unbeachtet und passieren so ein schilfbestandenes **Bachbett** 6. An der nächsten großen Kreuzung biegen wir nach rechts. Nach etwa 5 Min. halten wir uns halb links und folgen danach immer weiter dem Hauptweg. Nach einer Viertelstunde erreichen wir das **Zufahrtssträßchen** 7 und folgen ihm nach rechts zurück zur **Kapelle Eleimonítria** 1.

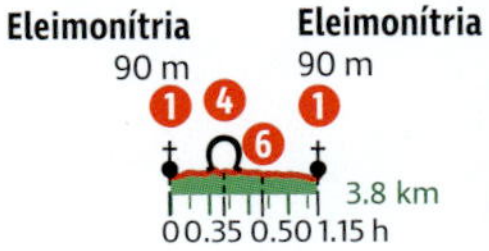

↗ 400 m | ↘ 400 m | 8.4 km

25 Auf den Profítis Ilías, 516 m, bei Archángelos

3.15 h

Grandiose Aussichten von einem markanten Bergmassiv an der Ostküste

Diese Wanderung führt uns zunächst zu der Akrópolis von Archángelos. Hier thront eine mittelalterliche Burg über einem der größten Dörfer von Rhódos. Weiter geht es über aussichtsreiche Sträßchen bis zur kleinen Gipfelkapelle. Es bieten sich tolle Aussichten in alle Richtungen. Von dort wandern wir auf einem alten Eselspfad wieder hinab ins Tal. Einmal im Jahr pilgern Hunderte Menschen diesen schmalen Weg bis zum Gipfel hinauf, um des heiligen Propheten Elías zu gedenken.

Ausgangspunkt: Bushaltestelle »Archangelos Sholia« an der Hauptstraße in Archángelos nahe einer Brücke, 155 m. Hier steht ein Büstendenkmal auf einem kleinen Platz am Straßenrand. Häufig KTEL-Busse von Rhódos und Líndos. Wer mit dem Auto anreist, muss sich im verkehrstechnisch chaotischen Archángelos am Straßenrand einen Parkplatz suchen.
Anforderungen: Mittelschwere, sehr sonnige Wanderung. Der Aufstieg erfolgt über schmale Sträßchen, der Abstieg über einen steinigen, schmalen Pfad, der Trittsicherheit und ein wenig Geschick bei der Pfadsuche erfordert. Markierung des Pfades teilweise mit Steintürmchen und roten Punkten.
Einkehr: Unterwegs keine. Viele Möglichkeiten in Archángelos.
Unterkunft: Viele kleine Hotels und Pensionen in Archángelos.
Anschlusstour: Tour 26.

Von der Bushaltestelle in **Archángelos** ❶ laufen wir bis kurz vor die Brücke und folgen dem Schild »Stegna Beach« nach rechts. Nach ca. 170 m kündigt uns ein Schild bereits die Akrópolis, unser nächstes Ziel, an – wir folgen der Straße halb rechts aufwärts. Wir ignorieren eine Straße von links und eine von rechts und biegen an einer **Y-Kreuzung** nach halb rechts. Nun geht es weiter geradeaus, an einem großen Parkplatz links der Straße vorbei und an der zweiten Straßenkreuzung dahinter nach rechts. Kurz

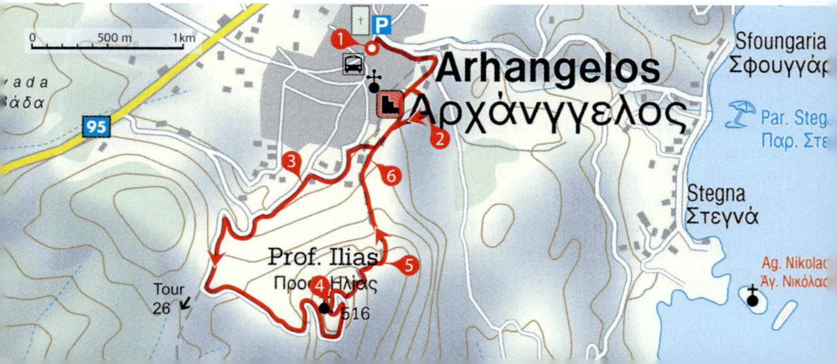

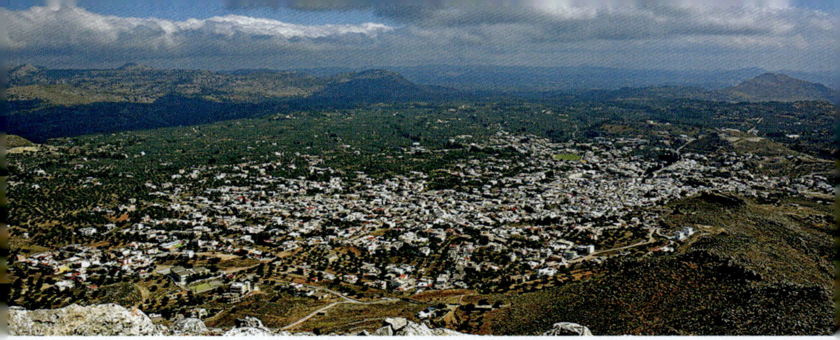

Vom Profítis Ilías bei Archángelos liegt uns das Dorf zu Füßen.

darauf weist uns ein weiteres Akrópolis-Schild nach links. Dort, wo eine Straße von hinten rechts auf unsere Straße trifft, steigen wir nach links auf Treppenstufen aufwärts zur **Akrópolis von Archángelos** ❷, wo vor allem die Überreste einer mittelalterlichen Burg erhalten sind. Weiter geht es wenige Meter unterhalb des Burgeingangs auf einem Treppensteig nach links, den Hügel hinunter und dann auf einer Straße nach links weiter. An einer Y-Kreuzung halten wir uns halb rechts abwärts. Danach biegen wir bei der ersten asphaltierten Straße nach rechts und gleich darauf nach links. Wir ignorieren eine asphaltierte Hauszufahrt rechts und biegen kurz dahinter dann doch nach rechts. Wir folgen dem Straßenverlauf, halten uns an Kreuzungen immer geradeaus, biegen an einer T-Kreuzung nach links und laufen links an einem **Fußballfeld** ❸ vorbei. Dahinter geht es auf einer Schotterpiste immer weiter geradeaus. Wir treffen auf eine asphaltierte Straße und folgen ihr nach links. Sie führt uns in einer knappen Stunde bis zur **Gipfelkapelle** ❹ des **Profítis Ilías** von Archángelos. Von hier oben bieten sich traumhafte Ausblicke auf die Ostküste und Archángelos. Nördlich der Kirche ist eine provisorische Stromleitung in etwa 2 m Höhe verlegt, die weit in das Felsenmeer hineinreicht. An ihr brennen zum jährlichen Wallfahrtsaufstieg Lampen. Wir folgen der Stromleitung den Bergrücken hinab bis zu einem **Kreuz**. Wir drehen wieder um, laufen etwa 50 m zurück und biegen dann auf einen gut ausgetretenen Pfad nach links. Er ist hin und wieder mit Steintürmchen und roten Punkten markiert und führt den Hang hinab. Nach knapp 20 Min. wandern wir am Fuße eines **Felsgrates** ❺ weiter abwärts und laufen später oberhalb eines Zaunes entlang zu einem **Olivenfeld** ❻, das wir nach rechts längs überqueren. Links des ersten Hauses vor uns folgen wir einer Piste zurück zur Akrópolis. Von dort wandern wir auf dem Hinweg zurück zum **Ausgangspunkt** ❶.

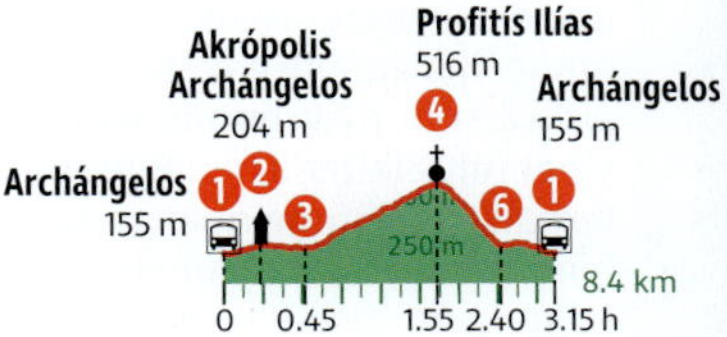

TOP

26 Küstensteig bei Archángelos

↗ 600 m | ↘ 600 m | 17.6 km

6.00 h

Abenteuerliche Tour zu paradiesischen Stränden

Diese Tour führt uns zunächst über eine karge Hochebene mit traumhaften Aussichten hinab zum beliebten Badestrand von Agáthi. Von dort geht es auf einem schmalen Küstensteig weiter, vorbei an türkisblauen Buchten und beeindruckenden Felsformationen bis zum versteckten Red Sand Beach. Der rote Sand gibt dem Ort eine ganz besondere Atmosphäre. Von skurrilen Felswänden umrahmt lässt es sich hier relativ ungestört entspannen.

Ausgangspunkt: Bushaltestelle »Archángelos Sholia« an der Hauptstraße in Archángelos, nahe einer Brücke, 155 m. Hier steht ein Büstendenkmal auf einem kleinen Platz am Straßenrand. Häufig KTEL-Busse von Rhódos und Líndos. Wer mit dem eigenen Fahrzeug anreist, muss sich im verkehrstechnisch chaotischen Archángelos am Straßenrand einen Parkplatz suchen.
Anforderungen: Schwierige, sehr sonnige Wanderung auf schmalen, steinigen Pfaden. Kurze Abschnitte pfadlos. Guter Orientierungssinn, Kondition und Trittsicherheit nötig.
Einkehr: Snack-Bars am Strand von Agáthi. Viele Tavernen am Strand von Stegná und in Archángelos.
Unterkunft: Kleine Hotels und Pensionen in Archángelos, Charáki und Stegná.
Varianten: 1. Zum Kastell Feraklós. Vom Strand von Agáthi ❻ folgen wir der Straße in Richtung des Felsklotzes, bis in einer Rechtskurve ein braunes Schild das »Pheraklos Castle« ausweist. Auf einem schmalen Pfad kann nun die alte Burg erklommen werden. Auf demselben Weg geht es wieder zum Strand zurück. Mittelschwer, 1 h, 2,4 km, 120 m Höhenunterschied.
2. Zum Strand von Stegná. An der plusförmigen Kreuzung, die zur Kapelle »OSIOS ONOYFRIOS« ⓮ führt, kann nach rechts zum Strand von Stegná gewandert werden. Leicht, 15 Min., 0,9 km, 50 m Höhenunterschied.
Tipp: Badesachen und Schnorchelausrüstung sind sehr zu empfehlen.

Von der Bushaltestelle in **Archángelos** ❶ laufen wir bis kurz vor die Brücke und folgen dem Schild »Stegna Beach« nach rechts. Nach ca. 170 m kündigt uns ein Schild bereits die Akrópolis, unser nächstes Ziel, an – wir folgen der Straße halb rechts aufwärts. Wir ignorieren eine Straße von links und eine von rechts und biegen an einer Y-Kreuzung nach halb rechts. Nun geht es weiter geradeaus, an einem großen Parkplatz links der Straße vorbei und an der zweiten Straßenkreuzung dahinter nach rechts. Kurz darauf weist uns ein weiteres Akrópolis-Schild nach links. Dort, wo eine Straße von hinten rechts auf unsere Straße trifft, steigen wir nach links auf Treppenstufen aufwärts zur **Akrópolis von Archángelos** ❷, wo vor allem die Überreste einer mittelalterlichen Burg erhalten sind. Weiter geht es wenige Meter unterhalb des Burgeingangs auf einem Treppensteig nach links, den Hügel hinunter und dann auf einer Straße nach links weiter. An einer Y-Kreuzung halten wir uns halb rechts abwärts. Danach biegen wir bei der ersten asphaltierten Straße nach rechts und gleich darauf nach links. Wir ignorieren eine asphaltierte Hauszufahrt rechts und biegen kurz dahinter dann doch nach rechts. Wir folgen dem Straßenverlauf, halten uns an Kreuzungen immer geradeaus, biegen an einer T-Kreuzung nach links und laufen links an einem **Fußballfeld** ❸ vorbei. Dahinter gehen wir auf einer Schotterpiste immer weiter geradeaus bis zu einer Asphaltstraße. Dort biegen wir nach links und steigen etwa 25 Min. aufwärts, bis in einer Linkskurve – 20 m links neben einem Tor – ein breiter, steiniger **Weg** ❹ geradeaus in die Berge führt. Er ist mit roten Punkten gekennzeichnet. Wir wandern immer geradeaus über eine hübsche **Hochebene** zwischen zwei Felsgraten. Der Weg endet an einer spärlich bewachsenen Ebene mit vereinzelten Olivenbäumen. Wir überqueren die Ebene geradeaus. An ihrem Ende wandern wir

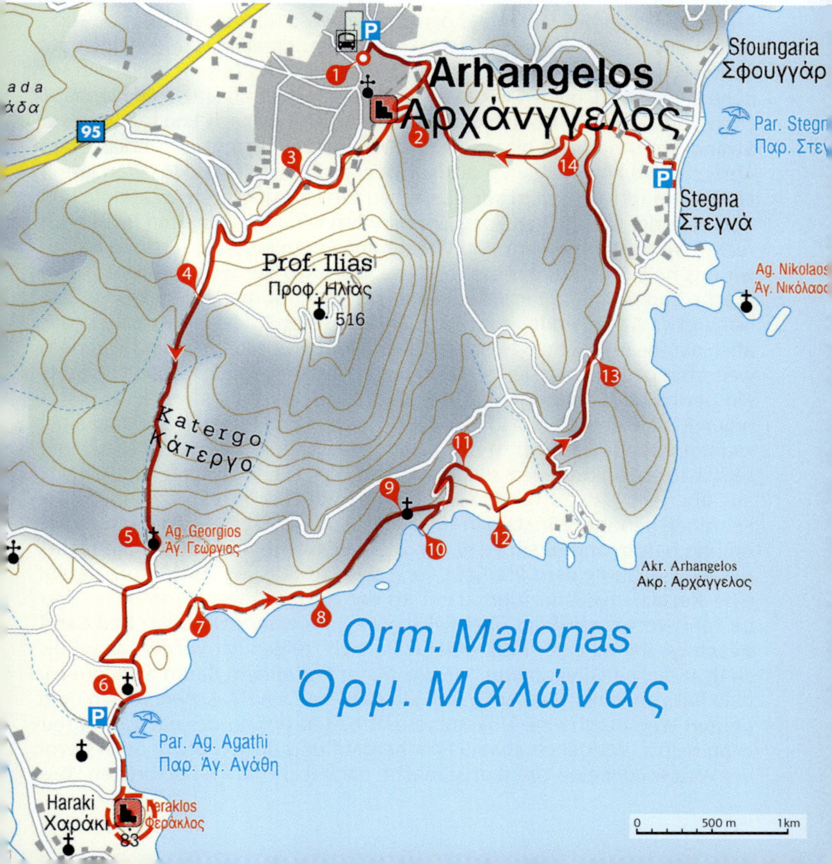

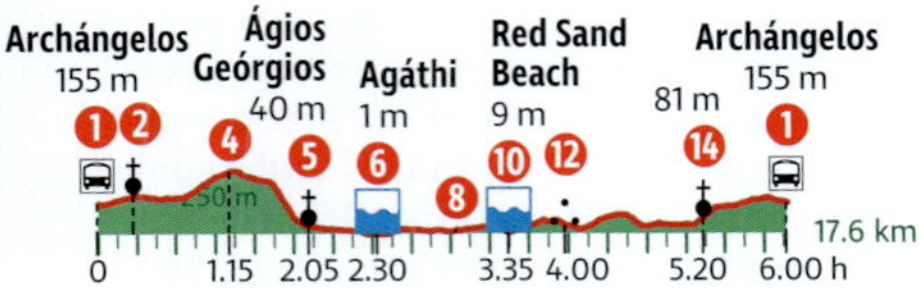

auf einem rot markierten Pfad weiter bis zu einem spitz nach oben ragenden, etwa 10 m hohen **Felssporn**. Hier laufen wir links des Felsens auf einem steinigen Pfad abwärts und folgen weiter den roten Punkten bis zu einer Tränke. Dort halten wir uns links und erreichen so die kleine, weiße **Kapelle Ágios Geórgios** 5. Das Tor zur Kirche im Rücken, gehen wir auf einer Staubpiste nach links weiter und biegen bei einer T-Kreuzung nach rechts. Gut 200 m weiter laufen wir nach einem Kiefernwäldchen links auf eine Piste. An einer **Fünferkreuzung** biegen wir nach links, wenig später stehen zwei grüne Zaunpfeiler rechts des Weges. Wir gehen direkt an den Pfeilern links vorbei, laufen auf dem breiten Weg über alte **Gräber** abwärts, halten uns danach bei einer Rechtskurve weiter geradeaus und steigen auf einem schmalen Pfad zur Küste hinab. Am Fuße des Felsens, über den wir abgestiegen sind, biegen wir nach rechts und gehen an einem Höhlenhäuschen vorbei bis zur **Höhlenkapelle Agía Agáthi**. Danach können wir zum **Strand von Agáthi** 6 hinabsteigen. Wer möchte, macht nun noch einen Abstecher ins Meer, zu den Snackbars oder zum **Kastell Feraklós** (Variante 1). Für die Haupttour gehen wir denselben Weg zurück zu den Zaunpfeilern oberhalb der Grablöcher. Von dort wandern wir auf der breiten Piste nach rechts weiter, immer dem Hauptweg folgend. An einer Y-Kreuzung halten wir uns halb links auf der breiten Piste. Dort, wo der Weg eine Linkskurve macht, laufen wir geradeaus auf einem breiten, rot markierten Pfad weiter. Nach etwa 5 Min. endet eine Piste links unseres Pfades – wir halten uns aber geradeaus, gehen zwischen zwei **Zäunen** 7 hindurch und wandern weiterhin den rot markierten Küstenpfad entlang. Bald erhebt sich rechts ein gewaltiger **Steinbogen** 8 über dem Meer. Wir folgen weiter dem steinigen Pfad, der nach gut 10 Min. zu einer steinigen Piste wird und zu einer kleinen **Kapelle** 9 leitet. Hinter einem Häuschen 50 m weiter markieren rechts rote Punkte einen schmalen Pfad, der leicht abwärts und geradeaus über ein Plateau führt. Wir laufen geradeaus, bis vor uns ein großer Felsblock aufragt. Wir steigen links von ihm abwärts, laufen nach rechts um ihn herum und hinab zu einem dicken **Olivenbaum**. Wir folgen rechts des Olivenbaums dem Pfad am Fuße des Erdwalls; er macht kurz darauf eine Rechtskurve und führt dann an der Küste abwärts. Von einer Treppe führt rechts ein Pfad über Felsblöcke zum wunderschönen **Red Sand Beach** 10, der zu einer Rast einlädt. Danach steigen wir wieder hinauf bis zu dem dicken **Olivenbaum**. Wenige Meter hinter dem Baum wandern wir halb links auf einer Piste aufwärts. Wir passieren ein Häuschen, folgen dem breiten Weg durch eine Linkskurve und halten uns an der nächsten Kreuzung rechts. Wir gehen etwa 5 Min. bergauf und biegen dann, noch bevor der Weg wieder eine Linkskurve macht, nach rechts auf einen breiten Weg, der zu einem **Schuppen** ⑪ – versteckt hinter Oliven- und Feigenbäumen – führt. Von dort laufen wir auf gleicher Ebene in einer leichten Rechtskurve durch einen weiteren kleinen Olivenhain, bis er an einer Felsstufe endet. Am vorletzten Olivenbaum führt links ein steiniger Pfad aufwärts zu Zaunpfählen. Auf der Anhöhe angekommen nehmen wir uns als Orientierung das Gebirge am Horizont und steuern auf die Stelle zu, an der es ins Meer endet. So laufen wir ein kurzes Stück pfadlos geradeaus, bis wir auf einen breiten Weg treffen. Wir gehen auf diesem nach rechts weiter. Dort, wo er endet, folgen wir einem schmalen Pfad halb links. Er führt uns bis zu einem kleinen Felsvorsprung an einer felsigen Geländekante, wo sich ein schöner Ausblick bietet. Diesen nutzen wir, um die Geländevertiefung ausfindig zu machen, die in gerader Richtung senkrecht zu unserer Wanderrichtung verläuft. Wir merken uns als Orientierungspunkt das rechte Ende der Vertiefung – dort, wo sie abrupt am Meer aufzuhören scheint. Von unserem Aussichtspunkt geht es nach rechts über Felsen abwärts und dann auf einem unscheinbaren Pfad auf unseren Orientierungspunkt zu. An der Geländevertiefung angekommen halten wir uns rechts und steigen über Felsplatten abwärts zu einem Fahrweg. 10 Meter weiter rechts bietet sich noch einmal ein schöner Ausblick auf unseren Hinweg. Für den Weiterweg wandern wir nach links weiter durch die **archäologische Stätte** ⑫ – eine alte Siedlung mit vielen Höhlen. Weiter geht es immer geradeaus auf einer breiten Piste. Der Weg fällt kurz ab, durchquert ein Bachbett, danach geht es wieder aufwärts. Wir ignorieren eine Piste von rechts und steigen kurz danach in Serpentinen an Häusern vorbei bergauf. Wir folgen weiter dem Hauptweg, halten uns an zwei kurz hintereinanderfolgenden Y-Kreuzungen jeweils halb links und treffen kurz danach auf eine breite Piste, der wir nach rechts folgen. Von einer **Anhöhe** ⑬ erblicken wir die Bucht von Stegná. Wir wandern eine gute halbe Stunde auf der breiten Piste ungeachtet aller Abzweigungen immer geradeaus weiter bis zu einer klassischen plusförmigen Kreuzung. An der Steinmauer linker Hand befinden sich zwei Schilder, die uns auf den Betonweg nach links zum Kirchlein »OSIOS ONOYFRIOS« weisen. Wir passieren die **Kapelle** ⑭ und folgen der breiten Schotterpiste geradeaus weiter aufwärts. Bei einem alten Olivenbaum, noch bevor der Weg wieder abwärts Richtung Meer führt, biegen wir nach rechts auf einen breiten, mit großen Steinen gesäumten Pfad. Er geht schon bald in eine Piste über, der wir geradeaus folgen, bis sie an einer Asphaltstraße endet, auf der wir immer geradeaus bis nach Archángelos und zum **Ausgangspunkt** ① wandern.

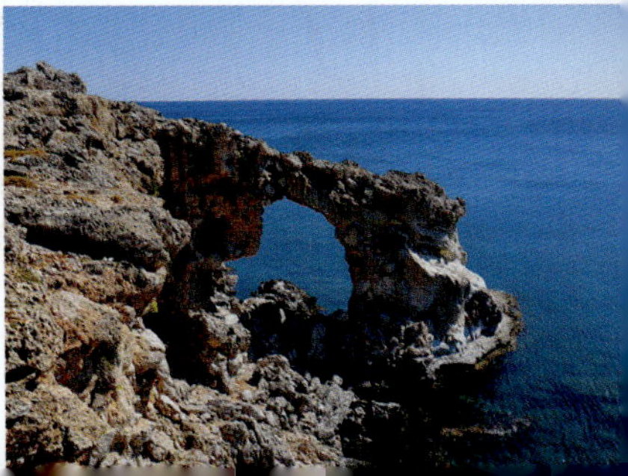

Ein beeindruckender Steinbogen erhebt sich über dem Meer.

↗ 130 m | ↘ 130 m | 6.3 km

27 Durch die Gärten von Malónas

1.45 h

Auf breiten Wegen durch das Tal der Zitrusfrüchte

Auf dieser Tour durchwandern wir eine fruchtbare Senke, in der Orangen, Mandarinen und Zitronen gedeihen. Danach steigen wir auf eine kleine Anhöhe, von der sich wunderbare Aussichten auf die grüne Gartenlandschaft rund um das Dörfchen Malónas ergeben. Vorbei an schilfbestandenen Bachbetten geht es durch idyllische Haine wieder zurück zum Ausgangspunkt.

Ausgangspunkt: Kirche in Malónas, 50 m. Sie befindet sich am nordöstlichen Ortsausgang, direkt an der Hauptstraße. Parken am Straßenrand möglich. Mehrmals täglich KTEL-Busse der Linie »Rhódos-Stadt – Líndos«. Nächste Bushaltestelle »Malóna Kentro«, 120 m südlich des Ausgangspunktes.

Anforderungen: Leichte, sonnige Wanderung auf breiten Feldwegen. Kurzer, etwas steiler und steiniger Abstieg etwa zur Halbzeit.

Einkehr: Unterwegs keine. Tavernen in Malónas.

Unterkunft: Kleine Pensionen in Malónas, Hotels in Archángelos.

Wir folgen gegenüber der Kirche in **Malónas 1** einem schmalen Sträßchen ins Dorf. An einer schrägen T-Kreuzung gehen wir nach rechts und laufen an einer hohen Mauer entlang, die einen Orangengarten begrenzt.

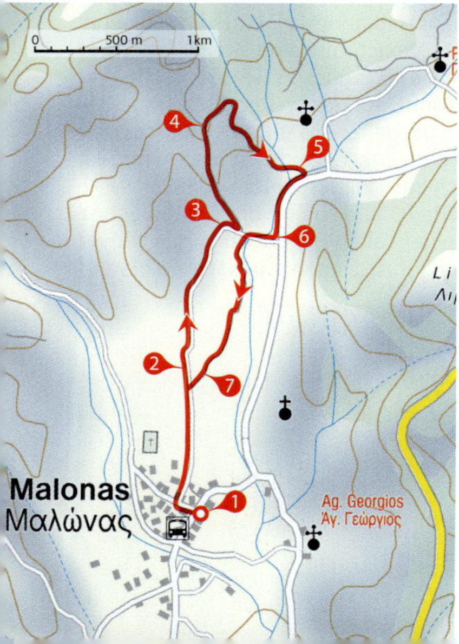

Bei der nächsten Kreuzung biegen wir nochmals nach rechts und dann immer weiter geradeaus, bis wir die Häuser hinter uns gelassen haben. Nun geht es gut 10 Min. ungeachtet aller Abzweigungen geradeaus auf dem zunächst noch asphaltierten Hauptweg weiter, vorbei an einem **Haus 2** rechts des Weges mit markantem hohen Schornstein. Wir wandern weiterhin ungeachtet aller seitlichen Abzweigungen etwa 7 Min. auf dem breiten Hauptweg, dann fächert sich der Weg u-förmig in zwei Wege – wir nehmen hier den rechten. Wir wandern immer weiter geradeaus auf dem breiten Hauptweg, bald geradeaus an Schilf vorbei und dann durch Olivenhaine, vor uns auf einem Hügel können wir Windräder erkennen. So erreichen

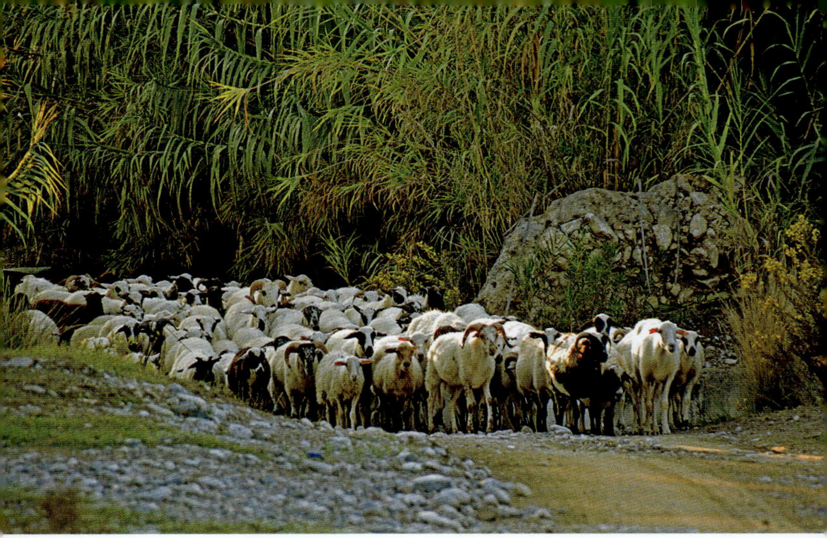

Eine Schafherde auf dem Weg ins Nachtquartier.

wir eine **Kreuzung** ❸, an der uns ein blauer Pfeil an einem Olivenbaum unseren Weg in gerader Richtung weist. Kurz danach halten wir uns bei mehreren Kiefern links. Wir folgen dem Hauptweg etwa eine Viertelstunde, ignorieren alle Abzweigungen und biegen dann etwa 150 m vor einer hohen Stromleitung, wenige Meter vor einer **Sandsteilwand** ❹ links des Weges, nach rechts auf einen Weg talwärts in Richtung eines Strommastes. Nach einer scharfen Rechtskurve laufen wir zunächst geradeaus über ein erhöhtes Plateau, dann in einer leichten Linkskurve zum Rand des Plateaus, wo wir auf einem breiten, steinigen Weg bergab wandern. Es bieten sich tolle Aussichten auf die Gartenlandschaft von Malónas.
Bald führt uns ein Zaun bis zu einem kleinen Haus. Wir wandern auf dem breiten Weg abwärts und durch ein schilfbestandenes **Bachbett** ❺. Wenig später überqueren wir eine Brücke, biegen nach links auf den breiten Weg, der uns kurz darauf nach rechts aufwärts zu einer Straße führt, der wir nach rechts folgen. 400 m weiter bei einem Straßenschild mit einer Kuh biegen wir nach rechts in einen **Feldweg** ❻. Wir überqueren eine Betonbrücke und wenden uns an der darauffolgenden Kreuzung nach links. Wir folgen dem Hauptweg nun ungeachtet unzähliger Abzweigungen geradeaus, bis sich er sich zu einem **Pfad** ❼ verengt. Der Pfad führt uns zunächst leicht rechts, dann geradeaus und nochmals rechts auf die Piste des Hinweges. Wir biegen nach links und folgen ihr bis nach **Malónas** ❶ zurück.

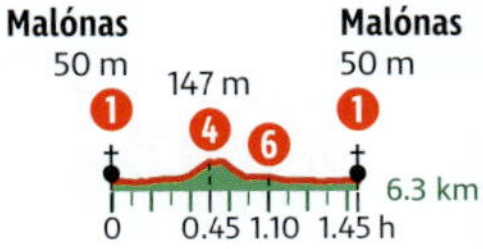

TOP

28 Durch die Skoutouljáris-Schlucht

↗ 250 m | ↘ 250 m | 8.0 km

2.45 h

Durch ein spektakuläres Flussbett zwischen steilen Felswänden zu einem wunderschönen Kloster

Ruhe und Einsamkeit in wildromantischer Natur: Wer dies sucht, ist in der Skoutouljáris-Schlucht genau richtig. Fernab jeglicher touristischer Infrastruktur lässt sich hier noch Ursprünglichkeit und natürliche Dynamik erfahren. Jeder Besuch ist unterschiedlich: Während im Frühjahr der Fluss munter vor sich hin plätschert, sind im Spätsommer die Wasserstellen eher rar. Ein tolles Erlebnis ist diese Wanderung allemal: Schroffe, steile Felswände, malerische Flusslandschaften und ein reizendes Kloster lassen Wanderherzen höherschlagen.

Ausgangspunkt: Flussbett des Skoutouljáris, 45 m. Anfahrt über die alte Nationalstraße südlich von Másari. Von Másari kommend kurz hinter einer Brücke dem Wegweiser nach »Kammyrí« folgen. Dort, wo die Straße das erste Mal ein breites Flussbett kreuzt, beginnt unsere Wanderung. Parken am Wegrand. Häufig KTEL-Busse der Linie »Rhódos-Stadt – Gennádi«. An der Hauptstraße »Ródu – Líndou« beim Abzweig zur »Old National Road« aussteigen (keine offizielle Haltestelle) – von dort sind es knapp 3 km bzw. 45 Min. auf ebenen Sträßchen bis zum Ausgangspunkt.
Anforderungen: Mittelschwere Wanderung. Weglos entlang eines Flussbettes auf Kies und Geröll. Leichte Kletterabschnitte. Danach auf breiten Fahrwegen. und markierten Pfaden. Steilerer Abstieg zum Kloster. Trittsicherheit erforderlich. Im Frühjahr und Winter empfehlen sich wassertaugliche Schuhe. Steinschlaggefahr an den Steilwänden möglich.
Einkehr: Keine.
Unterkunft: Viele Möglichkeiten in und um Archángelos, Lárdos und Líndos.
Kurztour: Kurz, aber trotzdem mit Schluchten-Highlight: Gut 250 m nach den Felsbrocken ❷ leitet uns das Flussbett durch eine Linkskurve. Am Ende der Kurve halten wir uns am rechten Rand des Flussbettes und können so zu einem breiten Fahrweg aufsteigen, dem wir nach rechts aufwärts folgen. Es bieten sich schöne Ausblicke auf das Tal. Wir wandern auf dem breiten Hauptweg immer geradeaus, erst bergauf, dann wieder bergab. An einer Kreuzung im Tal biegen wir links, danach rechts und erreichen so wieder den Ausgangspunkt. Mittelschwer. 0.55 h, 2,5 km, 95 m Höhenunterschied.
Hinweis: Diese Wanderung sollte nicht bei oder unmittelbar nach starken Regenfällen durchgeführt werden.

Wir beginnen unsere Wanderung dort, wo die Straße zum Kloster Kamirí das erste Mal das breite **Flussbett des Skoutouljáris** ❶ kreuzt. Wir wandern links in das Flussbett, halten uns zunächst geradeaus und steuern

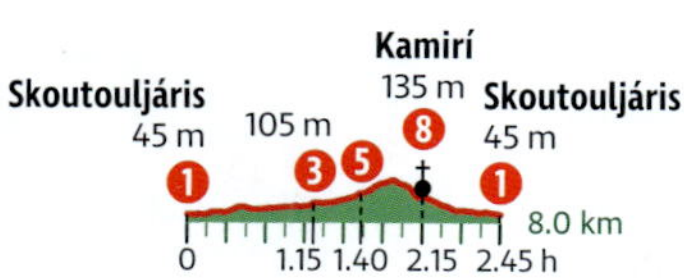

nach einer Linksbiegung direkt auf die imposant aufragenden, rötlichen Felsen der Schlucht zu. Wir passieren die hohen Steilwände, bis uns einige **Felsbrocken** ❷ den Weg versperren. Wir überklettern diese und wandern danach in dem bald wieder weit geöffneten Flussbett des Skoutouljaris, das mit duftenden Oleanderbüschen geschmückt ist. In den kleinen Wasserbecken tummeln sich zahlreiche Frösche, Libellen und Krebse. Das Tal verengt sich nochmals und fordert uns bei einem **Felssturz** 3 zu weiteren leichten Klettereinheiten auf. Eventuell müssen auch große Wasserbecken umgangen werden.

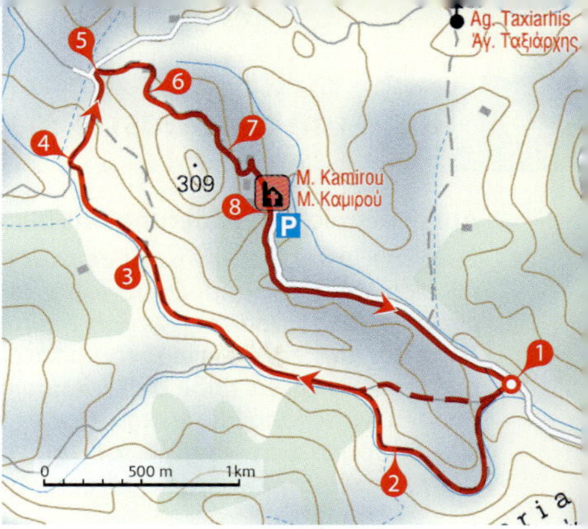

Danach wandern wir im Flussbett noch gut 500 m geradeaus weiter, bis eine breite Schotterpiste 4 das Flussbett kreuzt. Ihr folgen wir nach rechts aufwärts. Nach etwa 10 Min. erreichen wir einen markanten **Felssporn** 5 östlich eines kleinen Stausees. In gerader Richtung klettern wir am Fuße des Felssporns direkt am Ufer des Sees wenige Meter Felsen hinauf, biegen nach rechts und durchqueren auf einem mit roten Punkten und Steintürmchen markierten Pfad einen Olivenhain. An seinem Ende folgen wir einem alten, steinigen Feldweg bergauf bis zu einer T-Kreuzung. Wir biegen nach rechts und nach 150 m bei einer **Hausruine** 6 nach links. Wir folgen dem Weg ungeachtet aller seitlichen Abzweigungen immer geradeaus durch Wald und Olivenhaine. Der Weg endet an einem **Olivenhain** 7, wo uns Steintürmchen und rote Punkte den Pfad über Terrassen hinab bis zum bereits sichtbaren **Kloster Kamirí** 8 weisen. Der Schlüssel zum Kloster hängt links an der Eingangstür. Der idyllische, liebevoll bepflanzte Innenhof bietet Platz für eine erholsame Rast.

Um vom Kloster wieder zum **Ausgangspunkt** 1 zu gelangen, folgen wir etwa 30 Min. dem asphaltierten, selten befahrenen und landschaftlich schön gelegenen Sträßchen abwärts.

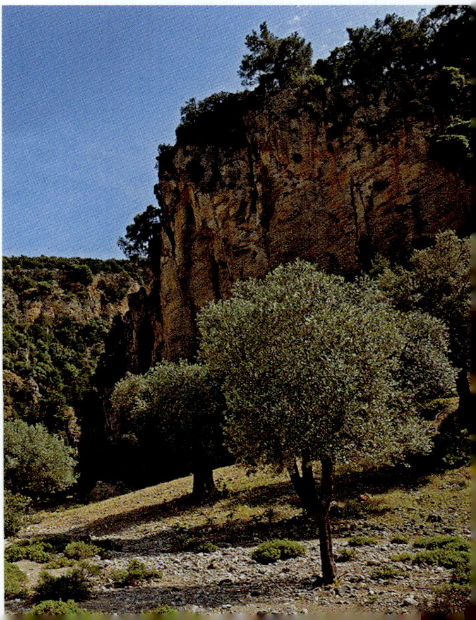

Beeindruckende Felswände säumen unseren Weg entlang des Flussbettes.

↗ 290 m | ↘ 290 m | 10.6 km

29 Rund um das Kloster Masáron

3.00 h

Aussichtsreiche Wanderung mit Blick auf den Staudamm von Gadoúra

Zu dem Kloster Masáron, das einsam und versteckt in den Bergen liegt, verirrt sich kaum jemand. Dabei lohnt ein Abstecher dorthin allein schon wegen der abenteuerlichen Anfahrt. Ein lauschiger Innenhof mit Hollywoodschaukel lädt zur Rast ein. Von dort geht es auf breiten Waldwegen durch die wilde Bergwelt nahe dem riesigen Stausee von Láerma. Immer wieder können wir schöne Blicke auf Teile des Sees samt Staumauer erhaschen. Das 100-Millionen-Euro-Projekt soll angesichts der sich ändernden Klimaverhältnisse die Trinkwasserversorgung der Insel sichern.

Ausgangspunkt: Kloster Trifeniátissas Masáron, 130 m. Anfahrt von der Old National Road, die zwischen Masári und Kálathos westlich der Hauptstraße »Ródu – Líndou« entlangführt. Bei der Kurve in der Nähe einer markanten, beigen Brücke mit Betonstreben-Bogen führt ein ausgeschildertes Asphaltsträßchen zum Kloster.
Anforderungen: Leichte Wanderung auf breiten, halbschattigen Forstwegen. Teilweise rote Markierungen, einfache Wegführung, die kaum Orientierungsvermögen benötigt. Aufgrund der Länge ist ein wenig Kondition nötig.
Einkehr: Keine.
Unterkunft: Viele Möglichkeiten in und um Archángelos, Lárdos und Líndos.
Hinweis: Von der Verbindungsstraße Lárdos – Láerma führt eine ausgeschilderte Asphaltstraße direkt auf den Gadoúra-Damm. Die Piste um den See lässt sich allerdings nur mit geländetauglichem Gefährt befahren, da tiefe Erosionsrinnen über die Fahrspuren verlaufen.

Vom **Kloster Masáron** ❶ laufen wir auf der asphaltierten Zufahrtstraße abwärts, bis von links zum zweiten Mal eine breite, steinige **Piste** ❷ auf die Straße trifft. Ihr folgen wir aufwärts und genießen sagenhafte Ausblicke auf das Flusstal und eine markante Brücke. Wir folgen dem breiten Pfad immer weiter, an einer Kreuzung wandern wir geradeaus und halten uns kurz darauf nach rechts aufwärts. 10 Min. später haben wir zum ersten

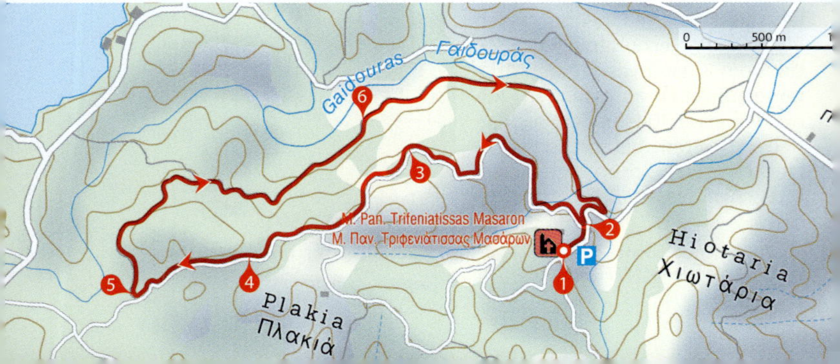

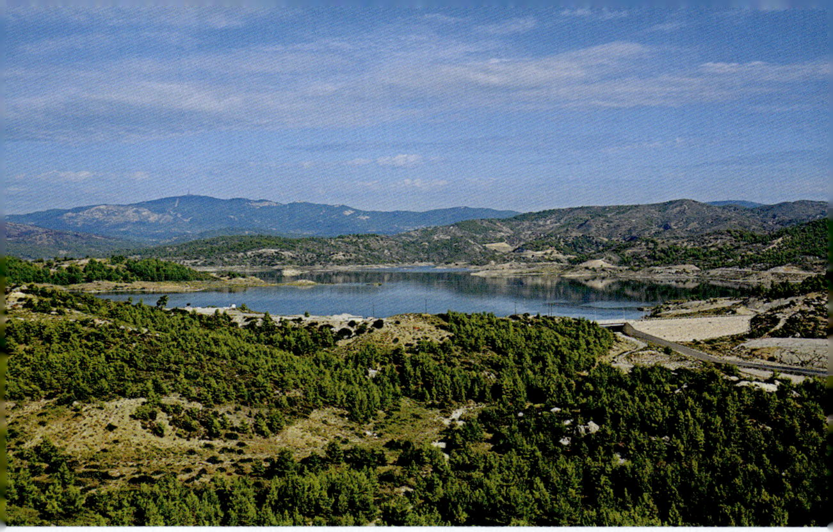

Mitten in sanftem Hügelland liegt der große Stausee von Láerma.

Mal eine schöne **Aussicht** 3 auf den mächtigen Damm des Stausees von Láerma, der den Wasserfluss des Gadoúras regelt, an dem wir später entlanglaufen. Es ergeben sich durch den lichten Kiefernwald immer wieder schöne Ausblicke auf das Bergland und den See.

Wir ignorieren alle seitlichen Abzweigungen und wandern so an einer **Hausruine** 4 vorbei, die auf dem waldigen Hügel links von uns steht. Gut 10 Min. später erreichen wir eine **breite Kreuzung** 5 und wandern nach rechts weiter. Der Weg führt uns nun durch eine hügelige Phrýgana-Landschaft, die tolle Ausblicke auf den Attáviros, den Profítis Ilías und etwas später auch noch mal auf den riesigen Stausee freigibt, von dem wir immer nur einen Bruchteil erblicken können. Wir wandern immer weiter durch die bald wieder waldige Berglandschaft, ignorieren eine Piste von hinten links und folgen dem Hauptweg immer geradeaus. Bald verläuft der Weg parallel zum tiefer gelegenen Flussbett des Gadoúra. Doch viel können wir noch nicht sehen – Bäume versperren die Sicht.

Ab dem Punkt, an dem wir das erste Mal unter einer niedrigen **Stromleitung** 6 hindurchlaufen, ergeben sich endlich tolle Aussichten auf das steinige Flusstal. Wir folgen dem breiten Hauptweg ungeachtet aller Abzweigungen immer geradeaus bis zur **Betonstraße**, auf der wir nach rechts die letzten Höhenmeter bis zum **Ausgangspunkt** 1 aufsteigen.

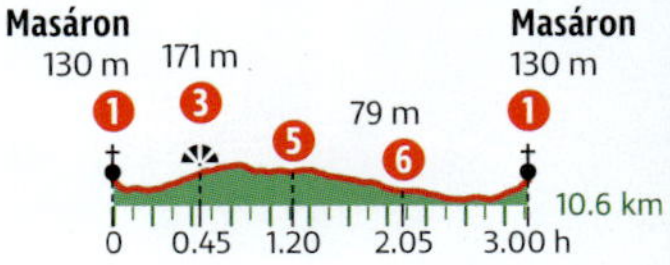

TOP

30

↗ 70 m | ↘ 70 m | 4.0 km

Von Líndos zum Grab des Kleóboulos

1.30 h

Kurzwanderung mit großartigen Aussichten auf türkisblaue Buchten

Auf steinigen Pfaden entlang der Küste wandern wir an einer Windmühle aus dem 19. Jh. vorbei bis zu einer alten Grabstätte. Um den Ort ranken sich wilde Mythen: Es heißt, dass hier der berühmte Kleóboulos, einer der Sieben Weisen der Antike, bestattet wurde. Zu Lebzeiten widmete sich dieser mit äußerster Vorliebe der Poesie und Philosophie. Da das Grab mehrmals geplündert wurde, ist bis heute nicht bekannt, ob er dort tatsächlich einmal lag. Von den kreisförmigen, massiven Mauern der Ruhestätte, die auf einer kleinen Anhöhe gelegen ist, bieten sich wundervolle Aussichten auf die Bucht von Líndos samt Akrópolis. – Eine reizvolle Genusstour, um dem Trubel in Líndos ein wenig zu entkommen.

Ausgangspunkt: Parkplatz oberhalb des nördlichen Strandes von Líndos, 25 m. Von der Bushaltestelle »Líndos Platía Kránas« an der Hauptstraße »Ródou – Líndou« geht es Richtung Líndos abwärts. Kurz vor dem Kreisverkehr zweigt ein Sträßchen nach links ab. Folgen wir diesem geradeaus, kommen wir zum Ausgangspunkt. Häufig KTEL-Busse der Linie Rhódos-Stadt – Gennádi. Von der Bushaltestelle »Líndos Platía Kránas« ist der Ausgangspunkt in etwa 12 Min. zu erreichen (600 m, 50 m Höhenunterschied).
Anforderungen: Kurze, einfache Wanderung auf einem schmalen, teils steinigen, gut markierten und sehr sonnigen Pfad. Kurzer felsiger Anstieg beim Grab. Für Kinder ab 5 Jahren geeignet.
Einkehr: Unterwegs keine. Tavernen und Cafés in Líndos.
Unterkunft: Viele Möglichkeiten in und um Líndos.

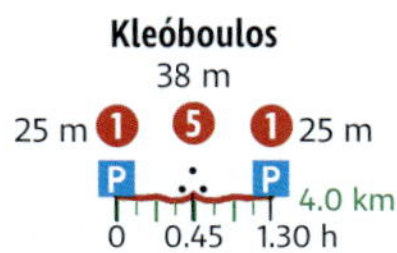

Am Ende des **Parkplatzes** ❶ folgen wir in der steil abfallenden Rechtskurve der Beschilderung zum Grab des Kleóboulos halb links aufwärts. Noch vor dem Tor zu einer weiteren Parkfläche halten wir uns links und laufen links der Mauer durch ein Gatter und entlang der Mauer bis zu einem **Denkmal** ❷. Dort beginnt

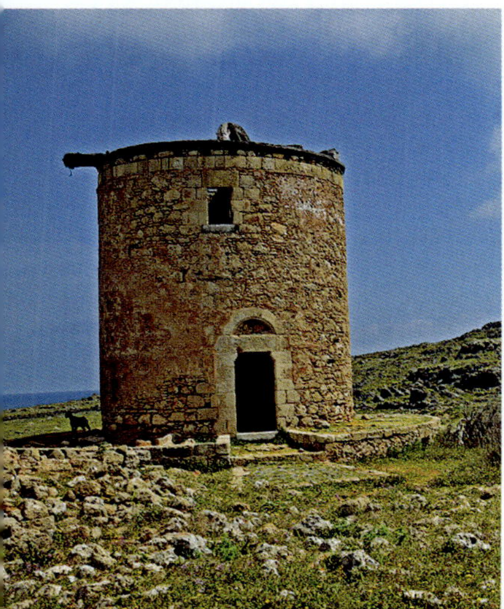

Überreste einer alten Windmühle ragen einsam in karger Landschaft empor.

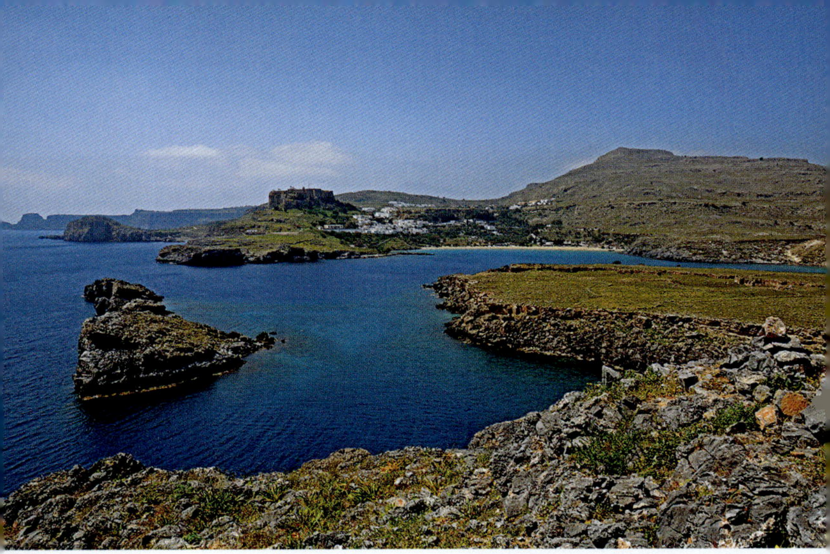

Während der Wanderung eröffnen sich grandiose Aussichten auf Líndos.

ein gut ausgetretener, schmaler Pfad, der sich durch die karge Landschaft schlängelt. An einer **Gabelung** ❸ halten wir uns halb rechts und folgen dem Hauptweg an der Küste entlang und durch einen Mauerdurchbruch bis zu der weithin sichtbaren **Windmühlen-Ruine** ❹. Steintürmchen weisen uns dabei den Weg. Von dort geht es geradeaus weiter auf den steinigen Hügel, auf dessen Gipfel das kreisrunde Grab des **Kleóboulos** ❺ thront. Zurück zum **Parkplatz** ❶ geht es auf demselben Weg.

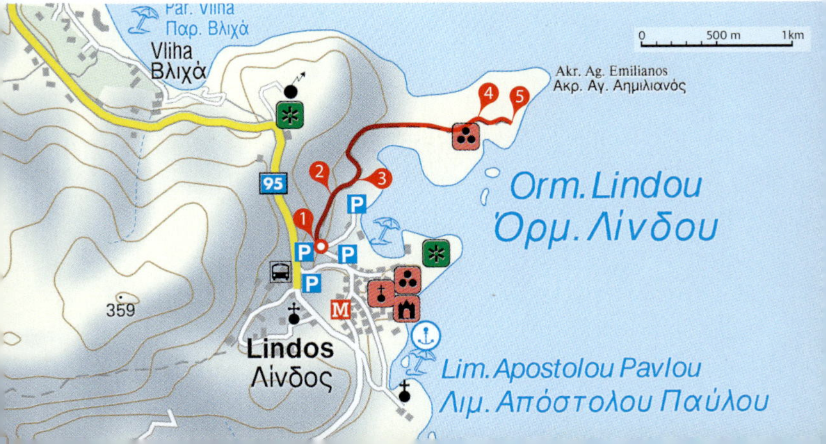

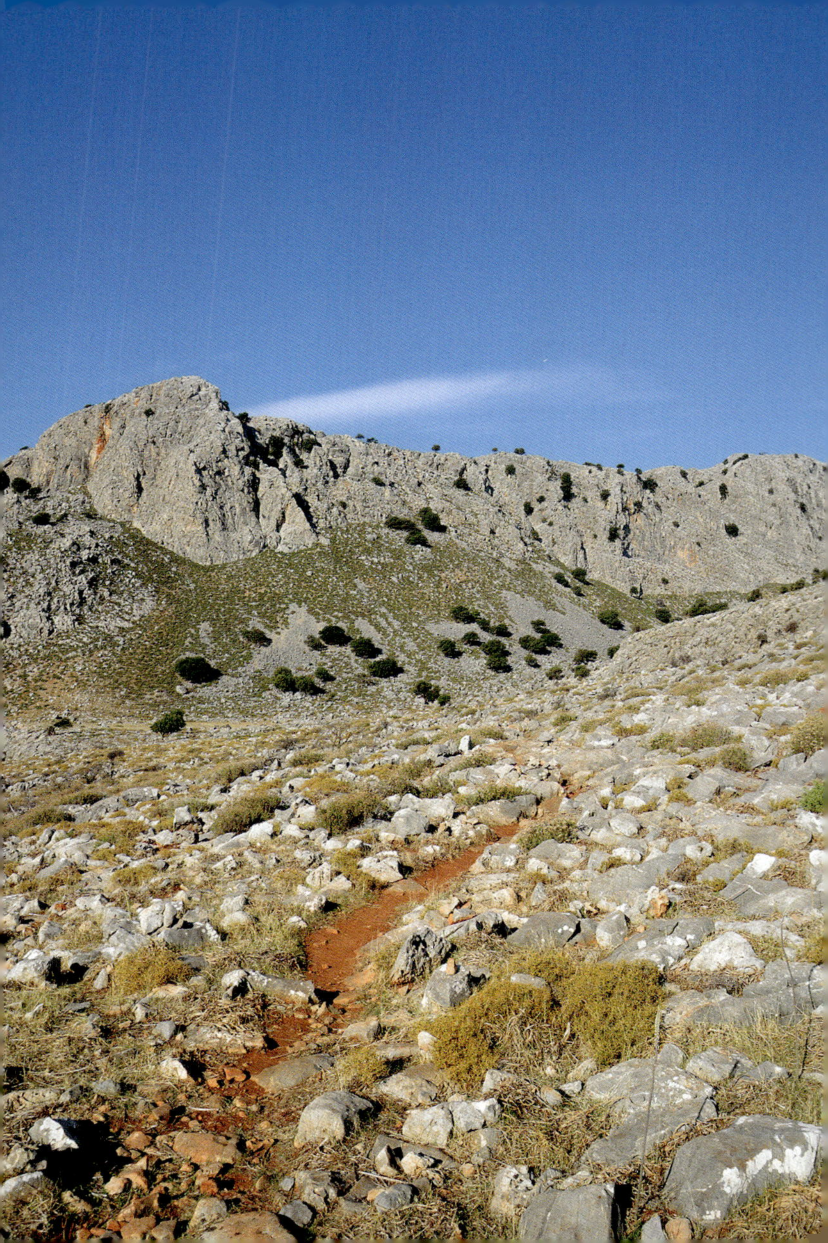

Das Marmári-Massiv bei Líndos

Auf schmalen Pfaden durch ein beeindruckendes Gebirge

Diese einzigartige Wanderung führt durch wildes, karges Bergland, am spitzen Gipfel des Marmári vorbei und durch ein fantastisches Hochtal, das von mächtigen Felswänden gesäumt wird. Dort sind die trockenen Bergwiesen mit gewaltigen Felsbrocken gespickt, beinahe wie in einer Skulpturausstellung. Der Abstieg führt durch Eichenwäldchen und Feldfluren bis zum Sandstrand von Vlichá, der zum Baden und Entspannen einlädt. Zurück nach Líndos geht es an einer Höhlenkapelle und einem wunderbaren Aussichtspunkt vorbei.

Ausgangspunkt: Bushaltestelle »Líndos Platía Kránas« am Parkplatz oberhalb von Líndos an der Hauptstraße »Líndou – Ródou«, 70 m. Häufig KTEL-Busse der Linie Rhódos-Stadt – Gennádi.
Anforderungen: Mittelschwere, sonnige Wanderung auf steinigen Pfaden. Trittsicherheit und ein gewisses Maß an Orientierungsvermögen hilfreich. Markierung durch Steintürmchen und rote Punkte.
Einkehr: Tavernen an der Vlichá-Bucht und in Líndos.
Unterkunft: Viele, aber nicht ganz günstige Möglichkeiten in und um Líndos.
Variante: Vom Aussichtspunkt ⓬ gehen wir wenige Meter zurück bis kurz vor den Nachtclub und steigen dort nach rechts abwärts. Wir machen eine Kehre und laufen parallel zum Parkplatz am Hang entlang. Noch bevor der Parkplatz rechts über uns endet, können wir einen gut ausgetretenen Pfad erkennen, der mit roten Punkten und Steintürmchen markiert ist und Richtung Líndos führt. Er leitet uns bis zu einer markanten Baumgruppe am Hang. Kurz darauf steigen wir nach links eine Steilstufe hinab. Es können die Hände zum Einsatz kommen. Nach dem steilen Abschnitt teilt sich der Weg – wir wandern nach rechts weiter, von nun an zeigen uns nur mehr Steintürmchen den Weg. Wir passieren einen Geröllhaufen rechts des Pfades. An einer Gabelung kurz dahinter wählen wir den linken Pfad. Er führt uns zunächst geradeaus abwärts Richtung Strand und dann nach rechts zu einem Denkmal. Dort biegen wir entweder nach links, um auf der Tour 30 weiterzuwandern, oder nach rechts, um nach Líndos zu gelangen. Für Letzteres leitet uns eine Mauer zu einem Gatter, das wir durchqueren, dahinter laufen wir geradeaus weiter auf einen asphaltierten Parkplatz zu. Dann geht es die Straße nach links aufwärts weiter bis zu einem Stoppschild. Folgen wir der Straße rechts bergauf, erreichen wir wieder den Ausgangspunkt ❶. Mittelschwer. Gesamtstrecke mit Variante als Rückweg: 3.30 h, 9,4 km, 350 m Höhenunterschied.
Anschlusstour: Tour 30. Dazu einfach per Variante zum Denkmal ❷ der Tour 30 oder vom Ausgangspunkt ❶ hinab nach Líndos laufen und kurz vor dem Kreisverkehr dem Sträßchen nach links zum Ausgangspunkt der Tour 30 folgen.
Kurztour: Wer die Wanderung um eine Stunde abkürzen und nicht zur Bucht von Vlichá absteigen möchte, kann auch einfach an der Hauptstraße »Líndou – Ródou« in einen Bus steigen. Die Bushaltestelle Richtung Líndos liegt direkt an der Asphaltstraße, die nach Vlichá abwärts führt, die Haltestelle Richtung Rhódos befindet sich ein paar Meter davor.

Ein schmaler Bergpfad führt uns in das Marmári-Massiv.

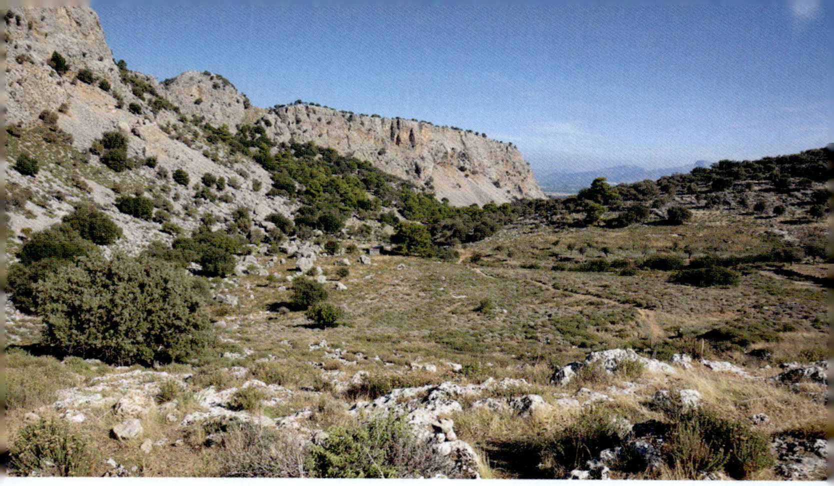

Auf dieser Ebene finden wir Überreste einer landwirtschaftlichen Siedlung.

Von der **Bushaltestelle** ❶ wandern wir am Supermarkt Flora vorbei, laufen schräg über den Parkplatz und biegen nach rechts auf eine schmale Asphaltstraße. Abzweigungen nach links und rechts lassen wir unbeachtet, sie führen zu mehreren Hotelanlagen. In der Mitte einer Linkskurve entdecken wir rechts ein Steintürmchen und rote Punkte auf Steinen, die den Anfang des **Pfades** ❷ nach rechts oben in die Berge markiert. Nach gut 5 Min. auf dem rot markierten Pfad queren wir einen **Mauerdurchbruch** und steigen weiter bergauf. Wir erreichen bald die erste Anhöhe mit einem etwa ein Meter hohen **Steintürmchen** ❸. Nun führt der Weg fast eben, manchmal sanft abfallend weiter. Vor uns ragt der **Gipfel Marmári**, 459 m, auf.

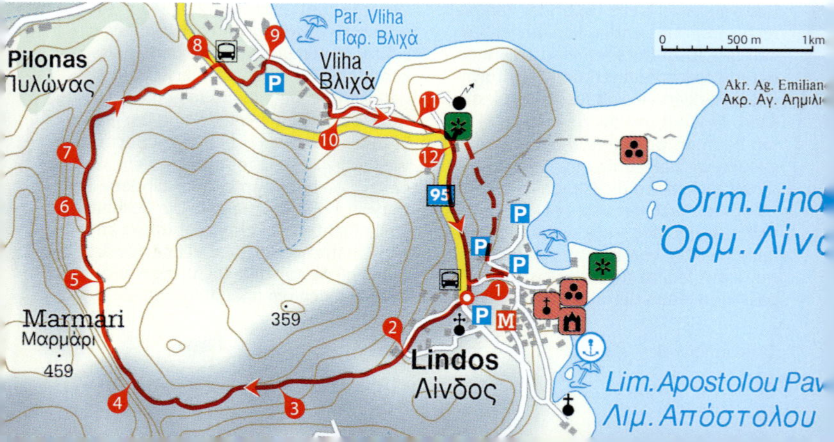

Wir wandern rechts an einer olivenförmig eingemauerten Landwirtschaftsfläche vorbei. Der Weg verläuft danach in einer langen Rechtskurve und führt uns zu einer ebenen, mit riesigen Felsblöcken gespickten **Freifläche** 4. Nun gehen wir parallel zu den mächtigen Felswänden weiter auf dem schmalen, steinigen Pfad. Wir erreichen bald ein **Kermes-Eichenwäldchen** 5, das für angenehmen Schatten in der kargen Landschaft sorgt. Bald erblicken wir unter uns zwei Hütten. Wir steigen zu ihnen hinab und kommen an einem großen **Höhlenschlund** 6 vorbei. Danach passieren wir zunächst zu unserer Rechten die Wellblechhütte und folgen dem Weg ein paar hundert Meter geradeaus. In der Linkskurve neben einem Ziegenverhau wandern wir geradeaus auf einem schmalen Pfad weiter, der uns durch ein schon lange nicht mehr durchflutetes, mit Salbei überwuchertes, steiniges **Bachbett** führt. Bald treffen wir wieder auf den steinigen **Feldweg** 7, dem wir nun immer geradeaus, zuletzt asphaltiert, bis zur **Straße »Líndou – Ródou«** 8 abwärts folgen. Dort gehen wir etwa 80 m nach rechts und biegen dann nach links auf eine Asphaltstraße ab, die uns bis zur Straße am **Strand von Vlichá** 9 führt. Wer nicht baden möchte, biegt nach rechts und folgt der Straße bis zum Ende des Strandes. Dort steigt sie steil auf und endet neben einer Hoteleinfahrt vor einer Felswand. Hier wählen wir den **Schotterweg** 10 nach links oben, halten uns an der ersten Kreuzung halb links und biegen dann in einer Linkskurve auf einen schmalen, mit Steintürmchen markierten Pfad ab. Er führt uns hinauf zu einer kleinen **Höhlenkapelle** 11. Den Rücken zur Kapellentür, gehen wir nach rechts und steigen über ein paar Felsen. Danach wandern wir am linken Rand einer großen, glatten Felsfläche, später auf einem schmalen Pfad hinauf bis zur Straße »Líndou – Ródou«. Wir folgen ihr geradeaus und erreichen einen beliebten **Aussichtspunkt auf Líndos** 12. Den letzten Kilometer laufen wir auf dem breiten Seitenstreifen der Straße zurück zum **Ausgangspunkt** 1 (15 Min., 30 Hm). Alternativ kann auch über den steinigen Hang bis nach Líndos gewandert werden (siehe Variante).

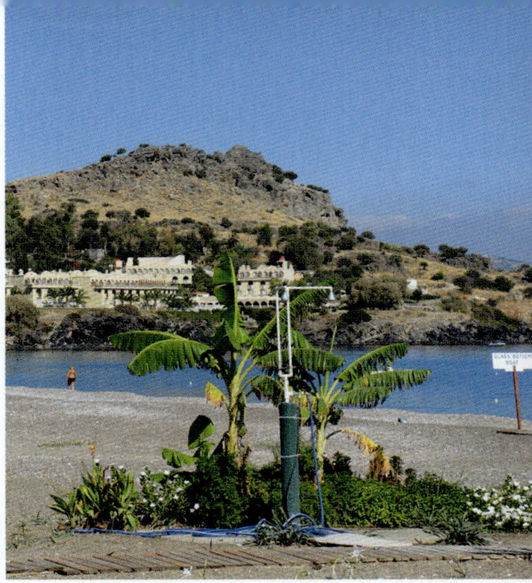

Am Strand von Vlichá kann eine Rast eingelegt werden.

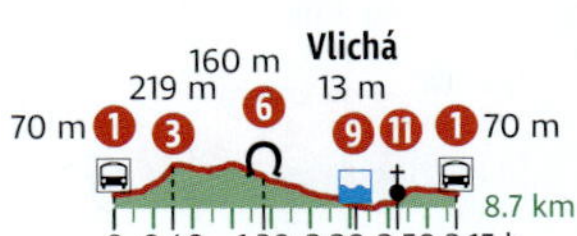

↗ 250 m | ↘ 250 m | 7.5 km

32 Rund um das Kloster Ipsenís

2.30 h

Vom versteckten Blumenkloster durch die verbrannten Wälder von Lárdos

Das hübsche Kloster Ipsenís mit seiner wundertätigen Marien-Ikone ist ein kleines Idyll. Die dort lebenden Nonnen kümmern sich liebevoll um Blumen und Obstbäume im Hof. Vom Gipfel eines kleinen Berges können wir die gesamte Klosteranlage überblicken und laufen danach auf breiten Wegen durch das Waldgebiet, das 2023 dem großen Feuer auf Rhódos zum Opfer fiel. Nichtsdestotrotz bieten sich einzigartige Aussichten auf die Bergwelt und das Dorf Lárdos.

Ausgangspunkt: Kloster Ipsenís, etwas außerhalb von Lárdos. Kurz hinter dem südwestlichen Ortsausgang von Lárdos führt eine ausgeschilderte Asphaltstraße zu dem Kloster. KTEL-Busse fahren mehrmals täglich von Rhódos-Stadt und Líndos bis nach Lárdos, Haltestelle »Lárdos Kentro«. Von dort lässt sich das 4 km entfernte Kloster trampend oder zu Fuß über die ansteigende Straße erreichen (1.20 Std., 170 Höhenmeter).
Anforderungen: Leichte Wanderung auf breiten Waldwegen, ein kurzes Stück auf einer schmalen Straße. Halbschattig bis sonnig. Keine Markierung, aber einfach zu finden.
Einkehr: Unterwegs keine. Die Nonnen im Kloster servieren ihren Gästen meist kleine Snacks und Getränke. Tavernen in Lárdos.
Unterkunft: Viele Möglichkeiten in und um Lárdos und Líndos. Wer mit den Nonnen ins Gespräch kommt, kann auch höflich nachfragen, ob im Kloster in den Gästezimmern genächtigt werden darf.
Variante: Wer Trittsicherheit und Schwindelfreiheit mitbringt, kann in dem teilweise etwas zugewachsenen Bachbett ❼ bis zum Kloster zurücklaufen. Wir folgen dem ausgetrockneten Wasserlauf gut 30 Min., bis knapp 60 m links des Bachbettes eine unscheinbare Wellblechhütte zwischen den Kiefern erscheint, zu der wir wandern. Von der Hütte folgen wir einem schmalen Pfad nach links zurück zum Kloster. Nicht nach starken Regenfällen begehen! Mittelschwer.
Tipp: Das Kloster ist im Sommer tgl. 9–20 Uhr geöffnet, im Winter 9–13 und 16–19 Uhr. Im Kloster sollte angemessene, lange Kleidung getragen werden.
Hinweis: Es besteht in den verbrannten Gebieten die Gefahr umstürzender Bäume – vor allem bei starkem Wind.

Vom Eingang zum **Kloster Ipsenís** ❶ folgen wir der Betonstraße, die oberhalb des Parkplatzes den Hang hinaufführt. Nach wenigen Metern erreichen wir einen steinernen Bogen, durch den wir auf einem Kreuzgang hinauf zu einem großen, weißen **Beton-Kreuz** ❷ aufsteigen. Von dort kann die gesamte Klosteranlage überblickt werden.

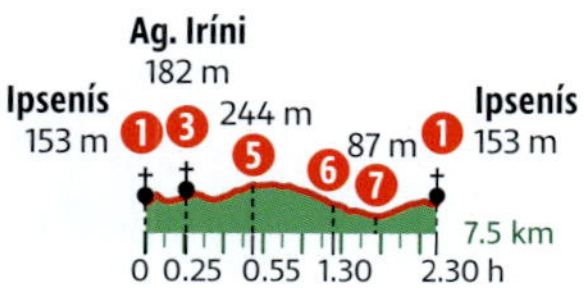

Wieder zurück auf der Straße biegen wir nach rechts, linker Hand sehen wir eine Kapelle. Wir folgen

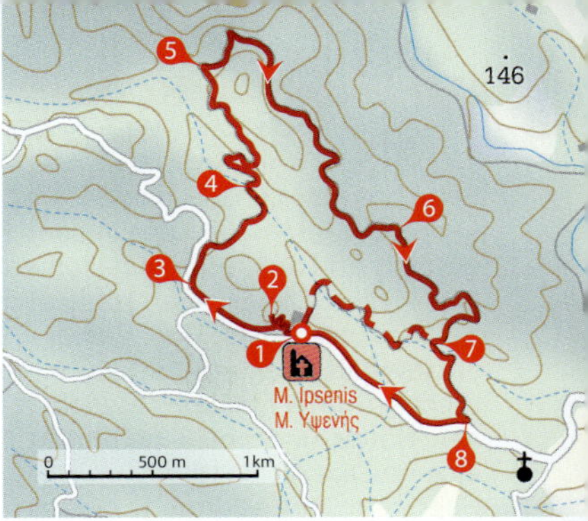

dem Weg immer geradeaus und gelangen so zur **Kapelle Ag. Iríni 3**. Nur wenige Minuten laufen wir auf dem für kurze Zeit betonierten Weg weiter und biegen an der nächsten Kreuzung nach rechts abwärts in den Wald. Wir überqueren ein **Bachbett 4** und wandern danach etwa 15 Min. den Waldweg aufwärts. Dann sehen wir links von uns zwischen den Bäumen alte **Hausruinen 5**. Wenige Meter weiter laufen wir an einer Kreuzung nach rechts. Es ergeben sich schon bald fantastische Ausblicke auf die Bergwelt um Lárdos, und bald darauf bekommen wir auch das Dorf selbst vor uns zu Gesicht.

Wir wandern auf dem Weg etwa 30 Min. abwärts und erreichen dann eine **Kreuzung 6**, an der wir uns rechts halten. An der nächsten Gabelung geht es ebenfalls nach rechts weiter. Kurz darauf passieren wir ein breites, mit Oleander bewachsenes **Bachbett 7**.

Wer nicht auf der Straße zurücklaufen möchte, kann hier nun dem Bach nach rechts aufwärts bis zum Kloster zurück folgen (siehe Variante).

Für alle anderen geht es auf dem Weg weiter, bis wir kurz hinter einem Silo auf die **Asphaltstraße 8** treffen. Nach rechts geht es in etwa 20 Min. wieder zurück zum **Kloster Ipsenís 1**.

Das Kloster Ipsenís – vor dem Brand in hügelige Waldlandschaft gebettet.

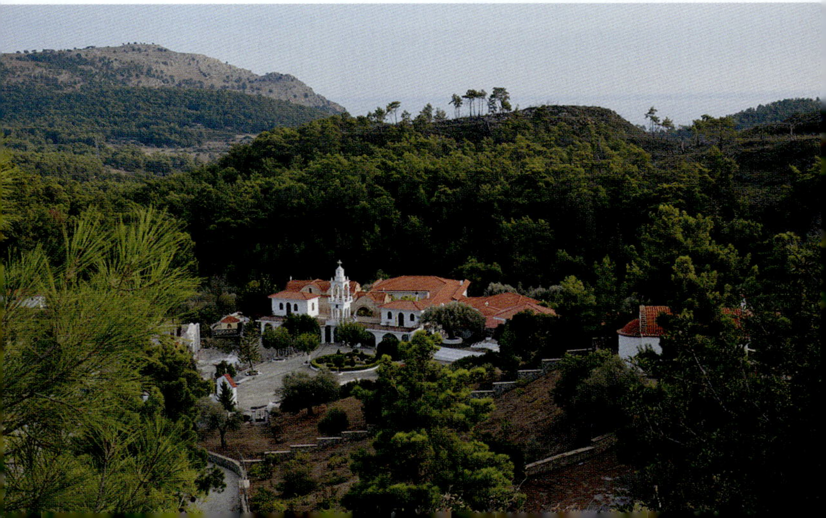

Der Süden ab Monólithos und Asklipío

Wer im Süden unterwegs ist, vergisst leicht, dass Rhódos eine der meistbesuchten Inseln Griechenlands ist. Mitten im Nirgendwo verstecken sich kleine, byzantinische Kapellen und Klöster, in den urigen Dörfern wird Távli gespielt und an einsamen, kilometerlangen Sandstränden rauschen Wind und Wellen. Die einzigen touristischen Orte sind **Gennádi** und **Kiotári** an der östlichen Küste. Dort sind erst vor ein paar Jahren neue Hotelanlagen entstanden, die größtenteils All-inclusive-Urlaub anbieten und mit authentisch griechischem Inselleben herzlich wenig zu tun haben. Die kleinen Hotels und privat geführten Apartments in den Dörfern sind meist eine bessere Alternative.

Über dem Dorf **Asklipío** thront eine alte Burgruine (Tour 33), an der Platía befinden sich ein Heimatmuseum und eine der ältesten Kirchen der Insel mit schönen Fresken aus dem 17. Jh. Etwas weiter südlich befindet sich **Váti** (ausgesprochen »Wáti«), eines der kleinsten Dörfer von Rhódos. Ein Abstecher in das verwinkelte Häuserlabyrinth lohnt sich, am Ortsrand lassen sich außerdem zwei alte Windmühlen entdecken (Tour 34). In **Lachaniá** ist weitaus mehr los. Hier siedelten sich einst viele Kunstschaffende an und renovierten die alten, griechischen Häuser. Auch wenn viele Kreative mittlerweile wieder weggezogen sind, verleihen die hübschen Häuschen dem Dorf immer noch eine sehr charmante Atmosphäre (Tour 36).

Die Südspitze **Prasonísi** ist das Windsurf-Eldorado von Rhódos. Eine 800 m lange Sandbank trennt hier das leichte vom schwierigen Surfrevier und bietet Wasserspaß für alle Könnensstufen (Tour 37).

An der westlichen Küste liegt das Dorf **Apolakkiá**, das im Hochsommer sein inselweit bekanntes Melonenfest veranstaltet. Die Festivitäten finden an dem nahen, hübsch gelegenen **Stausee von Apolakkiá** statt (Tour 40). Ganz in der Nähe, rund um **Arnítha** verstecken sich uralte Kirchen im Wald (Tour 39). In dem schnuckeligen Dörfchen scheint die Welt noch in Ordnung. Hin und wieder wird das **Kloster Filímonas** von Ausflugsbussen angefahren. Ansonsten heißt es hier: Entspannen und die Ruhe genießen! Im beeindruckenden Bergland des Südens liegt

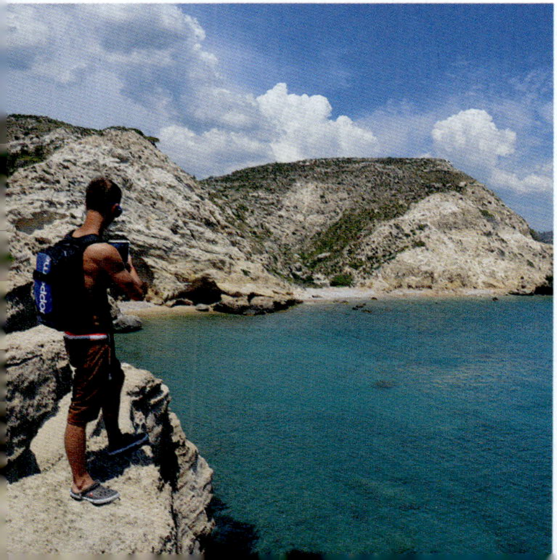

Blick vom Kap Foúrni.

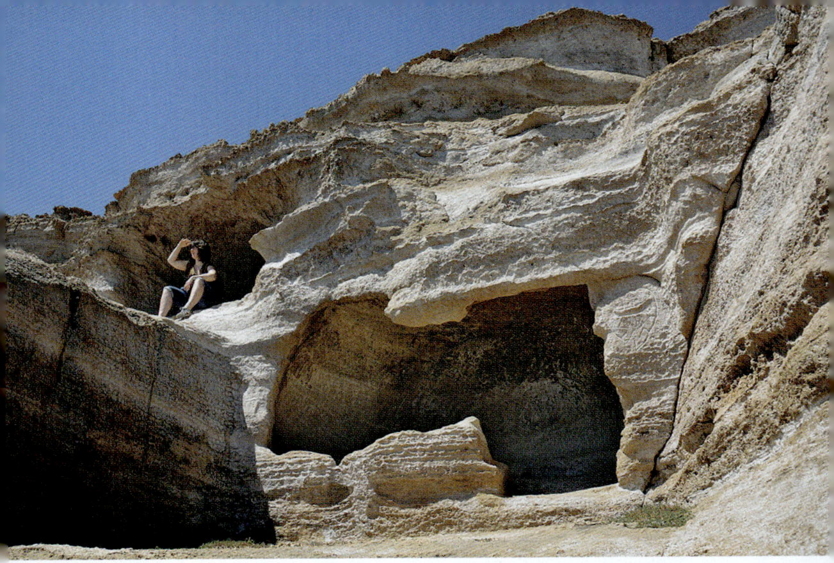

Auf dem Kap Foúrni stoßen wir auf viele von Menschenhand erschaffene Höhlen.

an der serpentinenreichen Straße nach **Mesanagrós** das Wallfahrtskloster **Skiádi** (Tour 38). Fernab der touristischen Routen lassen sich außerdem die hübschen Bergdörfer **Ístrios** und **Profília** erkunden. Ein altes Kastell an der abfallenden Küste bei **Monólithos** bringt viele Gäste in die Gegend. Auf Meeresniveau befindet sich dort die schöne **Bucht von Foúrni**, an der auf einer Landzunge alte Höhlen entdeckt werden können (Tour 41) oder auch einfach nur am Strand entspannt werden kann. Die Menschen im Süden sind sehr freundlich und aufgeschlossen. Hier wird noch traditionell von der Landwirtschaft gelebt und Gäste werden nach der Manier der filoxenía – der griechischen Gastfreundschaft – empfangen.

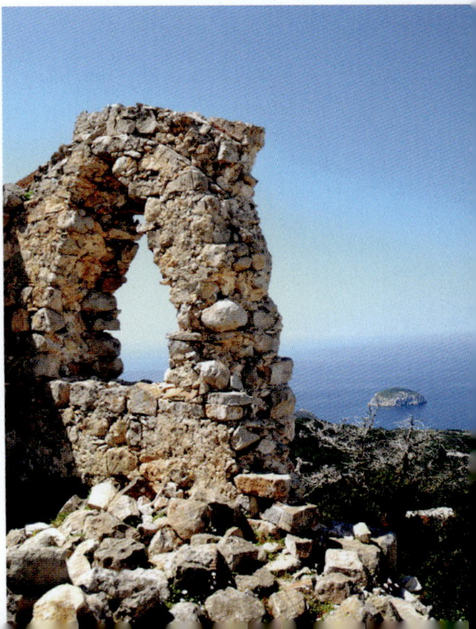

Aussicht von der Burgruine von Monólithos.

↗ 280 m | ↘ 280 m | 9.9 km

33 Rund um das Kastell von Asklipío

3.15 h

Von einer alten Burg durch Olivengärten zu einsamen Kapellen

Vom hübschen Dörfchen Asklipío steigen wir zu den Überresten einer Festung aus dem 15. Jh. auf. Weiter geht es durch hügelige Olivenhain-Landschaft mit Blicken ins ehemalige Waldbrandgebiet zu versteckten Kirchlein im Nirgendwo. In der Gegend ist kaum etwas los – das wissen auch die wilden Hirsche und Rehe zu schätzen, die hier oft am Wegrand zu beobachten sind.

Ausgangspunkt: Kirche von Asklipío am Dorfplatz, 165 m. Anfahrt am besten per Mietfahrzeug. Wer mit dem KTEL-Bus der Linie »Rhodos-Stadt – Gennádi« anreisen möchte, müsste von der Haltestelle »Kiotári Diastávrosi« aus 3,4 km auf der Straße bergauf bis nach Asklipío laufen (1 h, 150 m Höhenunterschied) oder trampen.

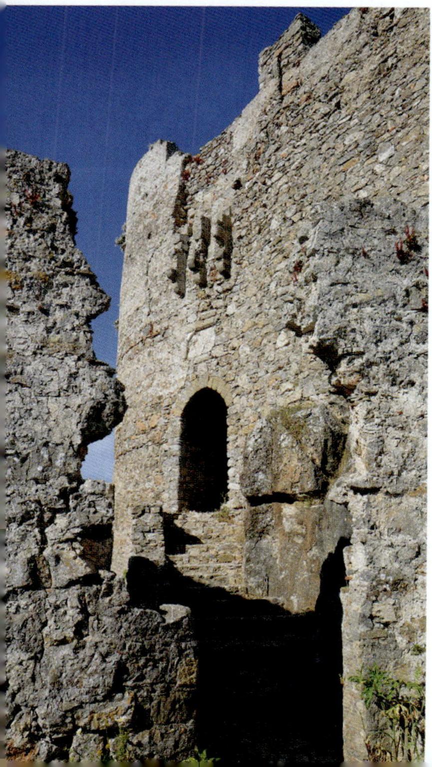

Anforderungen: Mittelschwere, sonnige Wanderung. Meist auf breiten Wald- und Feldwegen, die einfach zu begehen sind. Steile Abschnitte am Anfang rund um das Kastell.

Einkehr: Unterwegs keine. Mehrere Tavernen in Asklipío. Besonders zu empfehlen: die Taverne Nikólas direkt an der Platía beim Abzweig zum Kastell. Hier werden eigene ökologisch angebaute Oliven serviert und saisonabhängig auch Gemüse aus dem eigenen Garten.

Unterkunft: Zimmervermietung in Asklipío. Hotels in Kiotári, Gennádi, Líndos und Lárdos.

Kurztour: Eine anderthalbstündige, mittelschwere Kurztour bietet sich an, wenn nur über den Berg des Kastells bis zur Asphaltstraße 5 gewandert wird und von dort direkt nach links wieder zurück bis nach Asklipío. 4,4 km, 160 m Höhenunterschied.

Tipps: Das Heimatmuseum und die Kirche in Asklipío sind in den Sommermonaten ca. 9–18 Uhr geöffnet. Das Donkey-Cruise-Team bietet rund um Asklipío tolle Ausflüge mit Eseln an.

Im Kastell von Asklipío fällt es leicht, sich in mittelalterliche Zeiten zurückzuversetzen.

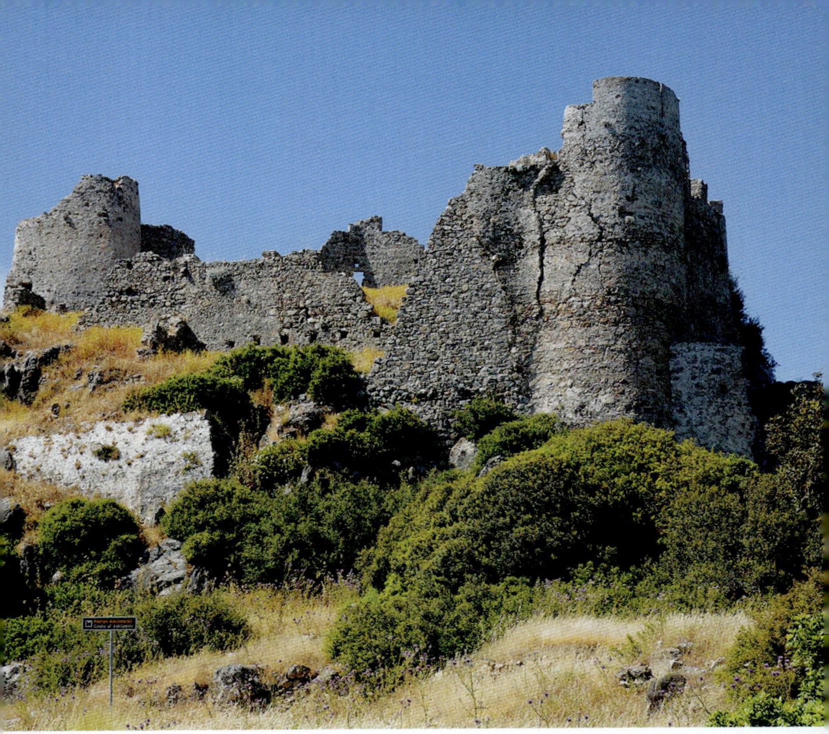

Über dem Dorf Asklipío erhebt sich eine alte Burg.

Die Kirche von **Asklipío 1** im Rücken, überqueren wir den Parkplatz schräg links, biegen nach dem Kindergarten nach links und laufen bis zur Straße. Dort folgen wir rechts der Taverne Nikólas der Beschilderung zum »Castle«. Das zunächst gepflasterte Sträßchen führt steil aufwärts. Nach etwa 250 m weist ein weiteres Schild nach links auf einen Betonweg zum Kastell. Wir folgen den Serpentinen bis zu der alten **Burgruine 2**.
Nach der Besichtigung laufen wir von den unteren Treppenstufen auf einem Feldweg links des Betonweges 30 Meter weiter und steigen dann auf das etwas erhöhte Plateau links von uns. Links befindet sich etwa 30 m entfernt ein Wassertank aus Beton. Wir steuern links eines halbkugelförmigen, immergrünen, breiten Busches auf einem schmalen, steinigen Pfad hinab zum **Sportplatz 3**. Dort erreichen wir eine Asphaltstraße und laufen auf ihr nach links weiter. Nach knapp 400 m trifft eine breite Piste von links oben auf die Straße. Auf ihr steigen wir immer geradeaus den Hang hinauf. Auf dem Hochplateau angekommen, ignorieren wir eine Piste von

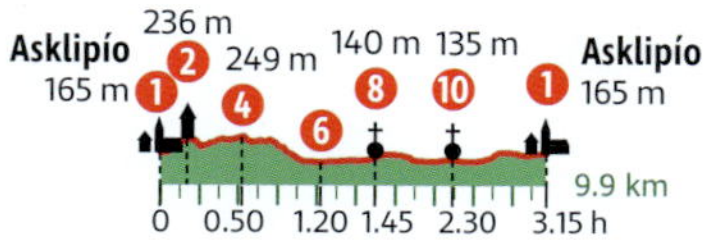

links und folgen der darauffolgenden Piste nach rechts oben bis zu einem **Feuerwachthäuschen** 4 mit schönem Ausblick auf das Kastell. Wir wandern wieder zurück zur letzten Kreuzung direkt am Fuße des Feuerwacht-Hügels und folgen einem Fahrweg nach rechts durch Olivenbäume. Lassen wir alle Abzweigungen nach links und rechts unbeachtet und gehen immer weiter geradeaus, führt er uns – zuletzt steil und steinig abfallend – zu einer T-Kreuzung, auf der wir nach links bis zu einer **Asphaltstraße** 5 laufen. Hier wandern wir nach rechts und folgen gleich darauf einer schmalen Asphaltstraße geradeaus, die mit einem braunen Wegweiser zur Kapelle Ág. Geórgios Kounará gekennzeichnet ist. An der darauffolgenden Kreuzung halten wir uns rechts in Richtung der dort ausgeschilderten Kapelle Ág. Zacharía, an einer weiteren Weggabelung wandern wir geradeaus auf einen Schotterweg und nicht nach rechts in Richtung der ausgeschilderten Kapelle Pigí Arosáli. An der nächsten Kreuzung laufen wir geradeaus auf dem Hauptweg weiter, der unmittelbar danach eine Linkskurve an einem

Das breite Flussbett des Agrenós führt im Tal an Asklipío vorbei.

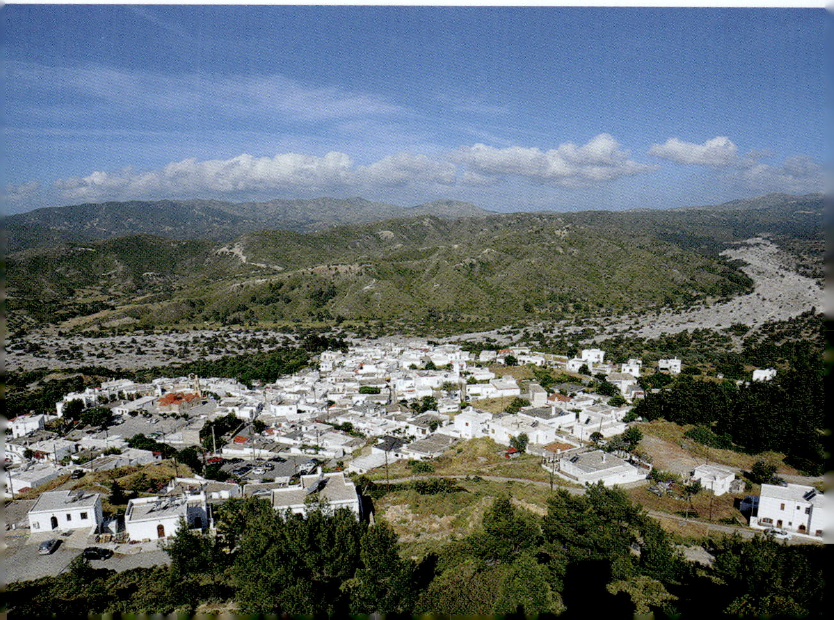

Zaun entlang beschreibt. An der darauffolgenden **Kreuzung** 6 bei einem Tor geht es nach rechts sanft abwärts. Nach knapp 200 Metern biegen wir nochmals nach rechts und erreichen nach kurzer Zeit eine **plusförmige Kreuzung** 7, an der wir geradeaus weiterwandern. Wir lassen zwei Abzweigungen unbeachtet und erreichen eine Kreuzung, an der wir nach links in Richtung der ausgeschilderten Kapelle »St. Kosmas and Damian« wandern. Wir folgen dem Hauptweg immer geradeaus und erreichen so die **Kapelle Ágii Anágiri** 8 (Kosmas & Damian). Weiter geht es auf dem breiten Fahrweg, nun mit schöner Aussicht in die Bergwelt des Südens, deren Wälder 2023 den Flammen eines riesigen Feuers zum Opfer fielen. Wir erreichen eine **T-Kreuzung** 9 und biegen dort nach links. Wir steigen leicht aufwärts und halten uns an einer plusförmigen Kreuzung geradeaus. Wandern wir nun immer geradeaus weiter auf dem Hauptweg, so erreichen wir wieder die **plusförmige Kreuzung** 7, an der es nun nach rechts weitergeht. Gut zweihundert Meter weiter biegen wir auf den breiten Fahrweg nach rechts. Kurz darauf bleiben wir halb links auf dem breiteren Hauptweg und biegen an der nächsten Kreuzung nach rechts zur **Kapelle Geórgios Kounará** 10, in der es ein paar alte Fresken zu sehen gibt. Wir gehen wieder zurück und halten uns an der Kreuzung nahe der Kapelle halb rechts, ignorieren danach Pisten von beiden Seiten, erreichen ein Asphaltsträßchen und folgen diesem nach links. Wir wandern an den neugierigen Eseln des Donkey-Cruise-Teams vorbei, halten uns geradeaus und erreichen so wieder die **Asphaltstraße** 5 Asklipío – Láerma. Wir folgen ihr geradeaus und kommen an einer Parkbucht rechts der Straße vorbei, von der aus sich tolle Ausblicke auf das breite Flussbett des Agrenós ergeben. Leider wird von dort aus auch Müll den Hang hinabgekippt. An einer Kreuzung folgen wir dem mittleren Weg und gelangen so geradeaus durch die ersten Häuser des Dorfes wieder zur Platía von **Asklipío** 1.

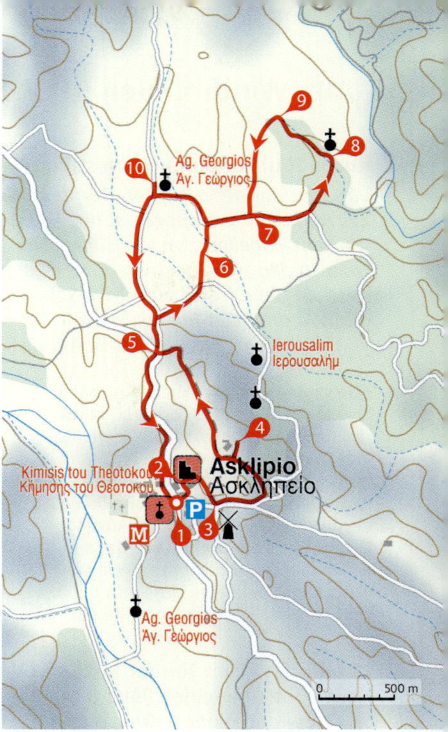

↗ 90 m | ↘ 90 m | 3.1 km

34 Alte Windmühlen bei Váti

1.00 h

Kurze Tour rund um einen stillen Weiler

Váti ist eines der ruhigsten Dörfer der Insel. Außer gelegentlichem Hundegebell und Geschirrklappern ist hier kaum etwas zu hören. Verschlafen liegt es in sanftem Hügelland im Inselsüden. Nur selten verirren sich Fremde in das Örtchen. In den zwei Tavernen unter einer großen Platane treffen sich die Einheimischen des Öfteren zum Távli-Spielen. Am Ortsrand stehen auf zwei Hügeln alte Windmühlen-Ruinen, die wir auf dieser Wanderung entdecken werden. Von dort oben bieten sich tolle Ausblicke auf das Dorf und die wilde Bergwelt.

Ausgangspunkt: Dorfkirche Ág. Ioánnis Theológos in Váti, 130 m. Ca. 50 m von der Taverne im Dorfzentrum entfernt. Parken direkt an der Kirche, am Straßenrand oder in kleinen Parkbuchten im Dorf.
Anforderungen: Leichte, sonnige Wanderung mit kurzem, steilem Anstieg. Größtenteils auf breiten Felswegen. Ein Teilabschnitt führt durch ein kiesiges, ausgetrocknetes Flussbett. Bei bzw. nach starken Regenfällen sollte das Flussbett nicht begangen werden. Für Kinder ab 5 Jahren geeignet.
Einkehr: Unterwegs keine. Mehrere Tavernen in Váti.
Unterkunft: Hotels in Kiotári und Gennádi.
Tipp: Etwas außerhalb von Váti auf einem Hügel steht die alte Kapelle Archángelos Michaíl Paralimiótis, von der sich tolle Ausblicke auf die südliche Berglandschaft ergeben.

Den Rücken zum Tor der **Kirche in Váti** ❶, gehen wir geradeaus auf gleicher Höhe über einen Platz und dann in eine Häuserschlucht hinein. Dort laufen wir an einer Y-Kreuzung halb links und danach nach links auf eine Straße, die uns zur Hauptstraße außerhalb des Ortes führt. Dort biegen wir nach links, folgen dem Straßenverlauf gut 50 m und steigen dann nach links über Treppenstufen zur ausgeschilderten **Kapelle Ág. Rafaíl Nikólas und Iríni** ❷. Rechts der Kapelle folgen wir einer steinigen Piste den Hügel hinauf.

Nach der Linkskurve am Hang weist bei einem Strommast ein Schild nach links auf einen schmalen Pfad zur **Windmühle Lachaniáti** ❸. Es sind noch die dicken runden Mauern samt schmaler Steintreppe vorhanden.

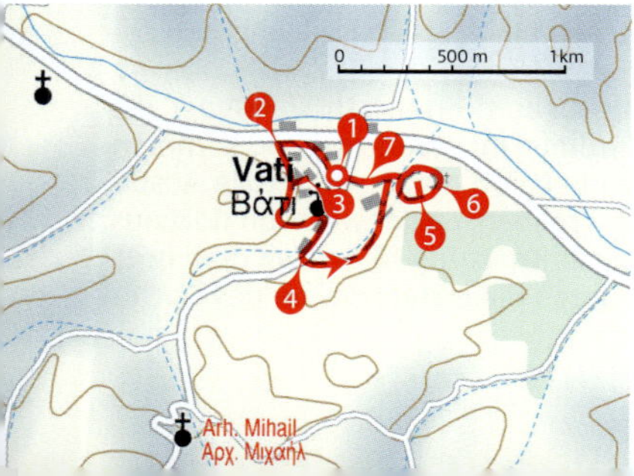

Zurück auf der Piste laufen wir an einem Wasserspeicher vorbei und wandern dann halb links auf einem Betonweg abwärts. Dort, wo die ersten Häuser stehen, halten wir uns an einer Kreuzung halb rechts. Bei der nächsten Kreuzung laufen wir nach rechts. Der Weg führt uns kurz vor

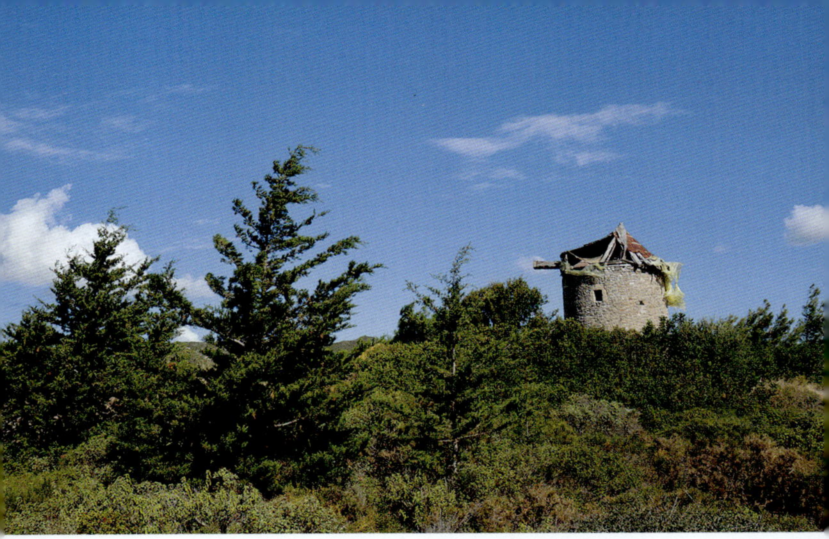

In der Windmühle Papagiórgi können wir ein altes Mahlwerk bestaunen.

einem Sportplatz zu einem flachen, breiten **Flussbett** ❹, in dem wir nun nach links weiterwandern. Nach etwa 140 m kreuzt eine Piste den Fluss. Wir laufen hier jedoch weiter im Flussbett und folgen erst nach etwa 10 Min. einem kreuzenden Betonweg nach rechts. Wenige Metern weiter weist uns ein Schild nach rechts auf einen breiten Weg zur nächsten Mühle. Wir steigen den Hügel hinauf und erreichen eine Kreuzung. Wandern wir nach links, erreichen wir die **Windmühle Papagiórgi** ❺. Diese Mühle ist viel besser erhalten als die vorherige – es ist sogar noch das hölzerne Mahlwerk zu sehen.

Zurück an der Kreuzung vor der Mühle wandern wir nach links auf einem schmalen Weg abwärts bis zum **Friedhof** ❻ von **Váti**. Wir betreten das Friedhofsgelände, folgen dem Betonweg nach links und steigen über Treppen abwärts auf den Platz vor der **Kapelle Ág. Geórgios**. Wir verlassen den Friedhof durch das Tor links von uns und wandern geradeaus auf den Betonweg, der uns kurz danach über das Flussbett führt. Direkt dahinter laufen wir geradeaus weiter und an der nächsten Kreuzung, kurz hinter einem Haus mit acht Säulen, halb rechts durch eine **Kleingartenanlage** ❼. An der Kreuzung danach weist uns schon ein Schild geradeaus zur Dorfkirche Ág. Ioánnis Theológos. Auch an den nächsten beiden Kreuzungen halten wir uns geradeaus und folgen dem Straßenverlauf durch eine Linkskurve, vorbei an den beiden Tavernen, bis zur **Kirche in Váti** ❶.

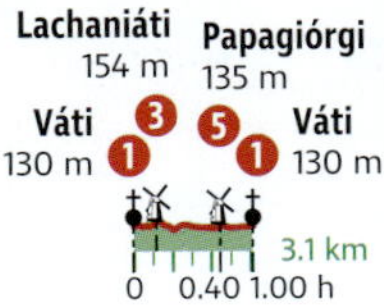

↗ 250 m | ↘ 250 m | 7.6 km

35 Von der Kapelle Ágios Thomás auf eine Hochebene 2.30 h

Schöne Aussichten von einsamen Anhöhen

Diese Tour beginnt in einem schattigen Tal und führt vorbei an alten Kapellen auf ein abgeschiedenes Hochplateau. Hier oben streunen wilde Ziegenherden umher und Rehwild grast auf den Bergwiesen. Über Getreidefelder und durch niedriges Phrýgana-Gestrüpp erreichen wir mehrere schöne Aussichtspunkte, die einzigartige Blicke auf das südliche Bergland von Rhódos eröffnen.

Ausgangspunkt: Kapelle Ág. Thomás, 130 m, nahe der Verbindungsstraße Lachaniá – Mesanagrós. Der Abzweig zur Kapelle ist ausgeschildert. Bei der Kreuzung nach dem Abzweig von der Verbindungsstraße links halten, dann geradeaus.
Anforderungen: Mittelschwere Wanderung auf breiten Feld- und Waldwegen sowie weglos durch niedrige Phrýgana-Vegetation. Orientierungssinn nötig. GPS empfohlen. Zu Beginn schattig, später sehr sonnig.
Einkehr: Keine.
Unterkunft: Apartments und Hotels in Lachaniá.

Von der **Kapelle Ág. Thomás** ❶ mit rußigen Fresken gehen wir bis zur schilfbestandenen Kreuzung der Anfahrtsstraße zurück und laufen dort nach links. Wir ignorieren alle seitlichen Abzweigungen und erreichen nach gut 10 Min. zwei Kapellen: zum einen die ausgeschilderte **Kapelle Zoodóchos Pigí** ❷ rechts auf einer kleinen Anhöhe sowie eine alte, baufällige Kapelle links des Weges.
Nach den kurzen Abstechern folgen wir der schattigen Piste weiter immer geradeaus aufwärts, bald steuern wir auf zwei große **Strommasten** zu. Bei einer Kreuzung auf einem Bergsattel, auf Höhe des zweiten großen Strommastes, biegen wir nach rechts. Wir erreichen die Hochebene und eine **schräge T-Kreuzung** ❸. Zunächst laufen wir hier links und folgen einem Feldweg, bis dieser in einer **Bergwiese** ❹ endet. Wir überqueren das Feld in gerader Richtung, steigen an dessen Ende kurz durch niedriges Phrýgana-Gebüsch und erreichen links von uns eine steile **Abbruchkante** ❺. Entlang dieser Kante wandern wir – in ausreichendem Sicherheitsabstand zum Abgrund – weiter bis zu einem kleinen **Bergsporn** ❻, der beeindruckende Ausblicke auf die südliche Ostküste und den runden **See Skolonítis** freigibt.

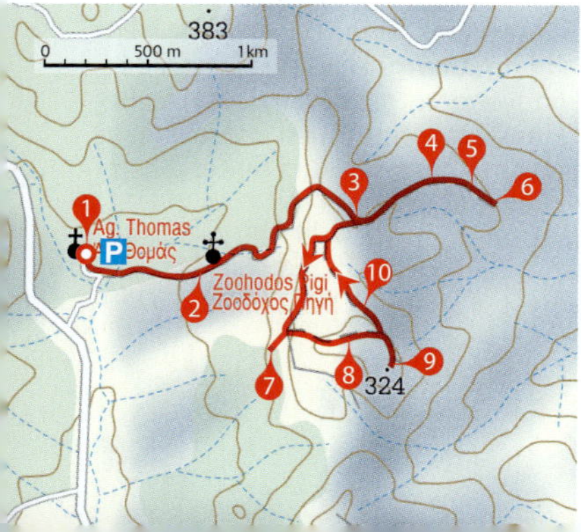

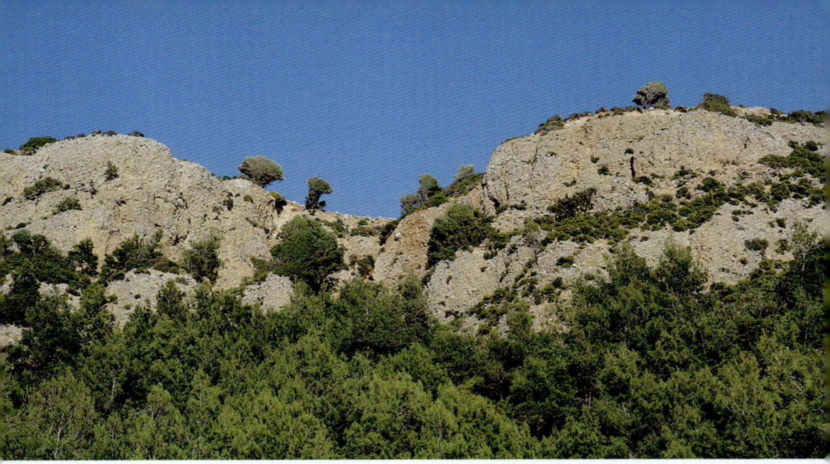

Hinter steilen Felswänden versteckt sich eine Hochebene.

Danach laufen wir wieder zurück bis zur **schrägen T-Kreuzung** ❸ und wandern dieses Mal geradeaus weiter. Wir ignorieren in einer Rechtskurve einen Pfad geradeaus und folgen dem breiten, steinigen Feldweg durch einsame Bergwiesen, bis er am Fuße eines Hügels in einer Bergwiese zu einem Pfad übergeht. Hier laufen wir geradeaus bis zu einer **Messsäule** ❼ aus Beton. Von dort überblicken wir nun die Bergwelt des Südens und erkennen rechts am Hang eines Berges das Dörfchen Mesanagrós. Wir kehren wieder um und laufen gut 60 m zurück, bis wir den Fuß des Hügels erreichen. Dort führt nach rechts ein unscheinbarer, weil überwachsener Pfad durch die Phrýgana-Flur gerade den Hang hinauf. Er verliert sich bald im niedrigen Gebüsch – wir laufen geradeaus weiter bis auf eine erste Anhöhe. Von dort steuern wir nun weglos auf zwei Bäume zu, die dort stehen, wo die etwas erhöhte, flach abgerundete Gipfelkuppe auf die Anhöhe trifft. Im besten Fall passieren wir so einen **Steinhaufen** ❽ und laufen danach noch etwa 130 m weiter geradeaus, bis wir auf eine zweispurige Piste treffen, die uns nach rechts bis zum **Gipfel** ❾ führt.

Von dort laufen wir auf der Piste wieder zurück, bis halb rechts ein ausgetretener **Trampelpfad** ❿ auf eine einsame Baumgruppe zusteuert. Nach der Baumgruppe halten wir auf das linke Ende eines kleinen Wäldchens zu und gelangen so wieder auf die Piste, die uns zum Messpunkt brachte. Ihr folgen wir geradeaus zurück, laufen bei der nächsten **Kreuzung** ❸ nach links und wandern dann auf derselben Route zurück zur **Kapelle Ág. Thomás** ❶.

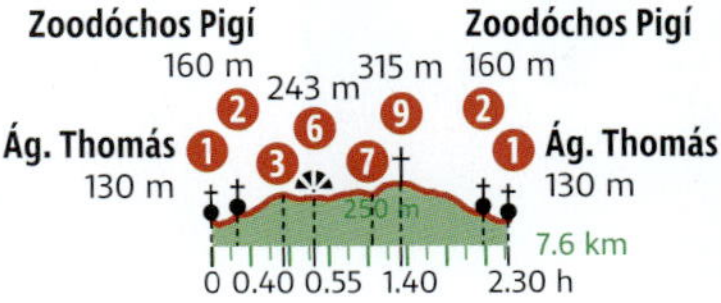

↗ 170 m | ↘ 170 m | 12.8 km

36 Von Lachaniá zum Strand von Plimíri

3.30 h

Savannenwanderung zu einem langen Sandstrand

Die alten Häuschen in Lachaniá wurden vor ein paar Jahren liebevoll restauriert und geben dem kleinen Dorf einen ganz besonderen Charme. Von dort geht es durch Felder und savannenartiges Buschland zur Bucht von Plimíri, wo sich neben einem kleinen Hafen auch nette Tavernen finden und ein langer Sandstrand zum Baden einlädt. Wer dem Handtuchgedrängel an den touristischeren Stränden entkommen will, ist hier genau richtig.

Ausgangspunkt: Taverne Plátanos, direkt neben der Kirche von Lachaniá, 55 m. Die Taverne ist von der breiten Hauptstraße, die von der Ostküste über Lachaniá nach Mesanagrós führt, gut ausgeschildert. Parken in Parkbuchten in Lachaniá.
Anforderungen: Mittelschwere, sehr sonnige Wanderung auf breiten Feldwegen und Pisten. Konzentration und Orientierungssinn sind wegen der vielen Abzweigungen und Kreuzungen erforderlich.
Einkehr: Tavernen am Strand von Plimíri und in Lachaniá.
Unterkunft: Apartments und Hotels in Lachaniá.

In Lachaniá haben Kunstschaffende viele traditionelle griechische Häuser renoviert.

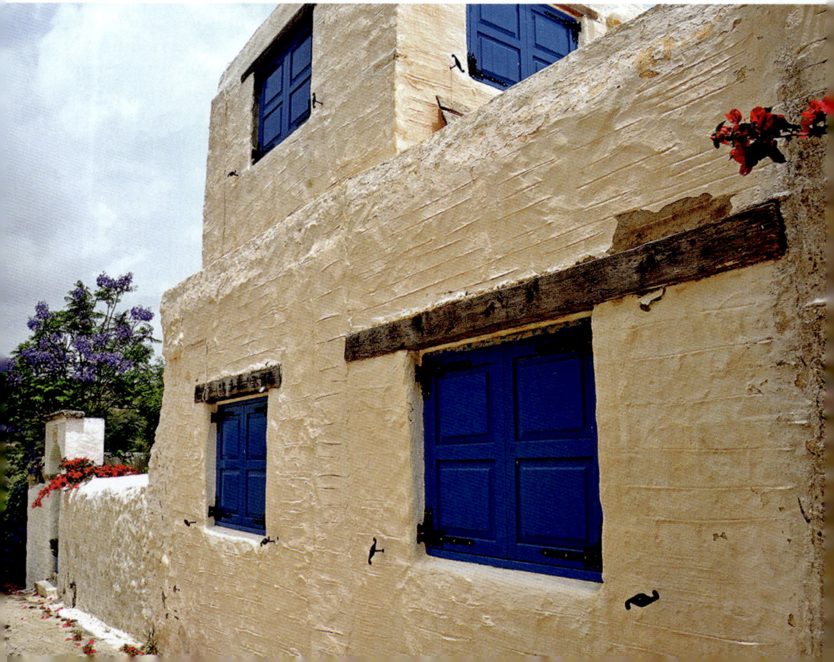

Von der Taverne Plátanos in **Lachaniá** ❶ laufen wir rechts an der Kirche vorbei und auf dem gepflasterten Weg rechts aufwärts. An der darauffolgenden Kreuzung halten wir uns links und folgen der schmalen Gasse durch das Dorf. Bei der nächsten Kreuzung geht es geradeaus weiter, wir wandern auf einem Feldweg, vorbei an einer Mauer voller Kaktusfeigen, zu einer **Straße** ❷. Hier biegen wir nach links und und gehen auf der Straße weiter. Nach 150 m ignorieren wir eine Piste nach links. Kurz darauf verlassen wir die Straße dort, wo am Ende der Rechtskurve in gerader Richtung ein breiter Schotterweg ❸ abzweigt. Wir folgen dem breiten Hauptweg nun ungeachtet aller Abzweigungen immer geradeaus weiter. Er führt uns über ein Bachbett und dann durch eine scharfe Linkskurve aufwärts. Auf der Anhöhe angekommen, halten wir uns an einer **Y-Kreuzung** ❹ halb rechts. Gut 400 m weiter, dort, wo eine Stromleitung den Weg kreuzt, wandern wir nach links auf einen **Feldweg** ❺. Direkt danach biegen wir nach rechts, folgen dem Weg kurz darauf durch eine Linkskurve und gehen nach etwa 100 m, dem Hauptweg folgend, nochmals nach rechts. Wir wandern gut 10 Min. weiter durch die Feldflur, biegen dann bei einer schrägen **T-Kreuzung** ❻ nach links, ignorieren eine Piste von links (unseren Rückweg) und wandern an einem Haus vorbei bis zu der breiten **Hauptstraße** ❼, die den östlichen und den westlichen Südteil der Insel miteinander verbindet. Wir überqueren sie und laufen auf dem Feldweg nach rechts weiter. Wir folgen ihm durch Buschland und gehen an einer **Kreuzung** ❽ nach links. An einer weiteren Kreuzung, schon mit Blick aufs Meer, biegen wir nach rechts, halten uns danach halb rechts, an der darauffolgenden **Kreuzung** ❾ links und nochmals rechts. Wir erreichen **Hausruinen** und wandern dort nach rechts auf eine steinige Piste, die uns hinab zu einer Asphaltstraße führt. Wir folgen ihr nach links, wandern an der **Kapelle Zoodóchos Pigí** vorbei und errei-

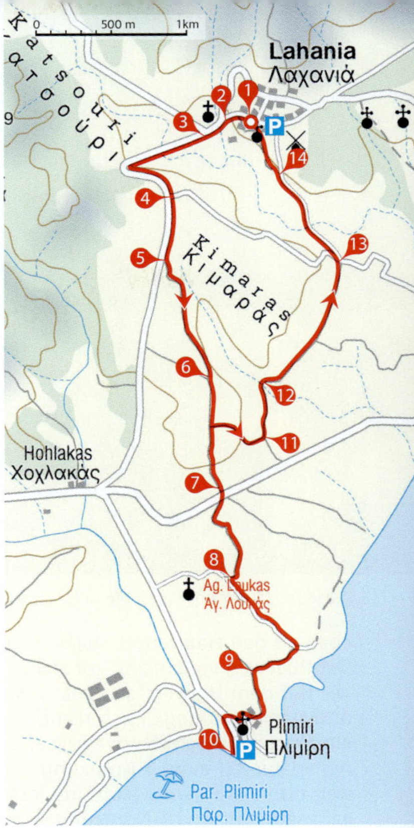

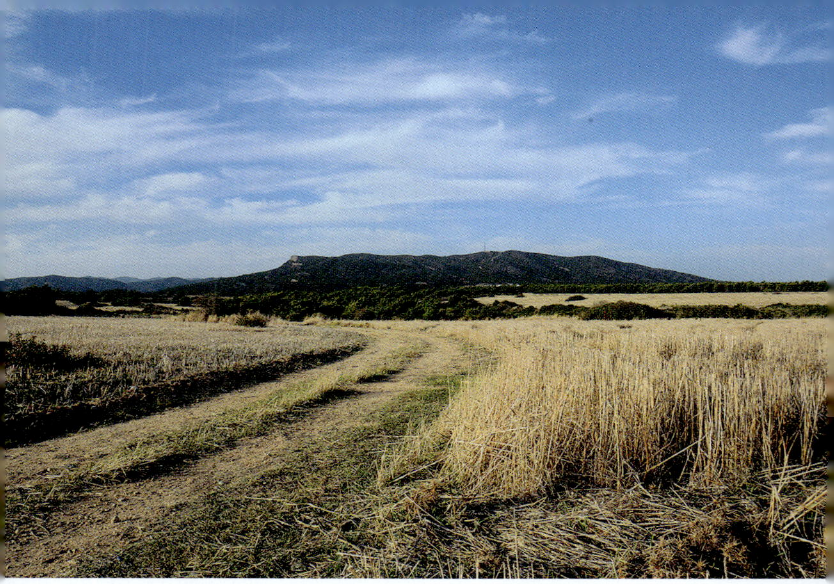

Diese Tour führt uns durch die Getreidefelder rund um Lachaniá.

chen so den Hafen und etwas rechts versetzt den **Strand von Plimíri** 10. Der Rückweg verläuft bis zur **Hauptstraße** 7 gleich. Auch danach geht es, wie auf dem Hinweg, geradeaus weiter, nach 400 m an dem Haus vorbei und dann allerdings nach rechts auf eine Piste. Wir folgen ihr, bis sie an einem breiten **Schotterweg** 11 endet. Nun biegen wir nach links und wenig später bei einer **T-Kreuzung** 12 nach rechts. Wir folgen dem Schotterweg nun etwa 1 km weiter und lassen alle Abzweigungen unbeachtet, bis wir wieder an eine **T-Kreuzung** 13 stoßen – nach rechts biegen und gleich darauf nach links abwärts in den Wald weiterwandern. Auch nun lassen wir alle seitlichen Pisten unbeachtet, queren ein Bachbett, halten uns kurz danach halb rechts und gelangen nach etwa 7 Min. an eine **Y-Kreuzung** 14. Wir laufen nach links, gelangen bald an einen betonierten Wasserlauf mit Rohren und steigen hier nach rechts die letzten Meter hinauf bis zur Taverne Plátanos in **Lachaniá** 1.

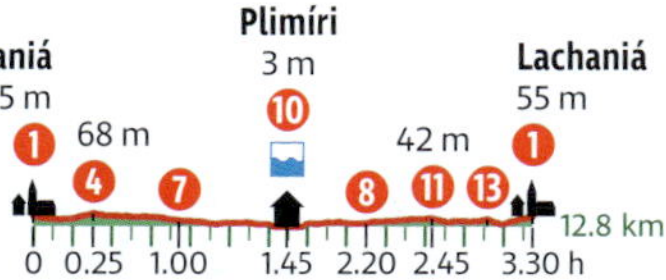

Zur Südspitze Prasonísi

Über eine Sandbank zu einem alten Leuchtturm an atemberaubender Steilküste

Dort, wo das Mittelmeer auf die Ägäis trifft, wo im Sommer der heiße Meltémi-Wind pfeift und die Sonne schattenlos niederbrennt – dort befindet sich Rhódos' Windsurf-Mekka. Eine 800 m lange Sandbank trennt hier, an der Südspitze, das Festland von der hügeligen Fast-Insel Prasonísi. Übersetzt als das »grüne Eiland« ist das Fleckchen Erde zwar eher karg als grün, lohnt aber definitiv einen Abstecher: Am südlichsten Punkt, direkt an der steil abfallenden Felsküste, steht einsam ein alter, weißer Leuchtturm. Was für ein Fotomotiv!

Ausgangspunkt: Parkplatz am Strand von Prasonísi, 1 m. Anfahrt vom Dorf Kattaviá über eine ausgeschilderte Asphaltstraße. In der Hauptsaison fahren zweimal täglich KTEL-Busse von Rhódos-Stadt nach Prasonísi und wieder zurück.
Anforderungen: Leichte, sehr sonnige Wanderung auf Schotterwegen und steinigen Pfaden.
Einkehr: Unterwegs keine. Mehrere Tavernen am Strand.
Unterkunft: Kleine Hotelanlagen direkt am Strand.
Variante: Antike Stadtreste. Vom Parkplatz am Strand gehen wir etwa 200 m in den Ort hinein und biegen bei der ersten Möglichkeit, hinter dem Supermarkt, nach links auf ein entsprechend ausgeschildertes Sträßchen zur antiken Stadt Vroúlia. Ist die Tür zum Museumsgelände verschlossen, ergeben sich bequeme Einstiegsmöglichkeiten entweder rechts des Museumshäuschens oder man folgt dem meerseitigen Zaun bis zu dessen Ende und dann rechts aufwärts. Auf dem Museumsgelände geht es mit schönen Ausblicken auf angelegten Pfaden zu den Ruinen. Leicht. 1 Std, 2,5 km, 110 m Höhenunterschied.
Hinweis: Diese Wanderung darf nur durchgeführt werden, wenn die Sand-

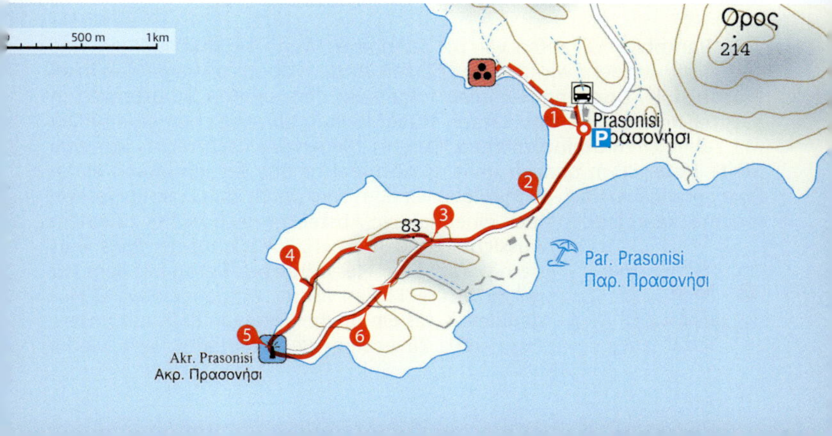

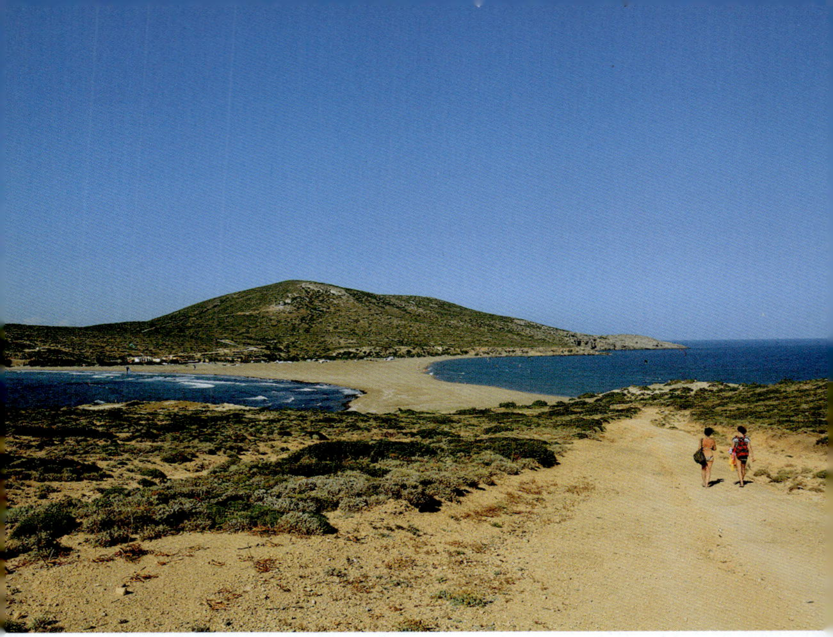

Von dem kargen Eiland Prasonísi bieten sich herrliche Ausblicke auf die lang gestreckte Sandbank.

bank zwischen dem Festland und der Insel Prasonísi durchgängig wasserfrei ist. Nach starken Winterstürmen kommt es regelmäßig zu Überflutungen oder sogar einem Sandbankdurchbruch. Die dabei entstehende Wasserrinne kann aufgrund starker Strömungen lebensgefährlich werden. Von einer Überquerung im Falle einer Überschwemmung wird dringendst abgeraten!

Vom **Parkplatz** ❶ laufen wir zur Sandbank. Wenn sie durchgängig wasserfrei ist, wandern wir über den Strand zu der vor uns aufragenden **Insel Prasonísi** ❷. Dort angekommen folgen wir dem breiten Schotterweg in leichter Rechtskurve den kargen Hügel hinauf. Wir erreichen einen Platz mit zahlreichen **Steintürmchen** ❸. Dort biegen wir nach rechts auf eine breite Piste. 30 m danach geht es nochmal rechts, wir ignorieren einen Pfad geradeaus. Nach 65 m folgen wir dem Weg durch eine Linkskurve. Wer möchte, kann jedoch noch einen kurzen Abstecher nach rechts zu einem

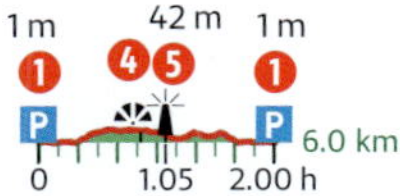

Aussichtspunkt machen. Zurück auf der Piste wandern wir an einer **Messsäule** aus Beton auf dem Hügel zu unserer Linken vorbei. Wir gehen etwa 12 Min. geradeaus, bis ein breiter Weg von links auf unsere Piste trifft. Zu unserer Rechten bietet sich wieder

ein Abstecher zu einem **Aussichtspunkt** ❹ an. Zurück an der Kreuzung wandern wir nach rechts auf einem schmalen, steinigen Pfad weiter, der uns entlang einer beeindruckenden Steilküste bis zu dem atemberaubend gelegenen **Leuchtturm** ❺ von Prasonísi führt.
Steigen wir von der Anhöhe des Turms wieder herunter, biegen wir nach rechts und wandern auf dem linken von zwei breiten Wegen leicht abwärts und dann in einer Linkskurve entlang der Küste. Bald steuern wir in einer aufsteigenden Rechtskurve auf ein Haus auf einem Hügel zu. Etwa 170 m vor dem Haus biegen wir auf einen **breiten Weg** ❻ nach links, 50 m danach ignorieren wir einen Abzweig nach rechts und kurz darauf auch nach links und folgen dem Weg immer geradeaus bis zu dem Platz mit den **Steintürmchen** ❸. Von dort geht es wie auf dem Hinweg zurück bis zum **Ausgangspunkt** ❶.

Am südlichsten Punkt von Rhódos, direkt am Abgrund der Steilküste, ragt ein alter, strahlend weißer Leuchtturm empor.

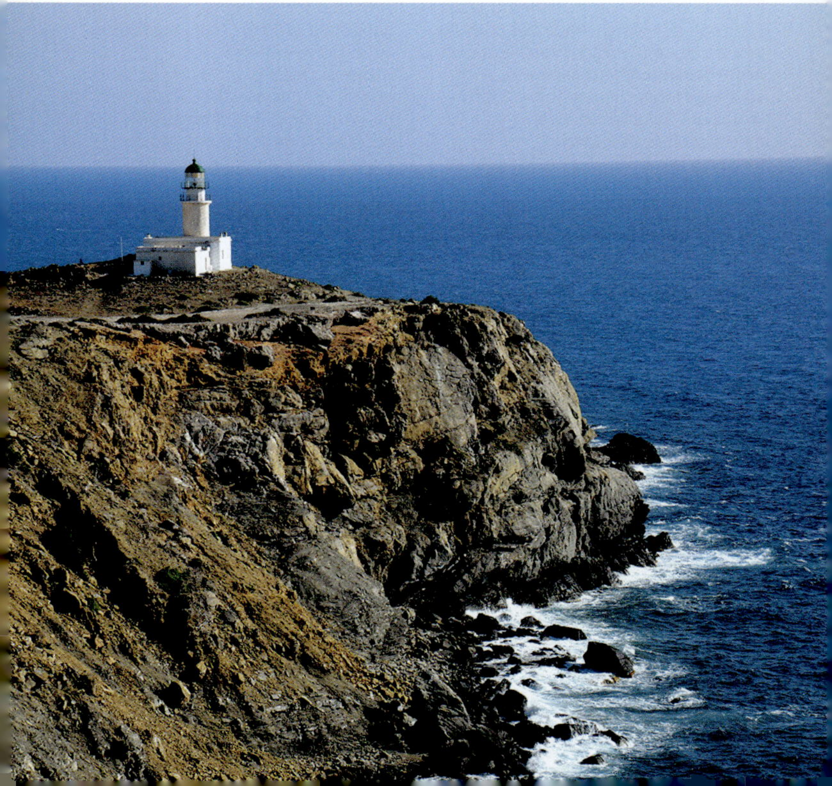

↗ 390 m | ↘ 390 m | 10.2 km

3.30 h

38 Rund um das Kloster Skiádi

Bergwanderung mit grandiosen Aussichten auf den Inselsüden

Diese Tour beginnt am lieblichen Kloster Skiádi, das Erzählungen nach auf den Überresten eines antiken Ártemis-Tempels errichtet wurde, nachdem drei Eremiten eine Marienikone dort gefunden hatten. Im Kircheninneren lassen sich bunte Fresken bestaunen. Von dort geht es zunächst auf einem schmalen Bergsträßchen aufwärts und später, einem Bergpfad folgend, zu einem Gipfel mit atemberaubender Aussicht. Danach führt ein steiniger Pfad wieder hinab zum Kloster. Wer das schöne Hügelland des Südens einmal von oben bestaunen möchte, dem sei diese Wanderung wärmstens empfohlen.

Ausgangspunkt: Kloster Skiádi, 245 m. Anfahrt über ein ausgeschildertes Sträßchen von der Küstenstraße zwischen Apolakkiá und Kattaviá oder von Mesanagrós.
Anforderungen: Mittelschwere, sehr sonnige Wanderung auf einem schmalen, kaum befahrenen Sträßchen und einem breiten Bergpfad.
Einkehr: Unterwegs keine. Kafenío in Mesanagrós, Tavernen in Apolakkiá und Arnítha.
Unterkunft: Zimmervermietung in Mesanagrós, Apolakkiá und Kattaviá.
Variante: Ein Abstecher in den Ort Mesanagrós ist möglich, wenn man dem Sträßchen beim Abzweig der Piste ❸ einfach noch 1,2 km bis zum Ortseingang folgt (20 Min. einfache Strecke, 60 m Höhenunterschied).
Hinweis: Das Kloster Skiádi ist täglich etwa 8–19 Uhr geöffnet, etwa 13–16 Uhr herrscht allerdings Mittagsruhe, in der das Kloster mitunter geschlossen ist. Im Kloster sollte angemessene Kleidung getragen werden.
Tipp: Auf der Wanderung können wir des Öfteren im Meer das steinerne Inselchen Chténia ausmachen, das wie ein riesiges U-Boot aus dem Wasser aufzutauchen scheint.

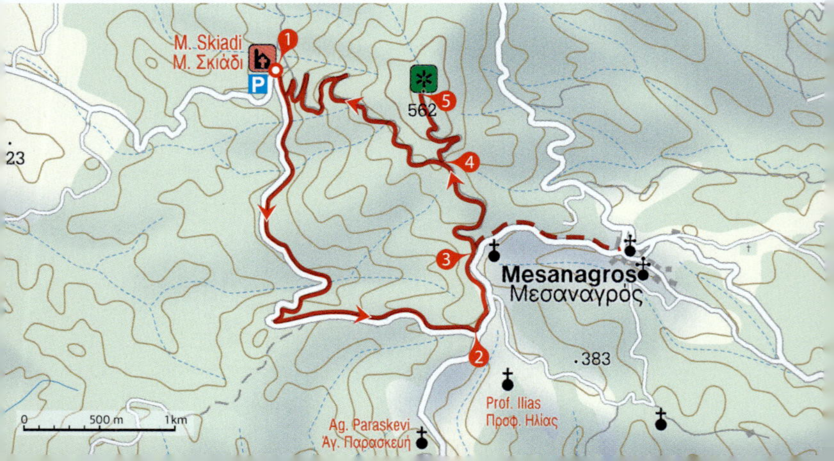

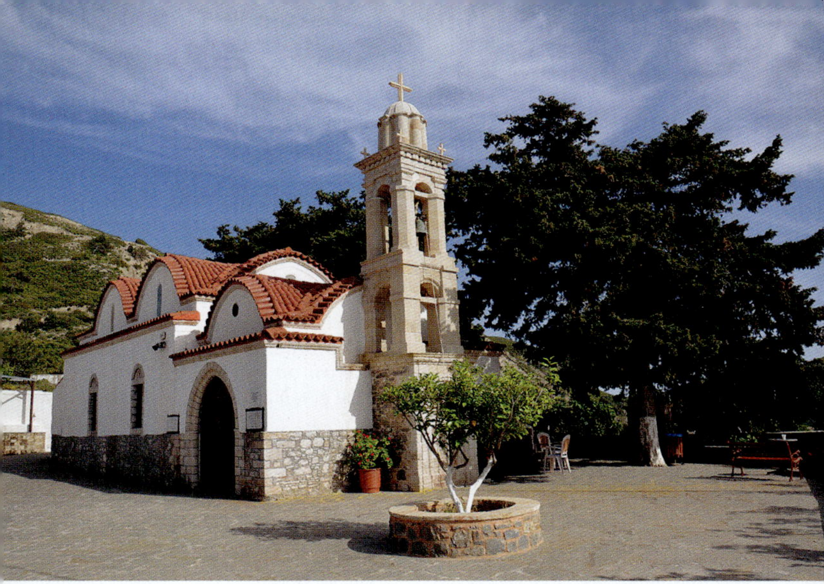

An dem hübschen Kloster Skiádi beginnt unsere Tour.

Nach dem Besuch des hübschen **Klosters Skiádi** 1 laufen wir nach links über den Parkplatz und folgen in gerader Richtung dem schmalen, kurvigen Bergsträßchen in Richtung Mesanagrós. Nach etwa einer Stunde erreichen wir eine T-förmige **Straßenkreuzung** 2, an der wir nach links weiterwandern. Seitlich zweigen mehrere Wege zu kleinen Bergkapellen ab. Wir bleiben jedoch weitherhin auf dem Sträßchen, bis halb links eine **Piste** 3 mit »Holy Cross of St. John« und »Archaiological Finds« ausgeschildert ist. Wir folgen dem Weg bergauf und halten uns wenig später geradeaus. Nach einer knappen Viertelstunde erreichen wir eine **Gabelung** 4, die uns nach rechts zu einem aussichtsreichen **Gipfel** 5 führt.
Nach dem Abstecher biegen wir nach rechts zurück auf die Piste und folgen ihr mit atemberaubenden Aussichten auf die Südwestküste und die wunderschöne Hügellandschaft des Inselsüdens. Bald können wir unter uns wieder das Kloster Skiádi entdecken. Wir steigen in Serpentinen auf einem steinigen, teils verwachsenen Pfad hinab, gehen an einem Schuppen vorbei, und biegen so kurz vor dem **Kloster Skiádi** nach links auf einen breiten Weg. Etwa hundert Meter weiter geht es nach rechts wieder zum **Parkplatz** 1.

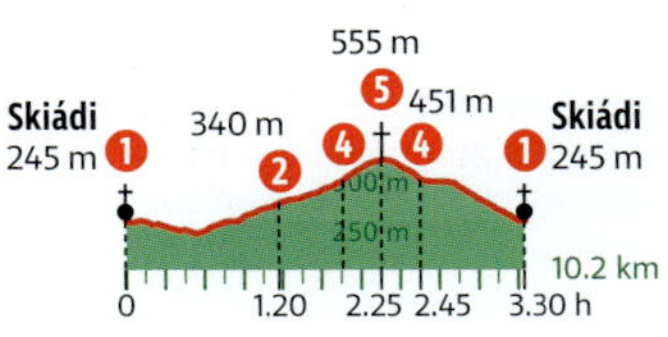

↗ 370 m | ↘ 370 m | 11.9 km

39 Von Arnítha zur Kapelle Ágios Theódoros 4.00 h

Über Berge und durch Täler zu einem versteckten Kirchlein

Von dem schnuckeligen Dörfchen Arnítha wandern wir zunächst auf einen Bergrücken, der uns tolle Aussichten auf die Umgebung bietet. Später durchwandern wir ein schattiges Tal und entdecken unter urigen Bäumen eine alte Kapelle, die auf eine über 1000-jährige Geschichte zurückblicken kann. In ihrem muffigen Inneren finden sich rußige Fresken. Auf dem Kirchhof stehen Säulenreste eines antiken Tempels. Ein Landwirt fand vor vielen Jahren in der Nähe der Kapelle eine antike Statue, die es bis in den Louvre geschafft hat. Auf dem Rückweg wandern wir an einem Flussbett entlang und erklimmen später auf einem alten Pfad einen Berg, hinter dem wir wieder Arnítha erreichen.

Ausgangspunkt: Kloster Filímonas in Arnítha, 130 m. Von der breiten Dorfstraße in Arnítha führt ein ausgeschildertes Sträßchen dorthin. Gute Parkmöglichkeiten am Kloster.

Anforderungen: Mittelschwere Wanderung, meist auf breiten Wegen. Ein kurzer Abschnitt verläuft auf einem alten, bewachsenen und teils stark erodierten Weg. Anfangs sonnig, im Tal halbschattig. Trittsicherheit nötig, Schwindelfreiheit von Vorteil.

Einkehr: Unterwegs keine. Tavernen und ein Kafeníon in Arnítha.

Unterkunft: Zimmervermietung in Apolakkiá, Bettenlager im Kloster von Arnítha. Dazu am besten in der Taverne Vrísi oder im Dorf nach Stella fragen, die den Schlüssel verwaltet.

Hinweis: Das Kloster Filímonas in Arnítha ist durchgängig geöffnet. Die Klosterkirche ist allerdings meistens geschlossen und wird nur auf Nachfrage geöffnet.

Vom **Kloster Filímonas** ❶ folgen wir der Anfahrtsstrecke wieder abwärts zur Dorfstraße und biegen dort nach links, um uns direkt danach wieder nach rechts zu wenden und auf einer schmalen Straße aufwärtszulaufen. Wir folgen ihr ungeachtet aller Abzweigungen ins Dorf bis vor ein markantes Haus mit einer vorgelagerten Außentreppe voller Blumentöpfe. Wir gehen links an dem Haus vorbei und biegen danach auf eine Straße nach rechts. Wir folgen ihr durch eine Linkskurve, ignorieren ein Sträßchen rechts und wandern an der nächsten Kreuzung nach rechts auf einer schmalen Straße aufwärts, ignorieren mehrere seitliche Abzweigungen und erreichen inmitten verbrannter Baumskelette die **Kapelle Níkon** ❷. Von dort folgen wir der Schotterpiste geradeaus, vorbei an einem Wassertank. Wir haben tolle Ausblicke auf die raue Berglandschaft und steigen dann etwa 25 Min. abwärts bis zu einem **Bachbett** ❸. An der Kreuzung kurz dahinter laufen wir nach rechts und merken uns die Stelle für den Rückweg. Wir ignorieren alle seitlichen Abzweigungen, bis wir, kurz nachdem eine Piste von rechts hinten auf unseren Weg trifft, eine **Kreuzung** ❹ erreichen, an der drei Wege

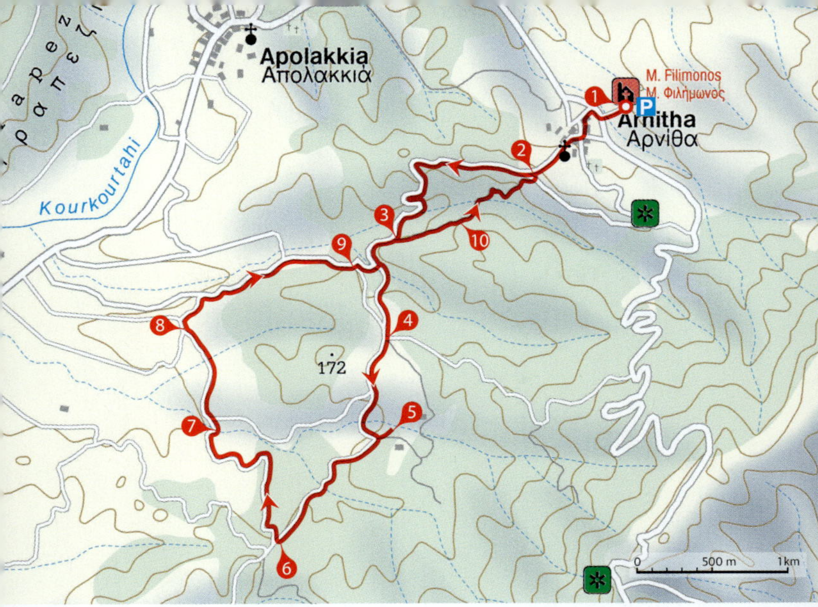

gabelförmig weiterführen. Wir wählen hier den rechten Weg, gelangen nach etwa 350 m zu einer Y-Kreuzung und wandern nach links. Nachdem wir ein weiteres Bachbett überquert haben, biegen wir an einer großen Kreuzung nach links und sehen in geringer Entfernung schon das Schild, das uns halb links abwärts zur uralten **Kapelle Ág. Theódoros** ❺ führt. Nach der Besichtigung gehen wir zurück zur großen Kreuzung, wandern dort geradeaus in den Wald hinein. Nach etwa 150 m halten wir uns rechts und folgen dem Hauptweg immer geradeaus. Nach gut 5 Min. überqueren wir kurz hintereinander zwei Bachbetten. An der nächsten **Kreuzung** ❻ wandern wir rechts weiter. Wir laufen etwa 20 Min. leicht abwärts, biegen dann an einer Kreuzung nach rechts und überqueren unmittelbar danach ein schmales **Bachbett** ❼. An der nächsten Kreuzung halten wir uns geradeaus und ignorieren alle Abzweigungen bis zu einer **T-Kreuzung** ❽, wo wir nach rechts biegen. Kurz dahinter wählen wir den mittleren von drei

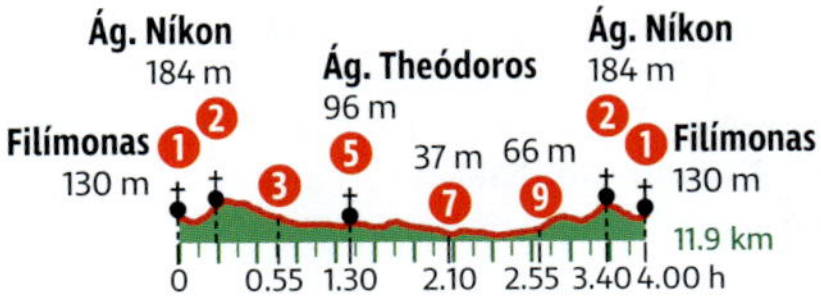

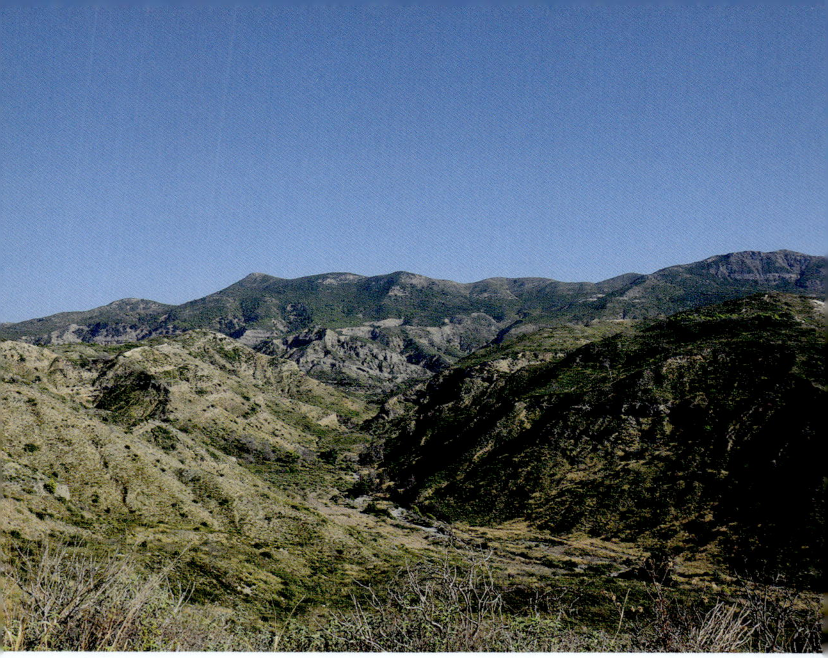

Von einer Anhöhe bei Arnítha überblicken wir Berg und Tal.

Abzweigen in halb rechter Richtung. Wir folgen der Piste ungeachtet aller Abzweigungen, bald führt sie uns rechts eines **Seitenarms des Sianítis** entlang. Wir ignorieren zwei breite Wege, die links hinab zu dem breiten Flussbett führen. Der Weg leitet uns wieder vom Fluss weg, wir erreichen eine **Y-Kreuzung** ❾, umringt von verkohlten Baumstämmen. Dort wandern wir nach links, überqueren ein Bachbett, erreichen an einer T-Kreuzung den Hinweg und laufen nach links. An der Kreuzung vor dem **Bachbett** ❸ geht es geradeaus weiter auf dem Weg rechts entlang des Baches. Bald sehen wir halb links vor uns an einem Berghang bereits den alten Weg, auf dem wir gleich aufsteigen werden. Dort, wo er in dem Bach endet, führt auch von unserer Seite ein breiter Zugang zum **Bachbett** ❿, das wir überqueren. Nun beginnt unser Aufstieg auf dem schon seit Ewigkeiten nicht befahrenen, bewachsenen und teilweise stark erodierten Fahrweg. Er zieht sich den Hang hinauf und führt uns zu einer asphaltierten Piste, der wir nach links folgen, um wenige Meter weiter nach rechts auf die Betonstraße zur bereits sichtbaren **Kapelle Ág. Níkon** ❷ zu gehen.

Von dort wandern wir nun wie auf dem Hinweg wieder zurück zum **Kloster Filímonas** ❶.

3.00 h

Rund um den Stausee von Apolakkiá

Aussichtsreiche Seeumrundung

Auf dem Staudamm bei Apolakkiá scheint es, als ob der See vor uns gar nicht auf einer Insel läge, sondern irgendwo auf südeuropäischem Festland. Ein fast unwirklicher Ort, eingerahmt von Hügeln und Bergen. Im Tal darunter gedeihen Felder und Wälder. Während der Wanderung bieten sich tolle Ausblicke auf den Akramítis und den Attáviros vor allem deshalb, weil ein Teil des Waldes nahe dem See vor ein paar Jahren einem Brand zum Opfer fiel.

Ausgangspunkt: Parkplatz des Rhodescape Adventure Parks, 130 m. Östlich des Staudamms von Apolakkiá der Piste entlang des Sees bis zum Parkplatz folgen. Von Apolakkiá führen zwei Pisten östlich und westlich des Zentrums klein ausgeschildert zum Staudamm. Von Siána ist der See über ein abenteuerliches Sträßchen zu erreichen.
Anforderungen: Mittelschwere, sonnige Wanderung. Größtenteils auf breiten Schotterwegen. Vereinzelte Abschnitte (zu den Aussichtpunkten) verlaufen auf bewachsenen Pfaden, die aber auch auf breiten Wegen umgangen, also optional einfach weggelassen werden können.
Einkehr: Snackbar im Rhodescape Adventure Park. Tavernen in Apolakkiá und Arnítha.
Unterkunft: Bettenlager im Rhodescape Adventure Park direkt am See und im Kloster Arnitha. Kleines Hotel in Apolakkiá.
Variante: Wer die Kapelle Ágios Geórgios Várdas aus dem Jahre 1290 und ihre alten Fresken besuchen möchte, steigt bei der vorletzten Linkskurve vor dem Staudamm bei mit Beton und Metallplatten überdeckten Wasserrohren durch Gestrüpp den Hang aufwärts, läuft dann auf einem schmalen Pfad durch den Wald und erreicht so ein kleines Haus auf einer Anhöhe. Wir laufen links am Haus vorbei und wandern auf einer Piste bis zur Kapelle. Danach geht es an einer T-Kreuzung links, kurz darauf rechts, und so erreichen wir die Asphaltstraße, die uns nach links wieder hoch zum Staudamm führt. 45 Min. zusätzliche Gehzeit, 2,0 km, 80 m Höhenunterschied.
Tipp: Der Rhodescape Adventure Park ist ganzjährig geöffnet und bietet Fahrradtouren, Kayaking, Bogenschießen und Seilbahnrutschen über den See an. Stéfanos, Giórgos und Sávvas freuen sich über Besuch.

Von dem Parkplatz des **Rhodescape Adventure Parks** ❶ laufen wir an der ersten Hütte vorbei und biegen vor der zweiten Hütte nach rechts auf einen breiten Weg, der uns hinauf in den Wald führt. Wir ignorieren eine Piste nach rechts oben und biegen an der darauffolgenden T-Kreuzung nach links. Wir befinden uns nun in einem ehemaligen Waldbrandgebiet, das weite Blicke bis zum Akramítis und Attáviros eröffnet. Dort, wo ein Feldweg von rechts auf die Piste trifft, biegen wir nach links und laufen für einige Meter am linken Rand einer Freifläche bis zu einem kleinen Sporn, der uns einen schönen **Ausblick** ❷ auf den See ermöglicht.

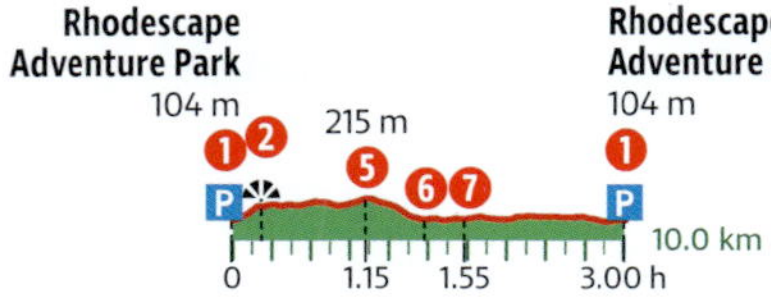

Wir laufen zurück zur Piste, biegen nach links und folgen ihr ungeachtet aller Abzweigungen immer geradeaus. Wir ignorieren in einer Rechtskurve eine Piste von links und laufen gut 150 m weiter an der nächsten **Kreuzung** 3 halb links leicht aufsteigend weiter. Nach knapp 200 m ergeben sich schöne Ausblicke auf das Tal rechts von uns. Wir wandern etwa 20 Min. auf der Piste weiter, ignorieren diverse seitliche Abzweigungen und erreichen dann bei einem eingezäunten Olivenhain eine etwa 2 m hohe **Sandsteilwand** 4, an der rechts unser Weg vorbeiführt. Gehen wir hier wenige Meter nach links an der Steilwand entlang, ergeben sich noch einmal schöne Ausblicke auf den See. Wir folgen der Piste zum Ende des Olivenhaines, dort, wo sie nach rechts abbiegt, führt halb links ein zunächst schmaler, später breiter Pfad einen Hügel hinauf. Wir folgen ihm, bis sich vor uns der gesamte See ausbreitet. Stark verwachsen, daher nur bedingt empfohlen, führt der Pfad nach links noch weiter hinauf bis zu einer **Messsäule** 5.
Wir wandern wieder zurück bis zur Piste und folgen ihr nach links. An der nächsten Kreuzung geht es nach links, danach ignorieren wir eine Piste nach links und kreuzen bald ein betonverstärktes **Bachbett** 6. Im weiteren

Alte Fresken in der Kapelle Ág. Geórgios Várdas (Variante).

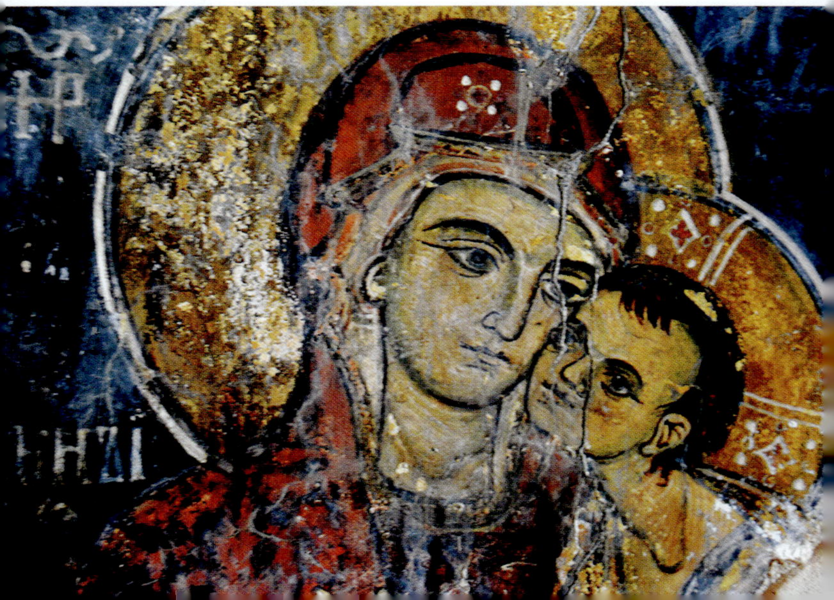

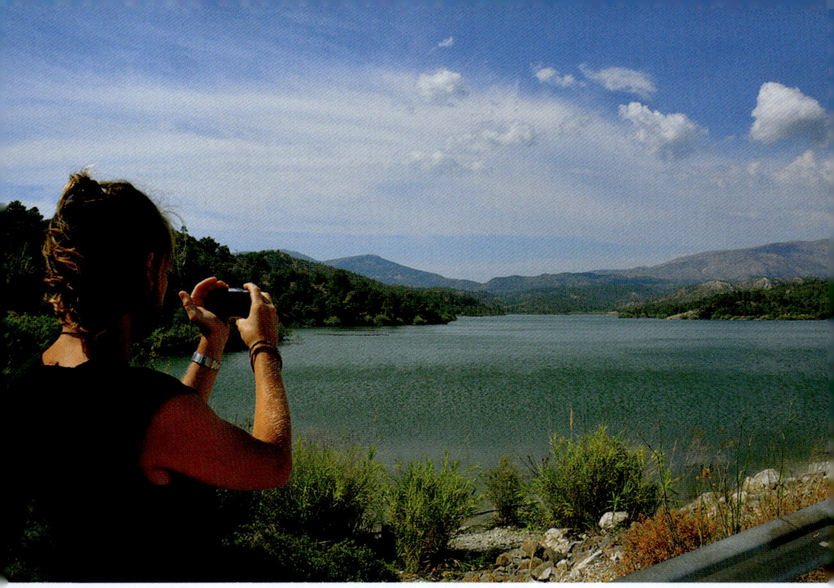

Der Stausee von Apolakkiá ist ein ergiebiges Fotomotiv.

Wegverlauf zweigen viele Feldwege von der Piste ab, die wir alle unbeachtet lassen. So überqueren wir ein weiteres, schilfbestandenes **Bachbett** 7, das meist auch im Sommer etwas Wasser führt. Kurz dahinter erreichen wir bei einer Ruine eine Kreuzung und laufen nach links. Wir lassen wieder alle Abzweigungen unbeachtet, passieren einen Garten voller Zitrusbäume und erreichen nach einem weiteren Bachbett eine **Asphaltstraße** 8. Wir laufen nach links und folgen der später teils geschotterten Straße entlang des Sees bis zum **Staudamm** 9. Wir überqueren diesen, laufen danach nach links auf der Piste am See weiter und gelangen so wieder zum Parkplatz des **Rhodescape Adventure Parks** 1.

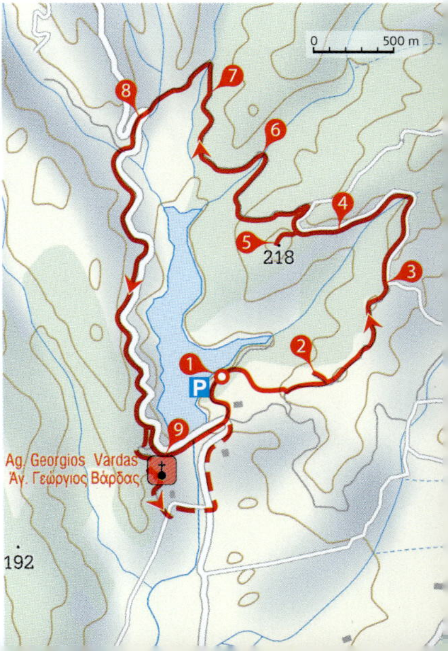

↗ 460 m | ↘ 460 m | 13.3 km

41 Von Monólithos zum Kap Foúrni

4.30 h

Über einen Bergrücken zu faszinierenden Höhlen direkt am Meer

Von dem Bergdörfchen Monólithos am Fuße des Akramítis wandern wir zunächst durch Felder und Wälder zu einem kargen Bergrücken, auf dem wir bis zum Felsenkap von Foúrni absteigen. Auf der schmalen Halbinsel finden wir über 1000 Jahre alte Höhlen, die fast auf Meeresniveau in den Stein gehauen wurden und als Gräber und Kultstätten dienten. Danach geht es auf einer schönen Küstenstraße weiter und über eine Sandpiste mit schönen Ausblicken auf die Burg von Monólithos zu einer kleinen Kapelle. Der Aufstieg zum Ausgangspunkt erfolgt über einen schmalen Pfad durch lichten Kiefernwald.

Ausgangspunkt: Parkplatz an der Kirche von Monólithos, 250 m, vor der Taverne Old Monólithos in Monólithos.
Anforderungen: Mittelschwere, sehr sonnige Wanderung auf breiten Feldwegen und Pisten sowie auf schmalen, gerölligen Pfaden; zeitweise entlang eines Küstensträßchens. Markierung teilweise durch rote Punkte und Steintürmchen. Kondition und Trittsicherheit nötig.

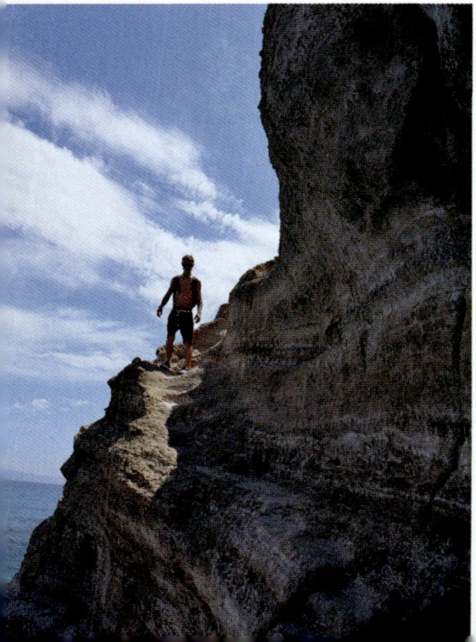

Einkehr: Snack-Bar am Strand von Foúrni, Tavernen am Kastell und in Monólithos.
Unterkunft: Kleine Hotels in Monólithos.
Varianten: 1. Zur Windmühle von Monólithos. Nachdem wir an der Pluskreuzung ❷ nach links gebogen sind, ignorieren wir eine Piste von links und laufen an einem Kuhstall vorbei. Wir ignorieren eine weitere Piste von links und biegen bei der nächsten Kreuzung nach links und dann noch mal nach links aufwärts zur Mühle. Zurück zur Hauptwanderung gelangen wir, wenn wir an der Kreuzung nach links biegen und dem Weg bis zur Hauptroute folgen. Leicht, zusätzlich 35 Min., 1,7 km, 70 m Höhenunterschied.
2. Wer bei der Straßengabelung ❿ nach rechts läuft, erreicht in einer Viertelstunde das beeindruckend gelegene Kastell von Monólithos. Leicht, zusätzlich 35 Min., 1,9 km, 45 m Höhenunterschied.
Kurztour: Mittelschwere Kurztour auf das Kap von Foúrni. Vom Parkplatz an der Bucht von Fóurni gehen wir bis zum Ende des Strandes. Dort weist ein Schild den steinigen Weg zu den Höhlen. Haben wir das Kap ❺ erreicht, folgen wir der Beschreibung der Haupttour. (30 Min., 1 km, 20 m Höhenunterschied).

Uralte Treppen führen zu geschichtsträchtigen Höhlen.

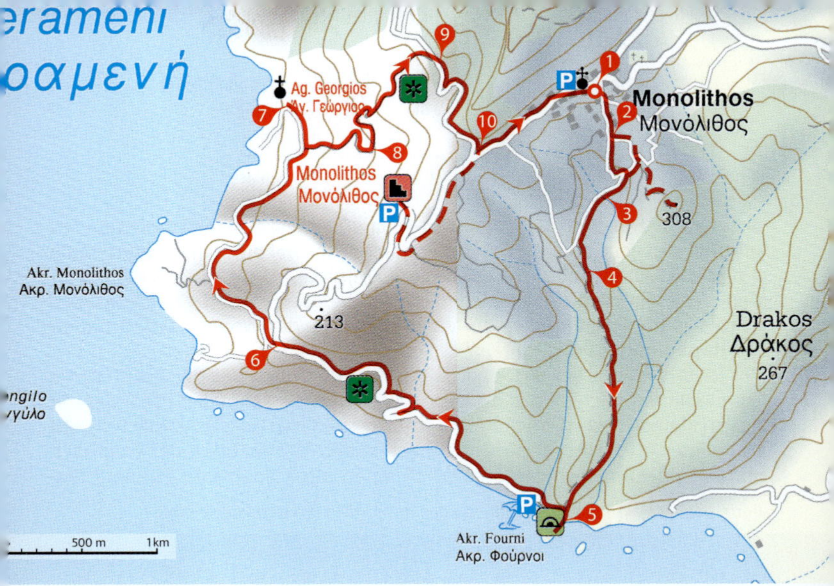

Von der Kirche von **Monolíthos** ❶ laufen wir direkt bei dem gelben Glockenturm nach links bergab und gehen rechts an einem kleinen Platz mit alten Mühlsteinen vorbei. An der nächsten Kreuzung laufen wir nach halb links abwärts. Wir folgen dem Feldweg nun weiter geradeaus abwärts, bis wir kurz nach einem Erdwall zu einer **Pluskreuzung** ❷ gelangen; hier geht es weiter geradeaus. Wer eine alte Mühle besichtigen möchte, biegt nach links und folgt der Variante 1.

An der nächsten Kreuzung halten wir uns rechts und durchqueren wenig später ein **Bachbett** ❸. Dahinter geht es weiter geradeaus aufwärts. Knapp 100 m, nachdem ein breiter Fahrweg von scharf rechts hinten auf unseren Weg trifft, folgen wir einem Feldweg nach links, vorbei an einem Olivenhain und Weinfeldern. Wir laufen weiter geradeaus und steuern auf ein **Wäldchen** zu. Am Waldrand durchqueren wir ein **Gatter** ❹ und laufen nun auf einem rot markierten Pfad durch den lichten Kiefernwald und später durch ehemaliges Waldbrandgebiet. Steintürmchen weisen den Weg hinab zu unserem Ziel: einer kleinen, felsigen Halbinsel. Etwa 45 Min. nachdem wir das Gatter passiert haben, steigen wir durch eine Rinne und kurz darauf unter Kiefernzweigen hindurch und erreichen das **Kap** von **Foúrni** ❺. Wir laufen bis zu der kreisrunden Grabkammer, die an seinem Ende aufragt. Hinter dem **Grab** steigen wir nach links abwärts, kommen an mehreren Höhlen vorbei und klettern über Felsen wieder auf das erhöhte Plateau des Kaps. Nun laufen wir in Richtung Bergland und wandern nach links ab-

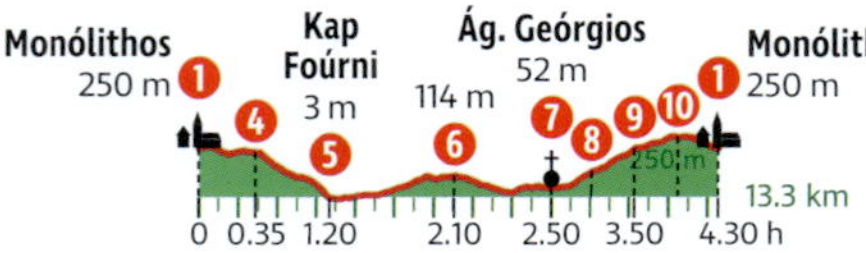

wärts zum Strand. Von dort geht es etwa 40 Min. auf der Küstenstraße mit schöner Aussicht aufwärts. Dann markiert links bei einem Heiligenschrein ein Schild »Ágios Geórgios« die breite **Sandpiste** 6, auf der wir weiterwandern. Wir ignorieren diverse seitliche Abzweigungen und erreichen nach etwa 40 Min., nachdem wir ein Weinfeld rechts des Weges passiert haben, die **Kapelle Ág. Geórgios** 7.

Wir laufen wieder ein Stück zurück und biegen noch vor der Rechtskurve zum Weinfeld nach links auf einen unscheinbaren, schmalen Pfad, der mit einem kleinen Steintürmchen und rotem Punkt markiert ist. Zunächst geht es in einer Art Bachbett aufwärts, nach knapp 10 Min. biegt der Weg nach rechts und führt wenig später durch einen alten Zaun und zu einer Frei-

Badespaß und Höhlenexpedition – beides ist möglich am Kap von Foúrni.

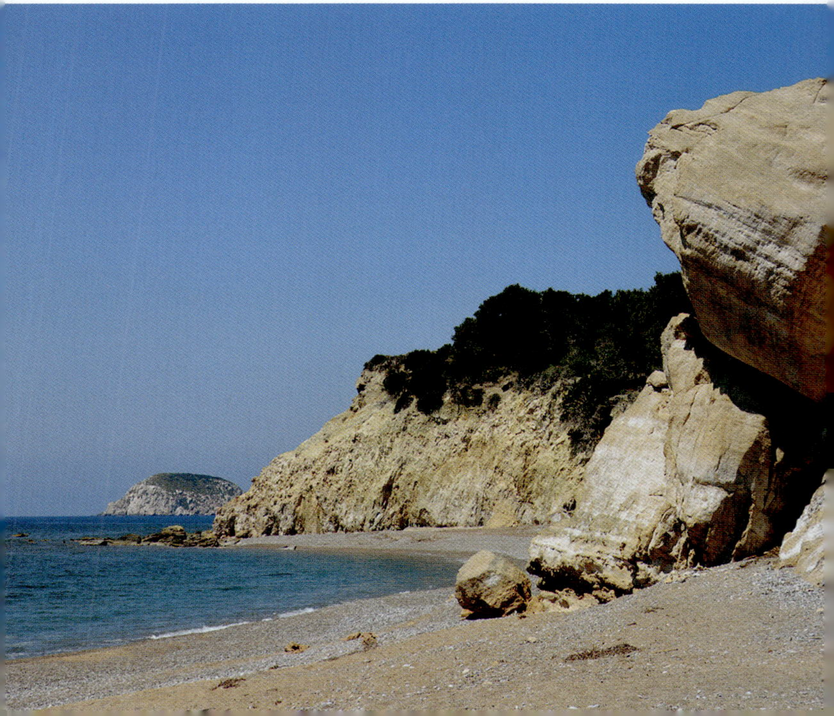

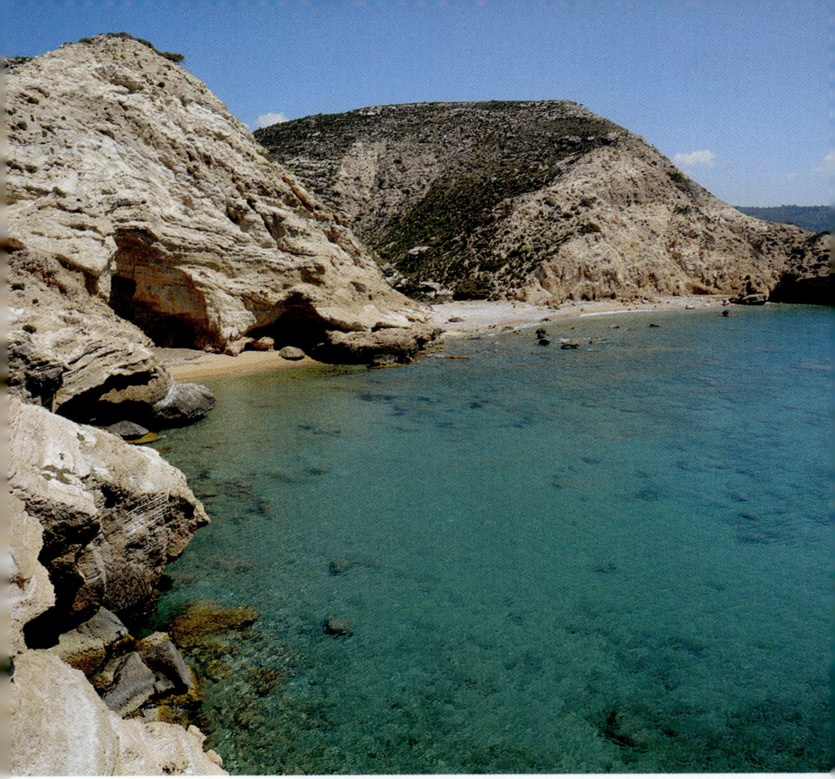

Vom Kap blicken wir auf kristallklares Meerwasser hinab.

fläche, wo wir geradeaus leicht aufwärts weiterwandern, wodurch wir auf einen zweispurigen Weg links oberhalb einer Hausruine gelangen. Er führt uns geradeaus bis zu einem Wendeplatz, der das Ende eines **Fahrweges** 8 darstellt. Diesem folgen wir nach scharf links aufwärts und halten uns dann an Abzweigungen stets geradeaus auf dem Hauptweg bis zu einer **Straße** 9. Wir laufen nach rechts und erreichen bald eine **Straßengabelung** 10. Wer nun noch einen Abstecher zum Kástro machen möchte, biegt nach rechts (Variante 2); ansonsten geht es links weiter.
Direkt hinter der Taverne Panórama am Ortseingang von **Monólithos** wandern wir halb rechts auf ein Sträßchen, bei einer Y-Kreuzung halten wir uns halb rechts abwärts und laufen immer weiter geradeaus. An einem Spielplatz gehen wir halb links, kurz danach halb rechts und gelangen so wieder zum Parkplatz an der **Kirche** 1.

Chálki

In bunten, leuchtenden Farben präsentiert sich **Emborió** bei der Einfahrt in den Hafen. Die kubischen Häuschen verleihen dem einzig dauerhaft bewohnten Dorf der Insel den Charme eines Gemäldes. Und bei einem Spaziergang durch die Gässchen wähnen sich Gäste in einer Filmkulisse – Chálki ist definitiv einen Ausflug wert!

Es leben nur knapp 500 Menschen auf der Insel, Autos gibt es kaum, und nur eine einzige, selten befahrene Verbindungsstraße führt auf die andere Seite der Insel. Ruhesuchende haben hier ihr Paradies gefunden. Sandstrände und türkisblaues Wasser ergötzen die Seele. Sogar das Hafenwasser ist tiefblau und klar. Übernachtet wird in schnuckeligen Pensionen und die Tavernen an der Strandpromenade bereiten frische, leckere Speisen zu. Wer nur einen Tagesausflug plant, schlendert am besten durch die Straßen von Emborió, besucht dort das »Traditional House Chálki«, entdeckt vielleicht das pompöse Rathaus und läuft zum **Strand von Póndamos** für ein erfrischendes Bad. Ein längerer Aufenthalt sei aber wärmstens empfohlen, denn es gibt auf Chálki einiges zu entdecken.

Mit einem schnellen Fußmarsch, einer Taxi- oder Busfahrt lässt sich an einem Tag auch das alte **Dorf Chorió** samt **Kastell** erkunden. Dort war einst die Hauptstadt der Insel angesiedelt. Ein schmaler, frisch restaurierter Pflasterweg führt bis zu der Burg, die atemberaubende Blicke auf die **karge Bergwelt** von Chálki eröffnet. Früher war die Insel dicht bewaldet. Doch ra-

Eine Traumkulisse: türkisblaues Wasser in der Bucht von Emborió.

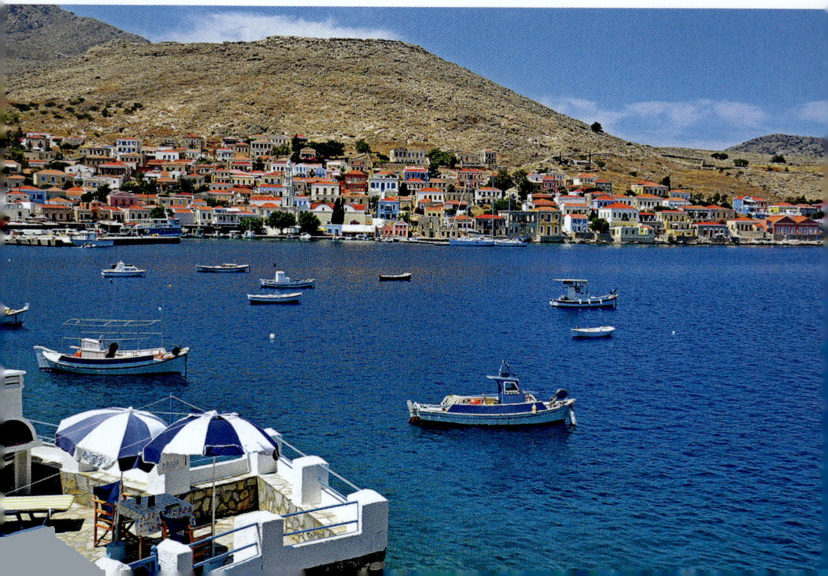

CHÁLKI KURZ UND KNAPP

Anreise
Siehe Seite 28.

Ärzliche Versorgung
Es gibt eine Arztpraxis und Apotheken auf Chálki.

Bus
Der Inselbus steuert im Sommer mehrmals täglich vom Hafen die drei wichtigsten Strände Póndamos, Ftenágia und Kánia an. Einmal täglich fährt er bis zum Kloster Giánnis Alárga.

Einkaufen
Es gibt mehrere kleine Lebensmittel-, Haushaltswaren- und Souvenirläden sowie eine Bäckerei. Die Preise für Lebensmittel und Wasser sind relativ hoch, da das meiste von Rhódos importiert werden muss.

Einkehr
An der Hafenpromenade und an den wichtigsten Stränden gibt es einige Tavernen, Restaurants und Cafés.

Internet
WLAN gibt es in vielen Hotels und Restaurants.

Taxi
Taxis stehen am Hafen.

Trampen
Da es nur wenige Autos gibt, ist Trampen nicht ganz so einfach auf Chálki. Mit etwas Glück oder vorheriger Fragerei klappt es aber meist doch.

Unterkunft
In Emborió gibt es viele Pensionen und Hotels.
Wer in den urigen Schlafnischen des Klosters Giánnis Alárga übernachten möchte, sollte vorher Anastasía anrufen, die dort momentan verantwortlich ist (+30 699 3249640). Da sie jedoch kaum Englisch und kein Deutsch spricht, empfiehlt es sich, mit englischsprachigen Einheimischen (z. B. der Restaurantbedienung) ins Gespräch zu kommen, die dann auf Griechisch das Anliegen am Telefon erklären können.

Nachhaltigkeit
Die Insel Chalki wurde von der griechischen Regierung zu einem Pilotprojekt in Sachen Nachhaltigkeit erkoren. Es wurde ein ganzheitliches Konzept ausgearbeitet, das unter anderem klimaneutrale Energieversorgung sowie verstärkte und kostenlose Nutzung digitaler Dienste im Gesundheits- und Bildungswesen umfasst.

dikale Abholzung für den Schiffsbau und Kupfergewinnung lassen das Eiland heute eher einer bergigen, schattenlosen Steinwüste gleichen.
Die höchste Erhebung ist mit 593 m der **Máistro**, an dessen Osthang wir bei Tour 42 entlangwandern. Insgesamt ist die Insel 28 km² groß, 10 km lang und 3 km breit. Doch die vielen Erhebungen lassen die Insel viel größer wirken. Von Emborió bis zum zauberhaft einsam gelegenen **Kloster Giánnis Alárga** braucht ein Auto etwa 20 Min. und muss über 500 Höhenmeter überwinden. Das Kloster ist eine wichtige Adresse für einen Wanderurlaub, da hier gegen eine Spende in gemütlichen, einfachen Kämmerchen übernachtet werden kann. Für die Touren 43 und 44 ist eine Nacht im Kloster die beste Option. Wanderinteressierte sollten mindestens zwei Tage auf Chálki einplanen, doch auch ein längerer Aufenthalt kann durchaus lohnend sein.

↗ 560 m | ↘ 560 m | 8.4 km

42 Von Emborió zur Bucht von Aréta

4.00 h

Durch karges Bergland zu einer versteckten, türkisblauen Badebucht

Der Kieselstrand von Aréta ist ein echter Geheimtipp auf Chálki: Gut versteckt zwischen steilen Felswänden und nur erreichbar durch einen langen Fußmarsch oder einen Bootstrip, verirrt sich kaum jemand hierher. So lässt sich das klare, türkisblaue Wasser in aller Ruhe und Einsamkeit genießen. Wer sich schnorchelnd ins Meer begibt, entdeckt nach einigen Metern einen gewaltigen Abgrund, der den Meeresboden bis ins Unendliche zu verschlucken scheint. Doch auch ohne Badefreuden lohnt sich der Abstecher zu der schnuckeligen Bucht.

Ausgangspunkt: Hafen der Insel Chálki in Emborió, 1 m. Von Rhódos steuern täglich Boote das Eiland an.
Anforderungen: Mittelschwere Wanderung auf einem schmalen, steinigen und sehr sonnigen Pfad. Teilweise ausgesetzt und unregelmäßig mit Steintürmchen markiert, daher ist ein wenig Orientierungssinn notwendig. Steiler Abstieg über Felsen zur Bucht von Aréta – hier kommen auch die Hände zum Einsatz und es ist ein wenig Schwindelfreiheit erforderlich.
Einkehr: Unterwegs keine. In Emborió gibt es viele Tavernen und Restaurants.
Unterkunft: Viele Pensionen und Hotels in Emborió.
Hinweis: Auf dem Weg müssen zahlreiche Fraßschutzgatter durchquert werden.

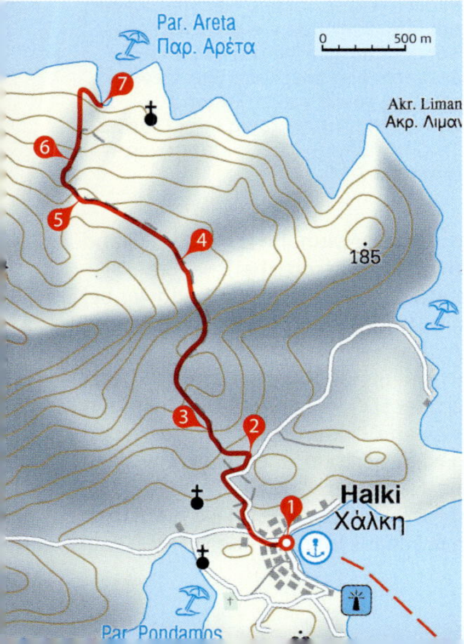

Gegenüber dem **Hafen in Emborió ❶** markieren zwei Baumgruppen die Hauptstraße der Insel. Auf dieser wandern wir aufwärts. Nachdem wir den Basketballplatz des Schulhofs rechts hinter uns gelassen haben, biegen wir bei der nächsten Gelegenheit nach rechts auf eine geteerte Straße ab und folgen dem Straßenverlauf rund 600 m. Wir passieren in der zweiten Linkskurve ein Silo und biegen etwa 120 m danach bei großen, alten Maschinen nach links auf einen Feldweg. Wir durchqueren ein **Fraßschutzgatter ❷**, steigen wenige Meter bergan und passieren ein weiteres Gatter. Auf schmalem Pfad gehen wir nun weiter bergauf und treffen bald auf eine **Mauer ❸**, an der wir nach rechts ei-

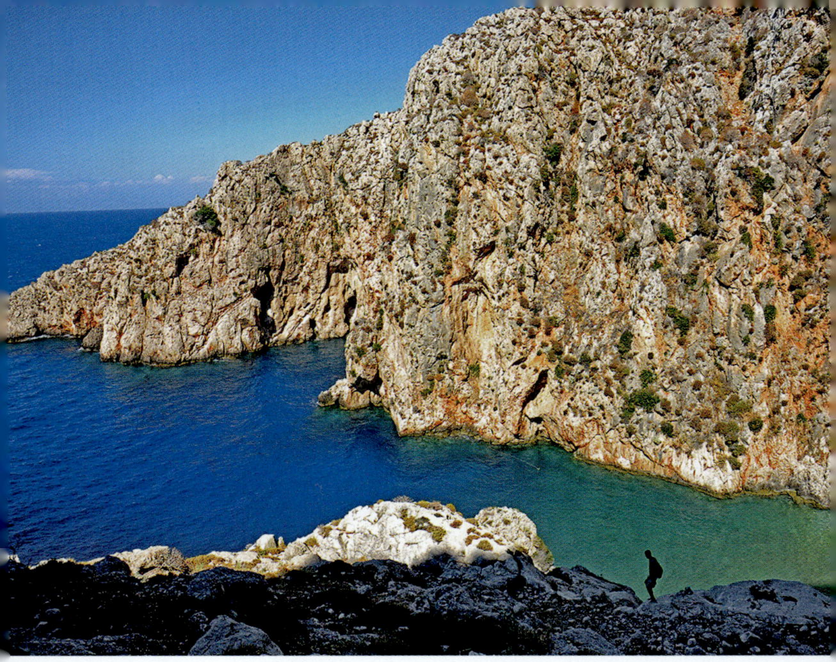

Der Abstieg bis zum türkisblauen Wasser der Bucht erfolgt über einen steilen Felshang.

nige Meter entlangwandern. Am Hang vor uns sehen wir alte, kreisförmige Steinruinen und auch unseren Pfad, der hinter der alten Siedlung nach rechts den Hang hinaufführt. Auf dem Bergrücken angekommen, kreuzen wir zwei niedrige und einen etwa hüfthohen **Steinwall** 4. Am nächsten Wall wandern wir rechts vorbei und dann geht es wieder abwärts; links von uns ragen beeindruckende Berge empor. Nach knapp 20 Min. durchqueren wir ein ausgetrocknetes **Bachbett** 5. Danach erwartet uns ein weiteres Gatter, und kurz darauf wandern wir an einem kreisrunden **Steinhäuschen** 6 vorbei. Unter uns sehen wir schon die schroffe Küste. Eine scharfe Links- und eine weite Rechtskurve bringen uns durch zwei Zäune zu der Bucht von Aréta. Rechts über uns klafft eine große Höhle. Links führt bei einem kleinen Steintürmchen ein schmaler Steig zum **Strand** 7 hinunter. Hier kommen nun die Hände zum Einsatz.

Mitunter braucht es mehrere Anläufe, den richtigen Pfad hinab zu finden, doch mit etwas Gespür klappt es dann doch.

Zurück nach **Emborió** 1 geht es wie auf dem Hinweg.

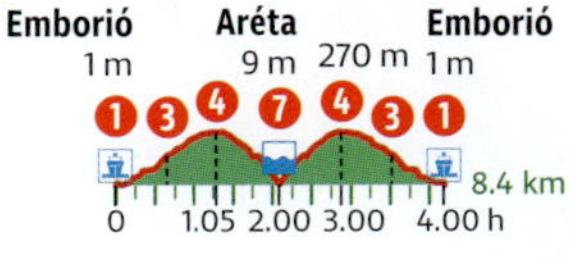

↗ 190 m | ↘ 210 m | 4.5 km

43 Kaménos Spílios – Die verbrannte Höhle 2.00 h

Auf abenteuerlichen Pfaden zu einem geschichtsträchtigen Höhlenschlund

Eine schreckliche Tragödie hat sich einst in der »Verbrannten Höhle« auf Chálki abgespielt: Der venezianische Fürst Francesco Morosini war im Jahre 1658 beauftragt, Rhódos zu erobern. Die Wachleute von Chálki sahen schon früh seine Ankunft und schickten die Nachricht nach Rhódos weiter. So gelang es dem Admiral nicht, die Sonneninsel zu belagern. Als Morosini von der Warnung erfuhr, geriet er in Rage und wollte sich rächen, indem er Chálki attackierte. Viele Menschen flohen in die große, schwer erreichbare Höhle im Inselwesten. Doch Morosinis Leute entdeckten den Unterschlupf und legten ein Feuer am Höhleneingang, sodass alle Versteckten auf grausame Weise in den Flammen umkamen. Heutzutage bewohnen Ziegen den beeindruckenden Höhlenschlund.

Ausgangspunkt: Kapelle Ág. Stávros, 415 m, an der Straße zum Kloster Panormítis. Anfahrt freitags mit dem Inselbus, ansonsten trampend oder per Taxi.
Endpunkt: Kloster Giánnis Alárga, 390 m. Rückkehr freitags mit dem Inselbus, ansonsten trampend oder per Taxi.
Anforderungen: Schwierige, sehr sonnige Wanderung, die Orientierungssinn, Trittsicherheit und teilweise Schwindelfreiheit erfordert. Die Wege sind oft schwer auszumachen, es besteht Verirrungsgefahr! Rund um die Höhle sind die Pfade sehr steil, steinig und teilweise rutschig. Außerdem muss ein Geröllfeld überquert werden.
Einkehr: Unterwegs keine. Getränke im Kloster.
Unterkunft: Einfache, urige Zimmer gegen Spende im Kloster Giánnis Alárga. Kontaktperson: Anastasía, Tel. +30/699/3249640 (spricht kaum Englisch und kein Deutsch).
Anschlusstour: Tour 44.
Hinweis: Bitte verhalten Sie sich in der Kaménos-Spílios-Höhle respektvoll und dem historischen Hintergrund angemessen.

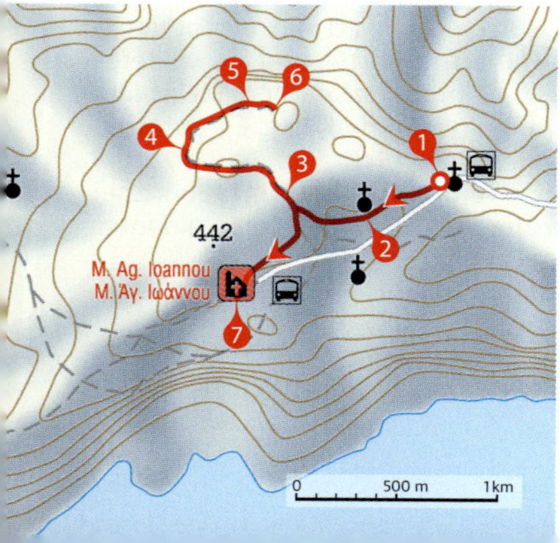

Von der **Kapelle Ág. Stávros** ❶ gehen wir etwa 50 m auf der Straße in Richtung Kloster. Dann biegen wir nach rechts auf einen schmalen Pfad und laufen wenig später rechts an einer Mauer vorbei. Wir passieren eine runde Windmühlenruine und gelangen kurz darauf zur **Kapelle Ág. Nikítas** ❷, zu der wir wenige Meter aufsteigen, um die etwas verkommenen Fresken aus dem 13. Jh. zu bewundern. Wieder zurück auf dem Pfad steuern wir bald auf eine

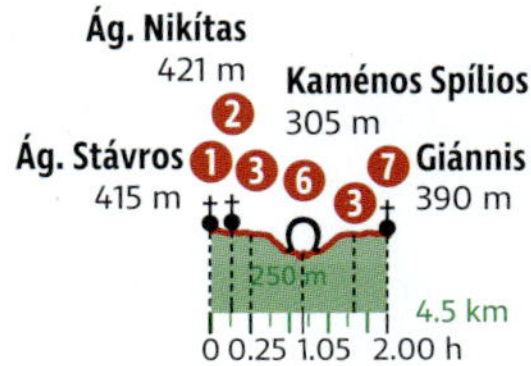

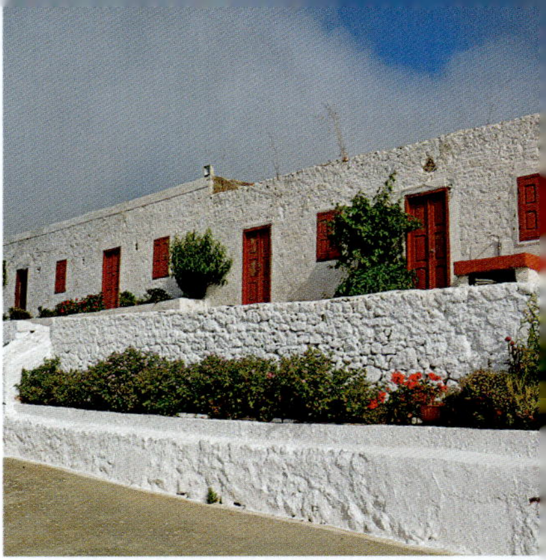

Einfache Zimmer im Kloster Giánnis Alárga bieten sich für Übernachtungen an.

hohe Trockensteinmauer zu. Kurz nachdem der Weg leicht von der Mauer wegdriftet, trifft von scharf rechts ein schmaler Pfad auf den unsrigen. Er führt uns rechts der Mauer durch die Überreste der alten, landwirtschaftlichen Siedlung Kípos. Knapp 10 Min. später fächert sich unser Pfad an einer **Y-Kreuzung** 3 auf: Links führt ein Abstecher hinauf zu einer alten Kapelle und den Überresten einer byzantinischen Weinpresse; unser Weg führt aber rechts daran vorbei. Vor einem großen Ruinensteinhaufen, in dessen Mitte eine alte, kleine Kirche aufragt, halten wir uns links. Wir wandern auf dem schmalen Pfad etwa 400 m abwärts. Dann folgen wir der Rechtskurve und gelangen kurz darauf zu der kleinen **Höhle Chariziani** 4. Kurz danach führt uns der Weg leicht nach links und danach nach rechts. Wir wandern am Fuße steiler Felswände entlang und erreichen bald eine kleine Freifläche, an deren Ende wir auf rutschig-steinigem Hang ein paar Meter direkt an der Steilwand absteigen. Wir folgen weiter der Felsenbasis und überqueren ein **Geröllfeld** 5. Etwa 40 m danach können wir oben rechts bereits den klaffenden Schlund der »Verbrannten Höhle« sehen. Ein steiniger und sehr steiler Pfad führt uns bis in die geschichtsträchtige **Höhle Kaménos Spílios** 6.

Der Rückweg erfolgt bis 50 m nach der **Y-Kreuzung** 3 gleich. Dann halten wir uns allerdings rechts, durchqueren eine Trockensteinmauer und wandern auf relativ breitem Pfad über eine kleine Anhöhe bis zum **Kloster Giánnis Alárga** 7.

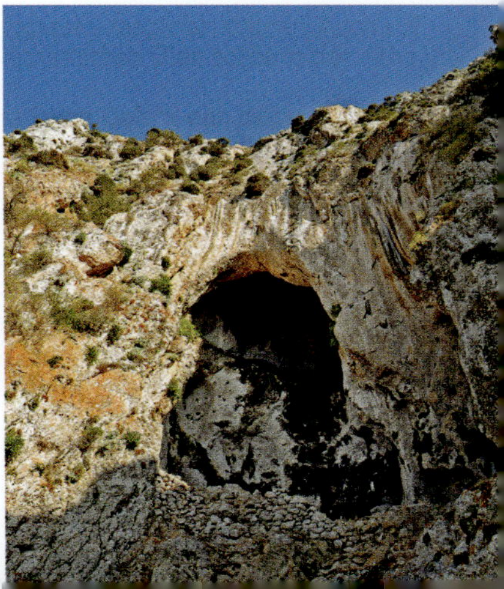

Kaménos Spílios – die verbrannte Höhle.

↗ 350 m | ↘ 350 m | 5.8 km

2.45 h

44 Zum alten Wachturm von Kefáli

Auf steinigen Pfaden durch alte Siedlungen

Diese Wanderung führt von dem hübschen Kloster Alárga durch karges Bergland zu alten Siedlungen. Hier lassen sich uralte Kapellen, ein mächtiger Wachturm und kleine Steinhäuschen entdecken. Die Aussicht auf die Bergwelt und die Westküste von Chálki ist einmalig.

Ausgangspunkt: Kloster Giánnis Alárga, 390 m, am westlichen Ende der Hauptverbindungsstraße der Insel Chálki. Anfahrt freitags mit dem Bus, ansonsten trampend oder per Mietfahrzeug.
Anforderungen: Mittelschwere, sehr sonnige Wanderung mit vielen ausgesetzten Wegstellen. Unregelmäßig mit Steintürmchen markiert. Gutes Orientierungsvermögen und Trittsicherheit erforderlich.
Einkehr: Unterwegs keine. Getränke im Kloster.
Unterkunft: Einfache, urige Zimmer gegen Spende im Kloster Giánnis Alárga. Kontaktperson: Anastasía, Tel. +30/699/3249640 (spricht kaum Englisch und kein Deutsch).
Anschlusstour: Tour 43.

Unsere Wanderung startet am hinteren, eisernen Tor des **Klosters Giánnis Alárga** ❶. Wir wandern zunächst an einem Maschendrahtzaun, wenig später an einer Trockenmauer entlang. Dort, wo die Mauer endet, fächert sich der Weg. Wir halten uns halb links und folgen dem Pfad weiter durch karge Phrýgana-Heide. Links vor uns befindet sich eine große Felswand mit olivenförmiger Höhle, ein Stückchen rechts davon sehen wir einen **Felssporn** ❷, auf den wir nun zusteuern. Dort angekommen steigen wir weglos den Hang hinauf, auf der anderen Seite wieder hinunter und halten auf die

Eine markante, olivenförmige Höhle hilft bei der Orientierung.

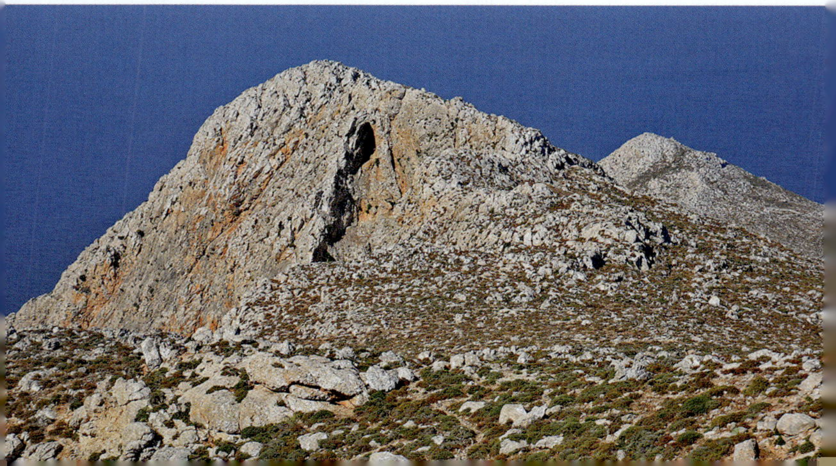

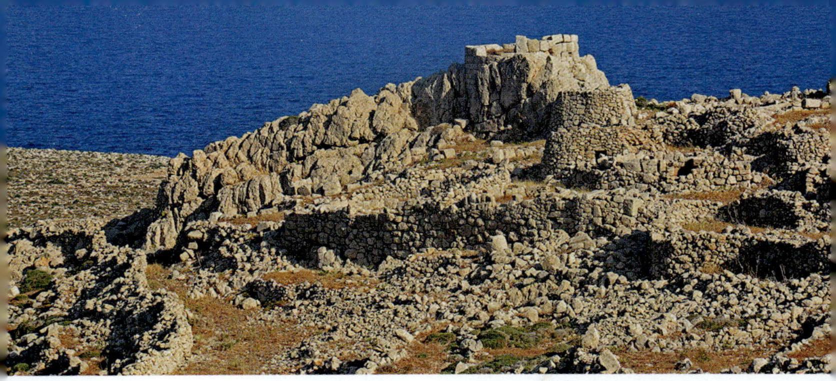

Über den Steinhäuschen von Kefáli ragen die alten Mauern eines Wachturms empor.

Höhle zu. Wir passieren eine Schlucht zur Linken, 100 m weiter teilt sich der Weg erneut. Wir biegen nach rechts und laufen kurz danach leicht abwärts auf die Überreste der alten **Siedlung Vokólia** 3 zu. In einer Rechtskurve wandern wir rechts am Dorf vorbei. Danach folgen wir dem steinigen Pfad parallel zum Meer, kommen an einer Hausruine vorbei und von dort – etwa 13 Min. geradeaus weiter – zu weiteren **Hausruinen** 4. 20 Min. später erreichen wir eine **Anhöhe** 5, wo wir vor uns bereits die alte Siedlung Kefáli erspähen können. Wir steigen auf einem steinigen Pfad bergab und wandern bis zum **Wachturm von Kefáli** 6. Etwas unterhalb davon befindet sich ein großer Stein mit einer kreisrunden Einkerbung – er wurde früher zum Pressen von Oliven verwendet. Ein wenig östlich des Turmes steht eine alte byzantinische Kapelle.

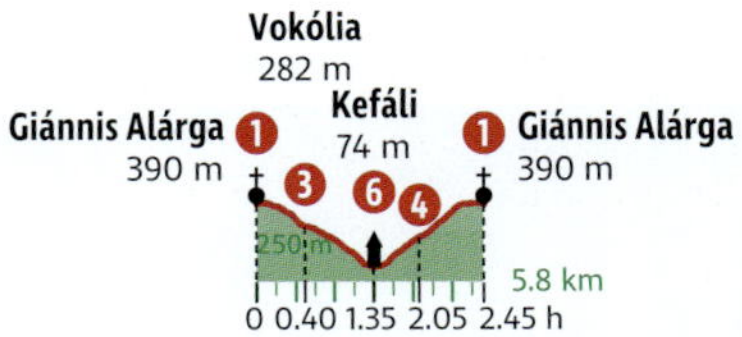

Der Rückweg erfolgt bis zu den **Hausruinen** 4 gleich. Dort geht es weitere 7 Min. auf dem Hinweg zurück und dann biegen wir auf einem unscheinbaren Pfad nach halb links den Berg hinauf. Der Pfad führt uns später über eine helle **Steinplatte** 7 und bringt uns wieder an das Ende der Mauer, von wo wir zurück zum **Kloster Giánnis Alárga** 1 wandern.

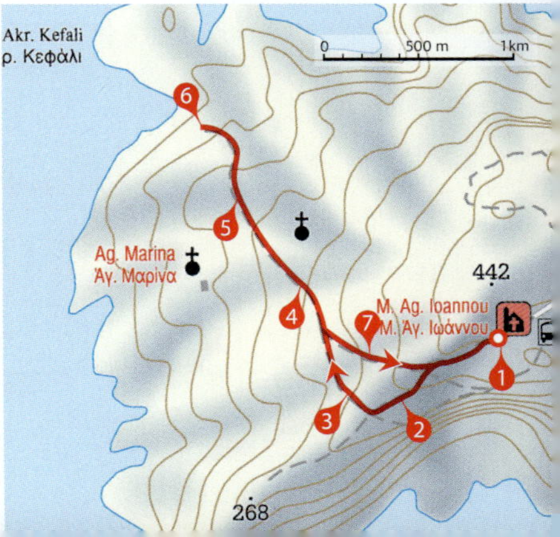

Sými

Sými ist ein echtes Inseljuwel. Wie in einem Bilderbuch überziehen die bunten, kubischen Häuser der Hauptstadt einen Berghang. Edle Jachten ankern im türkisblauen Hafenwasser, und an der Hafenpromenade stehen Körbe voller Meeresschwämme. Viele Kunstschaffende lassen sich von der hübschen Kulisse inspirieren. Auch Promis zieht es immer wieder nach Sými, wo sie ungestört Urlaub machen können. Hollywoodgrößen wie Tom Hanks, Catherine Zeta-Jones, Richard Gere oder Tina Turner waren schon hier, George W. Bush schlenderte in Shorts an der Hafenpromenade entlang und auch europäische und arabische Königsfamilien suchen die Insel gerne auf.

In **Gialós**, dem vornehmen Hafenviertel von Sými-Stadt, warten teure Boutiquen und elegante Lädchen auf Kundschaft. Der Status als Upper-Class-Insel schlägt sich auch in den Preisen für die stilvollen Unterkünfte nieder. Etwas günstiger ist der Aufenthalt in der verwinkelten Oberstadt **Chorió** und in den umliegenden Dörfchen. Auch im **Kloster Panormítis** kann in einfachen Zimmern gegen einen kleinen Geldbetrag übernachtet werden. Das hübsche Kloster im Süden der Insel ist fester Bestandteil der Tagesausflüge und wird regelmäßig von Schiffen und auch dem Inselbus angesteuert.

Auf Sými gibt es eine Vielzahl von wunderschönen Buchten, die nur über schmale Pfade oder den Wasserweg erreicht werden können: Dazu zäh-

Auf der vornehmen Hafenpromenade flanieren mitunter auch prominente Gäste.

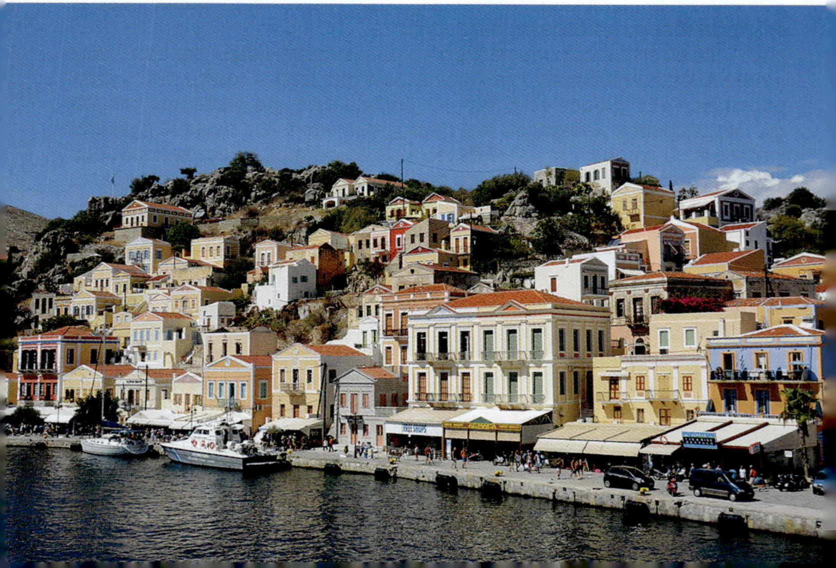

len zum Beispiel die traumhaft gelegene **Nanoú-Bucht** an einer eindrucksvollen Felswand (Tour 46) oder die liebliche **Agía-Marína-Bucht** mit vorgelagertem Inselchen, zu dem hinübergeschwommen werden kann (Tour 50). Im schnuckeligen Dörfchen **Nimborió** lohnt ein Abstecher zu einer uralten Kirche und einem unterirdischen Gewölbe.

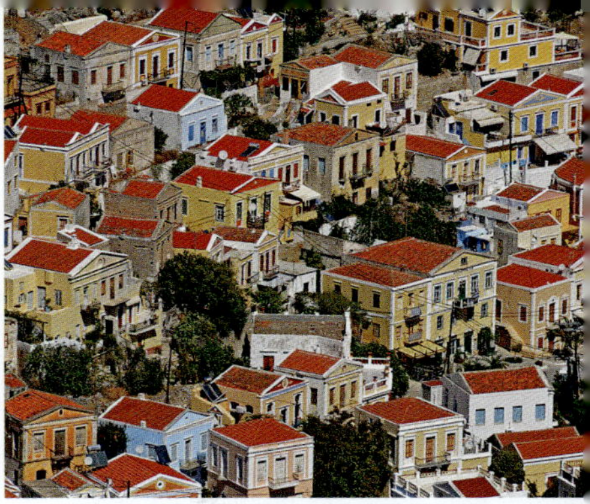

Fast surreal wirken die bunten Häuschen von Sými-Stadt aus der Vogelperspektive.

Die Insel liegt nur 10 km von der türkischen Küste entfernt, ist insgesamt 67 km² groß, etwa 12 km lang und 10 km breit. Während sie vom Meer aus einer Steinwüste gleicht, verstecken sich im Inselinneren große Waldflächen. Im ganzen Hype um die schöne Hauptstadt geht völlig verloren, dass Sými eine wirklich bezaubernde Wanderinsel ist. Die Markierung der Wanderwege auf Sými ist um einiges besser als auf Rhódos und Chálki und die Touren sind sehr abwechslungsreich. Um die Insel zu Fuß zu erkunden, lohnt es sich, ein paar Tage dort zu verweilen.

SÝMI KURZ UND KNAPP

Anreise
Siehe Seite 28.

Ärztliche Versorgung
Es gibt zwei allgemeinmedizinische Praxen, einen Zahnarzt sowie mehrere Apotheken auf Sými.

Einkaufen
In Sými-Stadt liefern viele kleine Läden aller Art, Bäckereien und mehrere kleine Supermärkte alles Nötige für den täglichen Bedarf.

Einkehr
Eine große Auswahl an Einkehrmöglichkeiten gibt es vor allem in Gialós.

Internet
WLAN gibt es in den meisten Hotels und Restaurants.

Öffentliche Verkehrsmittel
Es gibt zwei Buslinien auf Sými. Ein Bus fährt nach Pédi, der andere zum Kloster Panormítis. Die Abfahrtszeiten stehen gut lesbar auf Tafeln an der Haltestelle in Gialós.

Taxi
Taxis stehen am Hafen.

Trampen
Trampen ist auf Sými gut möglich, auch Dörfer werden oft angefahren.

Unterkunft
In Gialós gibt es viele kleine Hotels und Pensionen, oft gehobeneren Standards. Auch in den kleineren Dörfern gibt es Unterkünfte, die mitunter etwas weniger kostspielig sind.

↗ 60 m | ↘ 160 m | 1.9 km

45 Vom Kloster Sotíri zu byzantinischen Weinpressen

0.45 h

Entspannte Waldwanderung für Groß und Klein

Im wilden Bergland von Sými blühte vor mehr als 1000 Jahren die Weinkelterei. Es wurde rege Wein angebaut und weiterverarbeitet. Noch heute sind dort die Überreste von zehn alten, byzantinischen Weinpressen zu finden. Auch der alte Pflasterweg – die einst einzige Verbindung bis zum Kloster Panormítis – lässt Wandernde in andere Zeiten entschwinden. Eine Zeitreise kann so einfach sein.

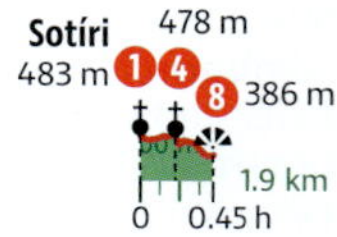

Ausgangspunkt: Kloster Sotíri an der Straße zum Kloster Panormítis auf der Insel Sými, 483 m. Anfahrt per Bus mehrmals am Tag von Sými-Stadt bzw. dem Kloster Panormítis möglich. Den geplanten Ausstieg unbedingt vorher mit dem Buspersonal absprechen. Genaue Abfahrtszeiten bitte den aktuellen Fahrplänen entnehmen.
Endpunkt: Aussichtspunkt an der Straße zum Kloster Panormítis, 386 m. Auch von hier kann auf Handzeichen in den Bus Richtung Sými-Stadt oder Panormítis zugestiegen werden.
Anforderungen: Leichte, gut markierte Wanderung durch schattigen Wald. Der kurze Aufstieg zu den Weinpressen erfolgt weglos auf felsigem Untergrund. Hierfür wird am besten der GPS-Track herangezogen. Der Abstieg ist mitunter steinig. Für Kinder ab ca. 5 Jahren geeignet.
Einkehr: Keine.
Unterkunft: Im Kloster Panormítis oder in Sými-Stadt.
Anschlusstouren: Touren 46 und 47. Verbindung über die Straße oder durch schwer auffindbare, alte Wanderwege.
Hinweis: Wer zurück zum Kloster Sotíri wandern möchte, geht denselben Weg zurück oder entlang der Straße bis zum Ausgangspunkt.

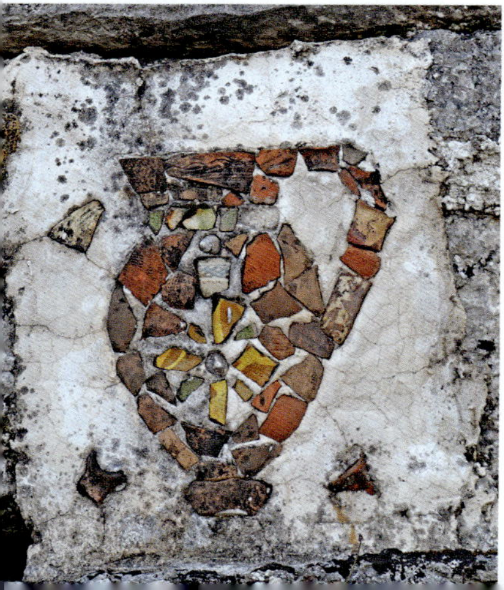

Wenige Meter vom **Kloster Sotíri** ❶ entfernt, führt eine Betonpiste den Hang hinab. Ein Schild weist dort schon die »Byzantine Stone Wine Presses« aus. Kurz hinter dem Schild folgen wir einem Pfad nach rechts in den Wald; er ist mit roten Punkten und Pfeilen markiert. Nach knapp 10 Min. erreichen wir die erste **Weinpresse** ❷. Nur 30 m weiter erblicken wir rechts auf einem Felsen einen verblichenen roten Pfeil,

An einem Felsen bei den Weinpressen Nr. 9 und 10 ist ein Scherben-Mosaik in Form eines Weinkruges zu sehen.

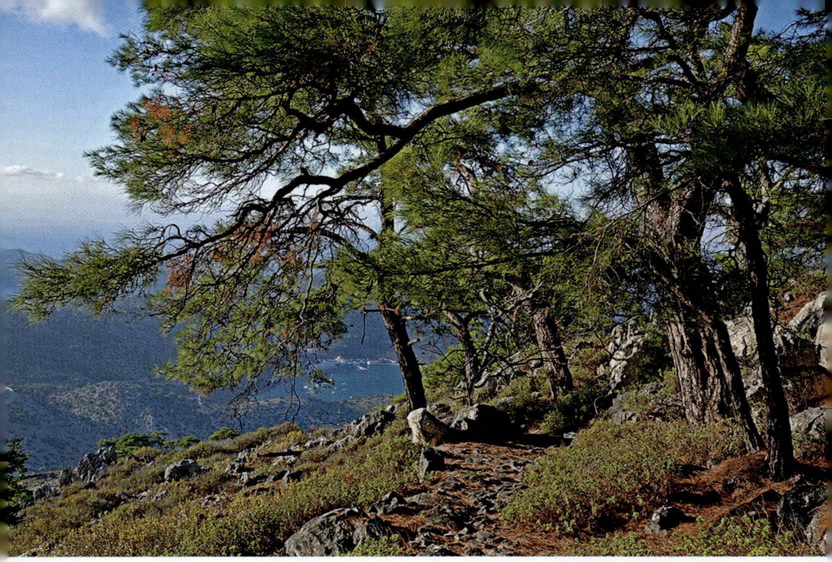

Dieser alte Pflasterweg war früher die einzige Verbindung zum Kloster Panormítis.

der uns weglos den felsigen Hang hinauf zu den neun weiteren Weinpressen weist. Im hinteren Teil des historischen Weinmanufaktur-Geländes findet sich ein **Scherben-Mosaik** ❸, das einen Weinkrug abbildet.
Nach der Besichtigung steigen wir wieder zum Pfad hinab und folgen ihm nach rechts. Wir passieren eine kleine **Kapelle** ❹, steigen hier nach links über Treppen und weiter auf einem Betonweg abwärts. So gelangen wir nach kurzer Zeit an eine **Kreuzung** ❺ mit einem breiten Fahrweg. Dort biegen wir nach rechts. Der Weg führt uns an der Steinmauer eines **Gehöftes** ❻ entlang. Danach steigen wir unter umgestürzten Bäumen hindurch und langsam aber sicher wird der Weg zu einem alten, gepflasterten Kalderími, von dem man zunächst nur schemenhaft erste Stufen erkennen kann. In Serpentinen schlängelt er sich gemächlich hinab zur **Straße** ❼. Gehen wir nun rechts, liegt gut 100 m weiter ein **Aussichtspunkt** ❽ mit einem grandiosen Ausblick auf das Kloster Panormítis.

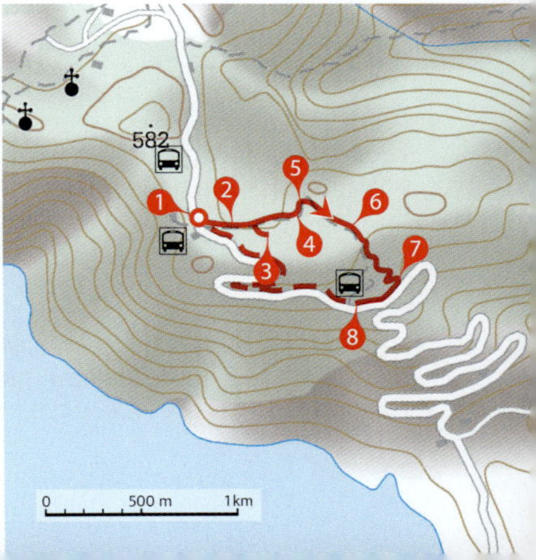

↗ 10 m | ↘ 460 m | 2.8 km

46 Zum Strand von Nanoú

1.20 h

Durch eine atemberaubende Schlucht zu einem schönen Badestrand

Wer das Abenteuer sucht, kann auf steilen Pfaden an den Hängen eines tiefen Tals bis zur Bucht von Nanoú wandern. Umgeben von mächtigen Felswänden und Zypressen glitzert an dem langen Sandstrand das kristallklare Wasser und lädt zum Baden und Schnorcheln ein. Sogar für das leibliche Wohl ist gesorgt. Und danach geht es mit dem Boot zurück nach Sými-Stadt.

Ausgangspunkt: Kapelle Panagía Straterí an der Straße zum Kloster Panormítis auf der Insel Sými. Anfahrt per Bus mehrmals am Tag von Sými-Stadt bzw. dem Kloster Panormítis möglich. Den geplanten Ausstieg unbedingt vorher mit dem Buspersonal absprechen. Genaue Abfahrtszeiten bitte den aktuellen Fahrplänen entnehmen.
Endpunkt: Strand von Nanoú. In den Sommermonaten von ca. 10 bis 18 Uhr stündlich Wassertaxis nach Pédi und Gialós. In der Nebensaison müsste eine Abholung am Endpunkt vorher in Sými-Stadt mit einem Wassertaxi-Fahrer individuell vereinbart werden. Unter Umständen wird der Service in der Nebensaison auch gar nicht angeboten, dann müsste die Rückkehr wieder zu Fuß bis zum Ausgangspunkt erfolgen.
Anforderungen: Schwierige, halbschattige Wanderung auf rutschig steilen und steinigen Pfaden. Erfordert Trittsicherheit! Markierung durch Steintürmchen und rot-blaue Punkte. Schwindelfreiheit an einzelnen Abschnitten nötig.
Einkehr: Unterwegs keine. In den Sommermonaten: Taverne am Strand von Nanoú.
Unterkunft: Im Kloster Panormítis sowie in Pédi oder Sými-Stadt.
Anschlusstouren: Touren 45 und 47. Verbindung über die Straße oder durch schwer auffindbare, alte Wanderwege.
Hinweis: Der Aufstieg vom Strand bis zur Kapelle Panagía Straterí ist als mittelschwer einzustufen. Gehzeit: 2 Std.
Tipp: Schnorchelausrüstung mitnehmen – schöne Unterwasserwelt am Strand von Nanoú.

Ein steiniger Pfad führt am Talgrund durch zwei aufragende Felssäulen zum Strand.

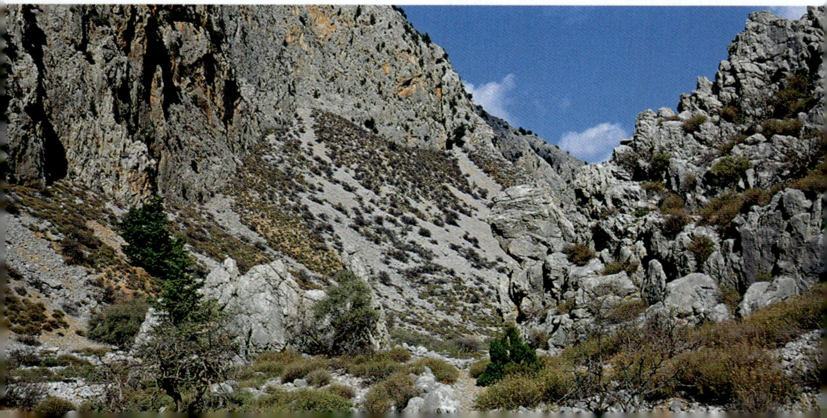

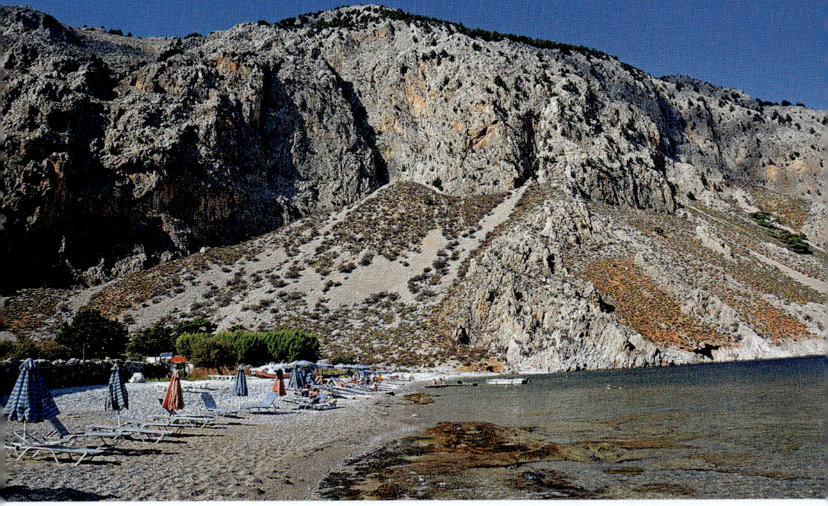

Zwischen gewaltigen Felshängen lässt es sich am Strand von Nanoú gut entspannen.

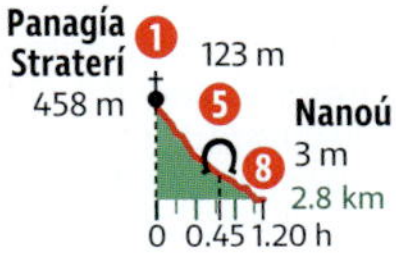

Etwa 30 m oberhalb der **Kapelle Panagía Straterí** ❶, auf der gegenüberliegenden Straßenseite, markiert ein Steintürmchen den **Einstieg** ❷ zum Pfad nach Nanoú. Er führt am Anfang einen gerölligen Hang steil hinab, Steintürmchen und blau-rote Markierungen helfen bei der Orientierung. Danach wandern wir abwärts durch lichten Nadelwald und entlang einer **Felswand** ❸. Etwa 20 Min. später durchqueren wir ein ausgetrocknetes **Bachbett** ❹. Bald taucht rechts neben uns die **Kordalioú-Höhle** ❺ auf. Wir laufen weiter abwärts bis zum **Talgrund** ❻, wo wir durch zwei aufragende Steinsäulen hindurchwandern. Weiter geht es in dem kiesigen Bachbett, bis wir rechts von uns die **Kapelle Ágios Panteleímonas** ❼ erreichen. Von dort führt ein Betonsteg zum wunderschönen **Strand von Nanoú** ❽. Unter Sonnenschirmen lässt es sich hier gut entspannen.

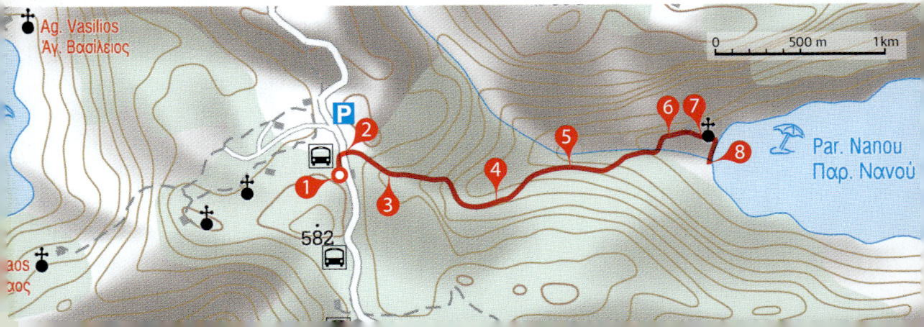

47 Rundtour durch die Nadelwälder der Inselmitte

1.00 h

Über Stock und Stein zu bunten Fresken und einem Gipfelkloster

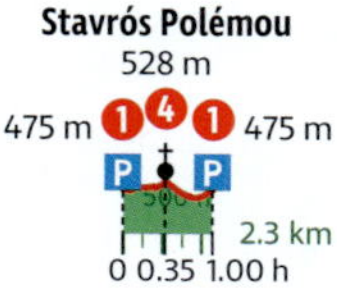

Dichte Waldgebiete erstrecken sich über das Inselinnere von Sými. Wer hätte das gedacht, bei den steinwüstenähnlichen Landschaften, die es an den Küsten zu sehen gibt. Im Schatten der immergrünen Bäume lassen sich auch heiße Tage angenehm verbringen. Und an der Brüstung eines Klosters überblicken wir erhaben die raue Bergwelt der Insel.

Ausgangspunkt: Parkbucht beim ausgeschilderten Abzweig »Ág. Nikítas« an der Straße zum Kloster Panormítis, etwas nördlich der Kapelle Panagía Straterí. Anfahrt per Mietgefährt oder Bus, der mehrmals am Tag zwischen Sými-Stadt und dem Kloster Panormítis verkehrt. Den geplanten Ausstieg unbedingt vorher mit dem Buspersonal absprechen. Genaue Abfahrtszeiten bitte den aktuellen Fahrplänen entnehmen.
Anforderungen: Leichte, schattige Wanderung auf gut markierten, mitunter etwas steinigen Wegen. Kurzes Stück etwas unregelmäßiger markiert, man sollte gut über Felsen und Steine gehen können. Für Kinder ab ca. 5 Jahren geeignet.
Einkehr: Keine.
Unterkunft: Im Kloster Panormítis oder in Sými-Stadt.
Anschlusstouren: Touren 45 und 46. Verbindung über die Straße oder durch schwer auffindbare, alte Wanderwege.
Tipps: Die Tür zum Innenhof der Kapelle Panaídi lässt sich mit einem cleveren Schnür-Mechanismus öffnen. Also nicht verzagen und am Faden ziehen! Wenn es gemächlich im Unterholz raschelt, lässt sich eventuell eine griechische Landschildkröte entdecken. Diese Rundtour lässt sich wunderbar in eine Inselüberfahrt zum Kloster Panormítis einbauen.

Südlich der abzweigenden Betonstraße (in Richtung des unfertigen Hauses) sehen wir am Rande der **Parkbucht ❶** oberhalb einer steileren Böschung einen verblichenen roten Pfeil am Stamm einer alten Zeder. Wir folgen dem dort beginnenden schmalen Pfad in den Wald hinein. Nach

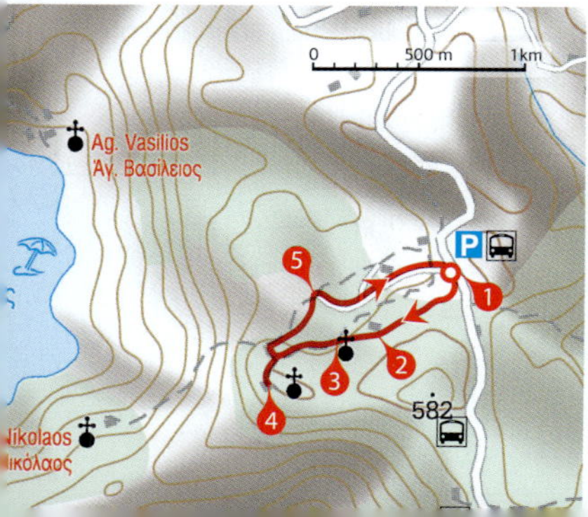

gut 10 Min. erreichen wir aus Beton gegossene **Treppenstufen ❷**, die uns über eine felsige Anhöhe führen. Kurz darauf taucht die idyllisch gelegene **Kapelle Panaídi ❸** aus dem Jahr 1726 vor uns auf. In ihrem Inneren sind schöne Bodenmosaike und lebhaft bunte Fresken zu sehen. Danach wandern wir rechts der Kapelle auf einem Betonsteig, dann auf einem schmalen Pfad weiter. Schon kurz darauf folgen wir dem auffällig

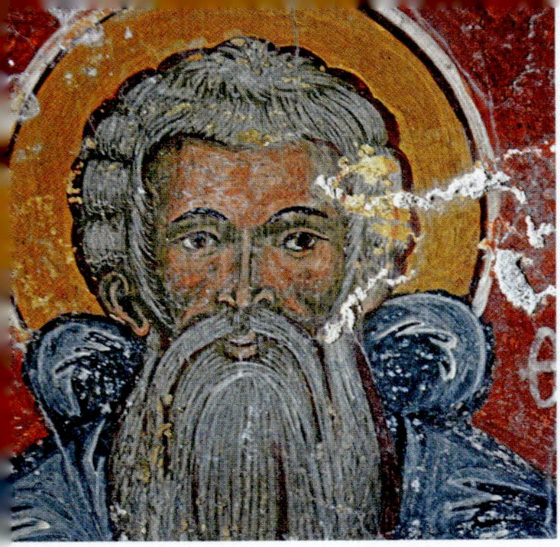

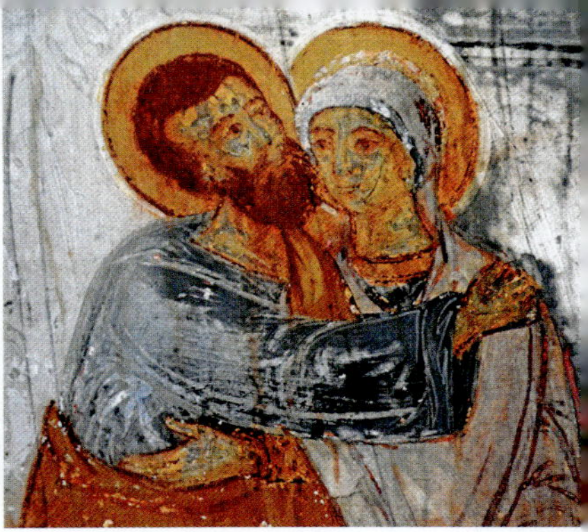

Bunte Fresken schmücken die Wände der Kapelle Panaídi.

gelb-rot gekennzeichneten Steig die Felsen empor. Die Markierung führt uns bis zum **Kloster Stavrós Polémou** 4, das auf einem Berggipfel thront und fantastische Ausblicke auf Sýmis Bergwelt und das Kloster Panormìtis bietet.

Für den Rückweg folgen wir dem breiten Betonweg durch den Wald abwärts bis zu einer **Kreuzung** 5. Wir wandern nach rechts und halten uns dann immer geradeaus bis zurück zum **Ausgangspunkt** 1.

Die Kapelle Panaídi ist in grüne Waldlandschaft gebettet.

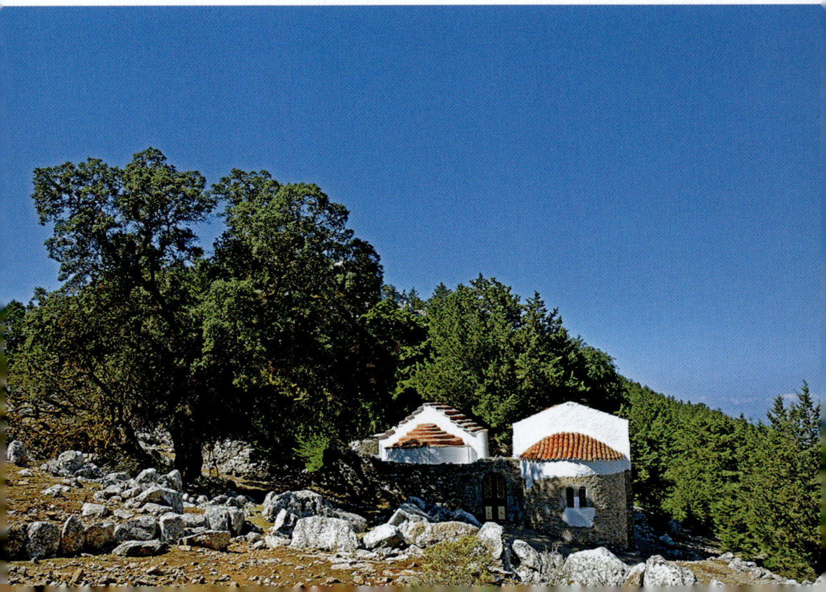

↗ 550 m | ↘ 550 m | 9.4 km

48 Von Gialós zur Kapelle Ágios Vassílios

4.00 h

Entlang eines steinigen Berghangs zu einer Kapelle an der Klippe

Knapp 50 m über dem blauen Meer schwebt die weiß getünchte Kapelle Ág. Vassílios. Sie ist direkt an eine felsige Klippe gebaut und eröffnet tolle Ausblicke auf die Küste und den gleichnamigen Kieselstrand. Auf schmalen, steinigen Pfaden an den Hängen einer erst sanften, dann schroffen Schlucht steigen wir zu dem einmalig gelegenen Ort hinab. Der Zustieg zum Bergpfad erfolgt über alte Pflasterwege und durch das Gassenlabyrinth von Sými-Stadt.

Ausgangspunkt: Brücke an der Hafenpromenade von Gialós auf der Insel Sými. Busse mehrmals täglich von Pédi und dem Kloster Panormítis.
Anforderungen: Mittelschwere Wanderung auf steinigen, sonnigen Pfaden und Pflasterwegen. Trittsicherheit und Schwindelfreiheit erforderlich. Markierung durch Steintürmchen. Im Gassenlabyrinth von Sými-Stadt ist ein wenig Orientierungssinn nötig.
Einkehr: Unterwegs keine. Viele Möglichkeiten in Sými-Stadt.
Unterkunft: Viele schnuckelige Pensionen und Hotels in Sými-Stadt.
Variante: Wer zum Strand Ág. Vassílios absteigen möchte, sollte sehr trittsicher sein. Er ist nur auf einem schwierigen, rutschig steilen, steinigen Pfad zu erreichen. Abstieg 10 Min., Höhenunterschied 70 m.
Anschlusstour: Als alternativer Rückweg kann ab dem Kloster Perivliótis die Variante 2 von Tour 49 in umgekehrter Richtung begangen werden. Hier ist allerdings der Beginn des alten Pflasterweges etwas schwierig auszumachen.
Tipp: Auf dem Rückweg ist ein Abstecher zum alten Kastell von Sými-Stadt möglich. Es ist bereits von dem Pflasterweg, der nach Chorió führt, leicht links über den Dächern der Oberstadt zu sehen.

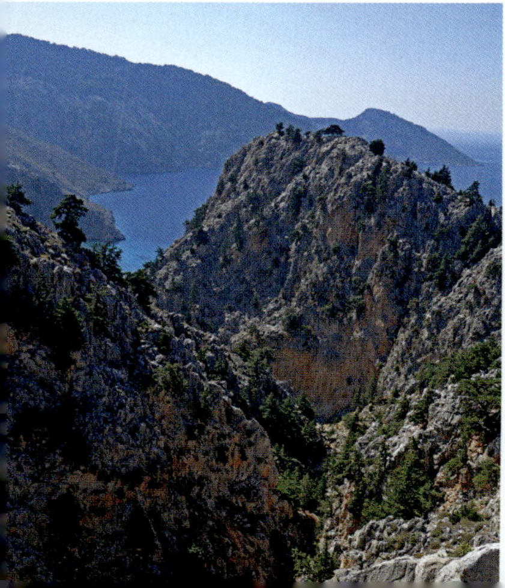

Von der Brücke in **Gialós** ❶ folgen wir der Hafenpromenade erst durch eine Linkskurve, dann durch eine Rechtskurve. Links von uns tauchen die Wassertaxi-Stände auf. Dort, wo die Hafenstraße leicht nach links schwenkt, biegen wir im rechten Winkel nach rechts in eine Gasse ein. An der nächsten Kreuzung laufen wir nach links und dann nach rechts. Danach halten wir uns halb links und gelangen in eine lange, gerade Gasse, die leicht aufwärtsführt. Ihr

Vom Weg aus eröffnen sich atemberaubende Ausblicke auf eine tiefe Schlucht.

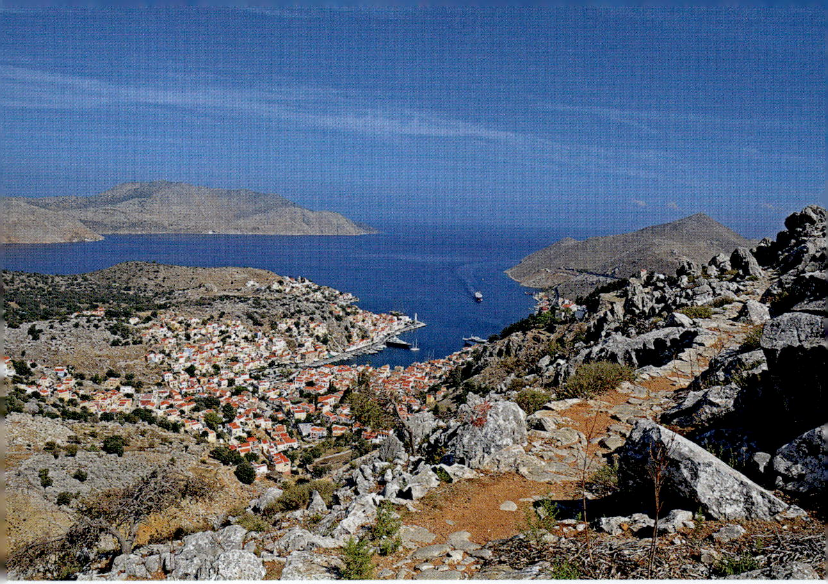

Auf dem Rückweg genießen wir traumhafte Ausblicke auf Sými-Stadt.

folgen wir bis zu einer Treppe, die wir halb links hinaufsteigen, um dann in die gleiche Richtung wie vorher weiterzulaufen. Wir wandern nun auf einem alten **Pflasterweg** 2, der von den Einheimischen auch Kataráktis (Wasserfall) genannt wird, weil im Frühjahr hier manchmal eine Menge Wasser hinunterläuft.
Er führt uns steil hinauf nach **Chorió** 3. An einer orangefarbenen Mauer erreichen wir die dichte Bebauung der Oberstadt. Wir biegen dreimal nach rechts und folgen dann einem Weg geradeaus durch halbverfallene Häuser. An dessen Ende geht es links-rechts-rechts weiter. Danach können wir endlich den eindeutigen rot-blauen Markierungen bis zum Ortsausgang folgen, vorbei an einer gelben Kirche. An einer **Kreuzung** 4, kurz hinter einem Gatter, wählen wir den rechten Pfad Richtung Xísos. Er bringt uns bis zur Asphaltstraße beim **Kloster Perivliótis** 5. Dort biegen wir nach links und gleich darauf wieder nach rechts auf einen Betonweg. Wir folgen ihm entlang vieler Garten-Grundstücke. Rechts versteckt sich unter Bäumen das **Kloster Ág. Nikólaos** 6. Wir gehen links daran vorbei und wandern leicht abwärts. Eine Abzweigung nach links ignorieren wir und biegen stattdessen, kurz bevor

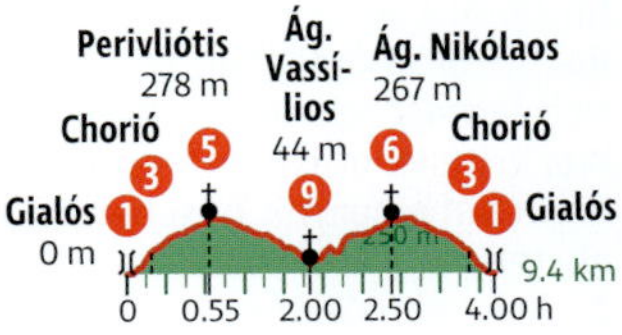

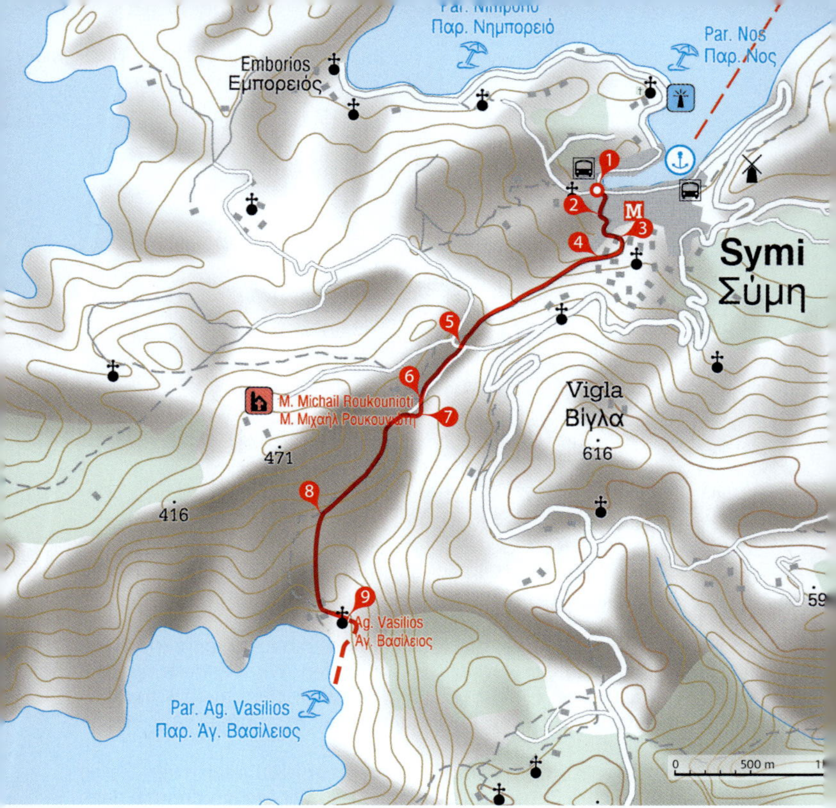

der Weg in eine Einfahrt mündet, links zwischen zwei Zäunen auf einen steinigen **Pfad** ❼ ab. Er ist durchgängig mit Steintürmchen markiert und führt uns durch drei ausgetrocknete Bachläufe an einem Berghang entlang. Nach einer halben Stunde auf dem Pfad erblicken wir links des Weges alte **Gebäude-Ruinen** ❽. Etwa 10 Min. später erreichen wir die Klippe und laufen nach links an ihr entlang. Von oben sehen wir nur wenige Meter weiter beim Blick auf das Meer bereits die **Kapelle Ág. Vassílios** ❾ unter uns. Rechts des Pfades führen steinerne Treppenstufen zu ihr hinab. Es ergeben sich fantastische Aussichten auf den einsamen Kieselstrand Ág. Vassílios.
Wer trittsicher ist, kann oberhalb der Treppe geradeaus weitergehen und dann auf einer mit Büschen und Felsen gespickten Geröllhalde zum Strand absteigen (siehe Variante).
Zurück nach **Gialós** ❶ geht es auf demselben Weg.

↗ 770 m | ↘ 770 m | 16.9 km

6.15 h

Von Gialós zum Kloster Ágios Emilianós

49

Aussichtsreiche Wanderung zu einem Kloster mitten im Meer

Diese Tour ist wirklich schweißtreibend! Auf alten Pflasterwegen und schmalen, steinigen Waldpfaden steigen wir zweimal sehr steil von null auf 300 Meter. Aber für den Blick auf das einzigartig gelegene Kloster Emilianós lohnt sich alle Anstrengung. Außerdem ergeben sich von den Anhöhen fantastische Ausblicke auf die türkische Küste und Sými-Stadt.

Ausgangspunkt: Brücke an der Hafenpromenade von Gialós auf der Insel Sými. Busse mehrmals täglich von Pédi und dem Kloster Panormítis.

Anforderungen: Die Einstufung als schwere Wanderung rührt vor allem von ihrer Länge (mit Pausen ca. 8 Std.). Sie ist nur mit sehr guter Kondition zu schaffen. Teile des Weges sind ausgesetzt und steinig und erfordern gutes Orientierungsvermögen und Trittsicherheit. Der Zustieg zum Kloster verläuft direkt an der Meereskante. Dort ist mitunter Schwindelfreiheit vonnöten. Teilabschnitte sind angenehm schattig, sonst sehr sonnig.

Einkehr: Unterwegs keine. Viele Möglichkeiten in Sými-Stadt.

Unterkunft: Pensionen und Hotels in Sými-Stadt. Wer in den einsamen Kämmerchen im Kloster Emilianós übernachten möchte, kann sich (auf Griechisch) mit Nikólas und Celéstis in Verbindung setzen (Tel. +30/694/6318694). Die beiden halten das Kloster in Ordung.

Varianten: 1. Um nur mittelschwere Pfade zu begehen, wird der Rückweg wie der Hinweg begangen und der Zustieg zum Kloster unterlassen.
2. Kleine Runde für den Tagesausflug mit tollen Ausblicken auf Sými-Stadt. Dafür biegen wir direkt nach der Kapelle Ág. Rafaíl 3 nach links und folgen dem alten Eselspfad bis zum Rückweg der großen Tour, auf dem wir zurück nach Gialós wandern. 1.45 Std., Höhenunterschied 250 m.

Kurztouren: Wer nur die Hälfte wandern will, lässt sich nach vorheriger Absprache direkt vom Kloster Emilianós mit dem Boot abholen und zurück nach Gialós fahren. Eine andere kürzere Variante ist, mit dem Taxi, Mietgefährt oder trampend bis zum Kloster Anárgiri 5 zu fahren und die Wanderung dort zu beginnen.

Hinweise: Mitunter kommt es in der Nähe des Klosters Ág. Emilianós zu Erdrutschen, die das letzte Wegstück unpassierbar machen können. Auch bei hohem Wellengang ist der Zustieg nicht möglich. Das Tor zum Kloster klemmt etwas – einfach kräftig ziehen und schon lässt sich das idyllische Fleckchen Erde aus der Nähe erkunden.

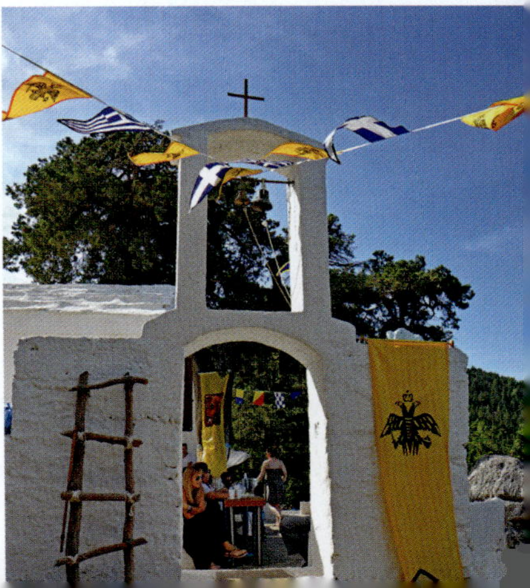

Kapelle Ág. Theológos.

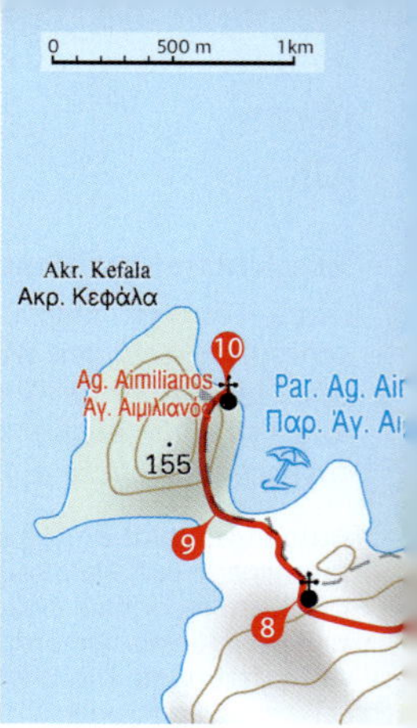

Von der Brücke an der Hafenpromenade von **Gialós** ❶ wählen wir die Straße links des Platzes. Wir folgen ihr, bis sie plötzlich steil ansteigt. Dort biegen wir nach links und wandern in einer schmalen Gasse aufwärts. Eine Treppe führt uns direkt vor ein Haus, dort biegen wir nach rechts und folgen weiterhin dem Wegverlauf. Oberhalb der dichten Bebauung wird unser Pfad zu einem waschechten Kalderími, einem alten Pflasterweg. Wir folgen ihm durch ein **Gatter** ❷. Kurz darauf kreuzt eine Wasserleitung den Weg – wir halten uns geradeaus am Zaun und orientieren uns dann gute 20 Min. an den markanten Begrenzungssteinen des Kalderímis. Wir erreichen eine Betonstraße, biegen nach rechts oben und erreichen die **Kapelle Ág. Rafaíl** ❸. Kurz dahinter treffen wir auf eine asphaltierte Straße, der wir nach rechts folgen und so zum **Kloster Roukouniótis** ❹ gelangen. An der Y-Kreuzung links des Klostereingangs wählen wir den rechten Weg, der bald in eine Sandpiste übergeht und uns zum **Kloster Anárgiri** ❺ führt.
Oberhalb des Klosters weisen rote Punkte auf einen steinigen Pfad, der zunächst eben verläuft, später leicht ansteigt. Wir queren eine Betonstraße und folgen weiter dem nun kaum noch markierten Pfad den Hang entlang. Als Orientierung dient uns bald das obere Ende des untersten kleinen Wäldchens an dem Bergsattel, auf den wir zusteuern. Kurz danach treffen wir auf eine **Freifläche** ❻ mit alten Hausruinen. Dort steigen wir links über kleine Steinmauerreste, ein roter Pfeil weist uns den Weg geradeaus. Wir wandern nun auf einem gut ausgetretenen Pfad auf einen Zedernwald zu. An einer Y-Kreuzung im Wald halten wir uns rechts und gelangen gut 10 Min. später zur **Kapelle Ág. Theológos** ❼. Unser Weg führt rechts daran vorbei. Am nächsten Abzweig wandern wir rechts abwärts und erreichen nach etwa 20 Min. den Waldrand. Nun können wir das vorher schon durch Zweige und Äste erspähte Kloster Emilianós in seiner vollen Pracht mitten im Meer erblicken. Wir wandern immer weiter abwärts, ignorieren zwei Pfade nach rechts hinab zur Bucht und steuern danach auf das weiß getünchte **Kloster Ág. Filímonos** ❽ zu, das rechts auf einem Bergsattel steht. Von dort führt ein Betonweg hinab zu einem **Strand** ❾. Wenn es die äußeren Umstände zulassen, kann nun auf einem schmalen Pfad direkt am Meer zum **Kloster Ág. Emilianós** ❿ gewandert werden, das nur über einen schmalen, brüchigen Betonsteg von Land zu erreichen ist. Der ruhige Innenhof lädt zur Rast ein.
Der Rückweg erfolgt bis zur **Freifläche** ❻ gleich. Dort folgen wir schon am Anfang der Ebene einem Pfad nach rechts, der etwa 30 Min. leicht ansteigend an einem Berghang entlangführt und großartige Blicke auf Sými s

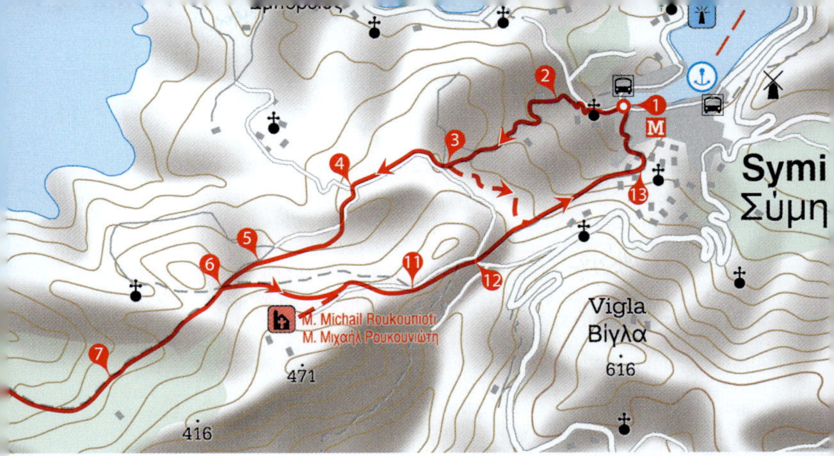

Hinterland und die türkische Küste bietet. Bald schon verliert sich der Weg in einer bergigen Felswüste. Teilweise helfen rote Markierungen bei der Orientierung. Wir laufen so lange an dem Hang entlang, bis wir rechts vor uns, hinter einer Kiefer, die weißen Häuser eines kleinen **Bauernhofs** 11 entdecken und darauf zusteuern. Wir wählen den Weg rechts um das Gehöft und dann links am Zaun entlang. Wir wandern nun immer geradeaus bis zu einer asphaltierten Straße, an der rechts neben uns das **Kloster Perivliótis** 12 steht. 20 m nach rechts versetzt beginnt ein gepflasterter Pfad, der uns in etwa 20 Min. bis zu den obersten Ausläufern von **Chorió** 13 führt und phänomenale Aussichten auf Sými-Stadt eröffnet.

Wir gehen nun immer abwärts – an einer gelben Kirche links vorbei – und weiter geradeaus und nach einer großen Nische in der Wand links. Wir folgen nun den rot-blauen Markierungen und der blauen Eidechse, die auf den Boden gesprüht ist. Bei einer **blauen Treppe** biegen wir nach links und laufen immer weiter geradeaus. Der Weg steuert auf zwei mit Steinen verrammelte Türen zu. Hier biegen wir nach links und wandern links einer **Kirche** geradeaus weiter. An einer Y-Kreuzung steigen wir halb links abwärts, biegen wenig später nach links zu einem **Strommast** und folgen von hier dem steilen Treppenweg bis nach **Gialós** 1.

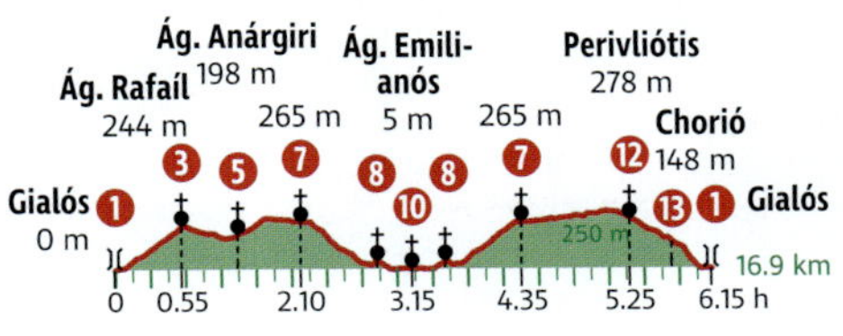

↗ 160 m | ↘ 270 m | 5.2 km

50 Von Chorió zur Bucht Agía Marína und nach Pédi

2.00 h

Durch karge Bergwelt zu einer traumhaften Bucht

Diese Wanderung hat gleich mehrere Highlights zu bieten: phänomenale Aussichten auf Sými-Stadt, eine einzigartige Badebucht mit vorgelagertem Inselchen und einen fjordähnlichen Meeresarm, der das Gefühl gibt, gar nicht am Mittelmeer zu wandern. Los geht es von den alten Windmühlenruinen hoch über den Dächern der Stadt, durch eindrucksvolle Küsten-Bergwelt bis zu dem schnuckeligen Dörfchen Pédi.

Ausgangspunkt: Windmühlen von Chorió, oberhalb von Sými-Stadt. Anfahrt von Gialós mit dem gelben Bus nach Pédi 8–22 Uhr zu jeder vollen Stunde. Aufstieg auch zu Fuß oder mit dem Taxi möglich.

Endpunkt: Bushaltestelle von Pédi. Von 8.30 bis 22.30 Uhr fährt stündlich ein Bus zurück nach Chorió bzw. Gialós.

Anforderungen: Mittelschwere, sehr sonnige Wanderung auf markierten, aber sehr steinigen, felsigen Wegen. Mitunter fallen die Markierungen nicht sofort ins Auge. Spannende Wanderung für trittsichere Kinder ab etwa 7 Jahren.

Einkehr: Edle Beach-Bar an der Bucht von Marína. Mehrere Tavernen in Pédi und Chorió.

Unterkunft: Hotels und Pensionen in Pédi, Chorió und Gialós.

Varianten: 1. Wer nach der Wanderung noch nicht genug hat, läuft weiter an der Hafenpromenade von Pédi über

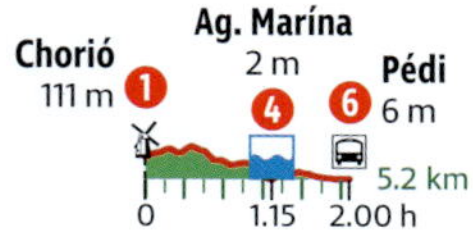

einen kurzen Küstensteig bis zum kinderfreundlichen Strand Ág. Nikólas Pédi. 30 Min., 2,9 km, Höhenunterschied 60 m.

2. Der Rückweg nach Chorío kann natürlich auch zu Fuß erfolgen. Dazu einfach der Straße bergauf folgen. 45 Min., Höhenunterschied 100 m.

Kurztour: Um den Weg abzukürzen, kann das Wassertaxi von der Bucht Ag. Marína nach Pédi genutzt werden. Fährt nach Bedarf.

Tipp: Das kleine, vorgelagerte Inselchen samt namensgebender Kapelle Ag. Marína lässt sich von der Bucht 4 aus auch schwimmend erreichen.

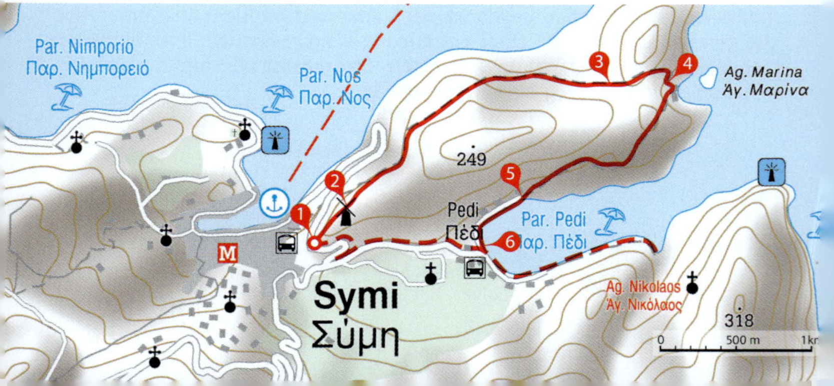

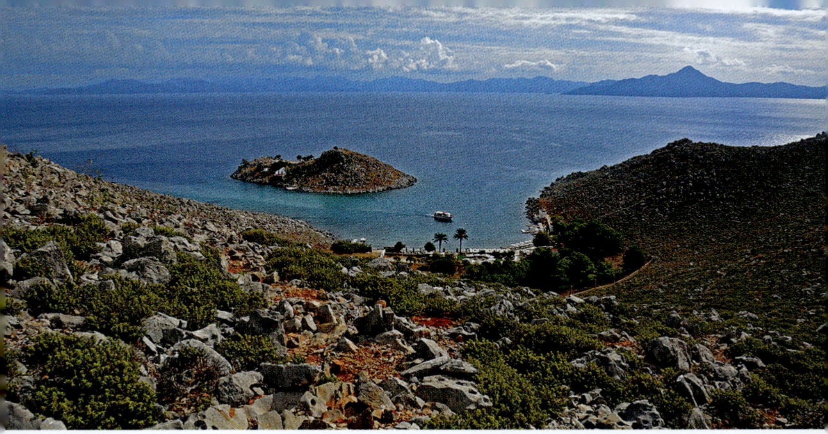

Auf einem steinigen Pfad steigen wir zu der kleinen Oase Agía Marína ab.

Von den **Windmühlen von Chorió** ❶ folgen wir dem braunen Schild Richtung »Pontikókastro« einen Betonweg bergauf. Dort, wo der Betonweg vor einem Haus endet, wählen wir den rechten Pfad bergauf. Er führt uns bis zu einem großen Tor, hinter dem bereits das dahinterliegende **Pontikókastro** ❷ erkennbar ist. Einheimische nennen das kreisrunde Steingebilde auch »Grab des Niréus«, weil vermutet wird, dass der einstige König von Sými – und zweitschönster Kämpfer im Trojanischen Krieg nach Achilles – hier begraben ist. Wir gehen links daran vorbei und folgen dem steinigen Pfad, der mit rot-blauen Punkten und Steintürmchen gekennzeichnet ist. Diese Markierungen kommen auf der gesamten Strecke alle paar Meter vor – sollten sie eine Weile nicht zu sehen sein, so ist wohl der falsche Weg eingeschlagen worden. Unser Pfad führt uns bald links um den hohen Berg, der vor uns aufragt. Etwa 45 Min. nach dem Pontikókastro steuern wir auf einen nahezu archetypischen **Bergsattel** ❸ zu, den wir auch erklimmen. Wir orientieren uns weiterhin an den Punkten, steigen leicht ab und erblicken schon bald die paradiesische Bucht mit der winzigen Insel Agía Marína. Wir steigen dorthin ab. Wir öffnen fast auf Meeresniveau das Tor zu unserer Rechten und erreichen so die hübsche Bucht **Agía Marína** ❹. Um nach Pédi weiterzuwandern, durchqueren wir entweder das Gelände der Beach-Bar oder gehen unterhalb der Steinmauer am Meer entlang – teilweise ist der Meeresspiegel so hoch, dass durch das Wasser gewatet werden muss. Auf der anderen Seite der Bucht angekommen, steigen wir nach rechts einen steilen Treppen-Betonweg hinauf bis zu einem weiteren Tor. Von dort folgen wir dem zu Beginn etwas unregelmäßiger markierten Pfad entlang der fjordartigen Bucht bis zur **Hafenpromenade von Pédi** ❺. Wir laufen 500 m am Meer entlang und erreichen bei einer Mole die unscheinbare **Bushaltestelle von Pédi** ❻.

STICHWORTVERZEICHNIS

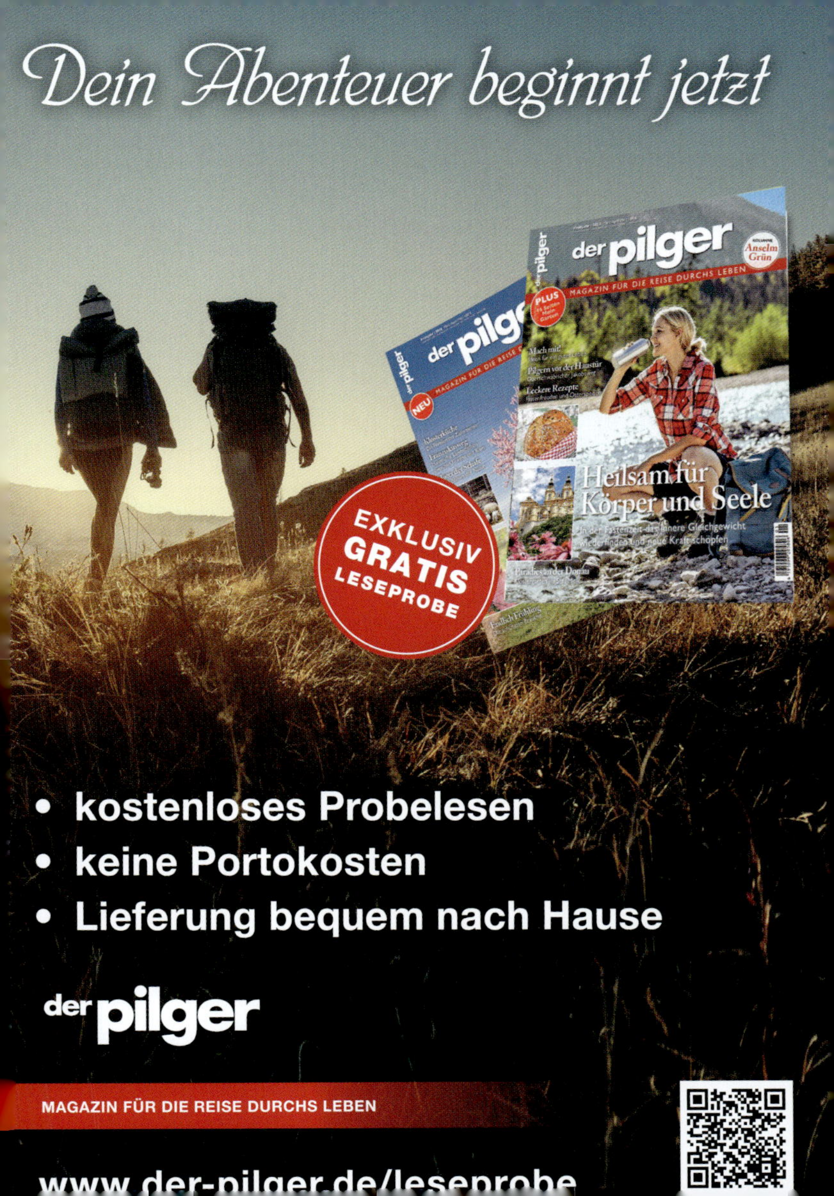
Dein Abenteuer beginnt jetzt
EXKLUSIV
GRATIS
LESEPROBE
der pilger
MAGAZIN FÜR DIE REISE DURCHS LEBEN
Heilsam für Körper und Seele
• kostenloses Probelesen
• keine Portokosten
• Lieferung bequem nach Hause
der pilger
MAGAZIN FÜR DIE REISE DURCHS LEBEN
www.der-pilger.de/leseprobe

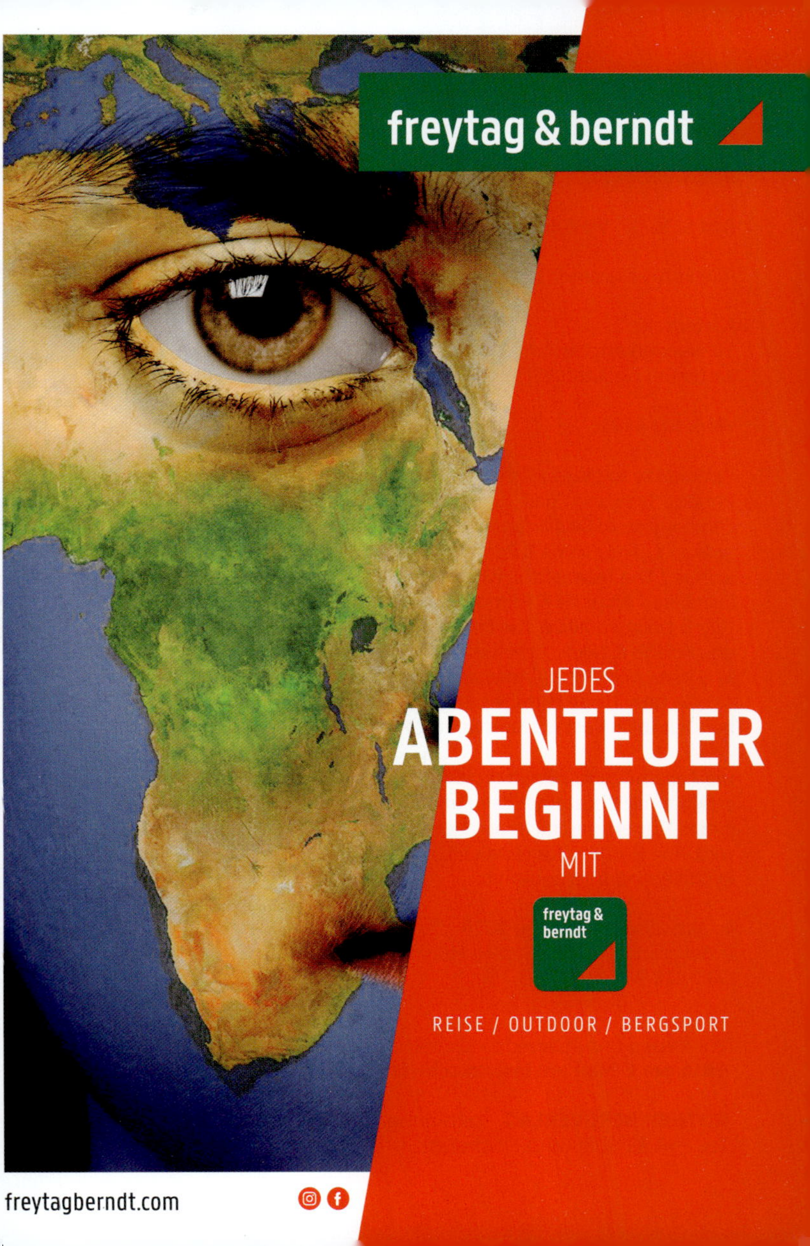
freytag & berndt
JEDES
ABENTEUER
BEGINNT
MIT
freytag & berndt
REISE / OUTDOOR / BERGSPORT
freytagberndt.com

Umschlagbild: Anthony-Quinn-Bucht aus der Vogelperspektive (Tour 3).

Bild im Innentitel: Ausblicke auf das Kloster Panormítis (Tour 45).

Bild S. 2: Das Bachbett im Canyon von Siána (Tour 13).

Bild S. 36/37: Vielfältige Vegetation im Bergland (Tour 21).

Alle Fotos stammen von der Autorin.

Kartografie:
50 Wanderkärtchen im Maßstab 1:25.000 / 1:50.000 und zwei Übersichtskarten im Maßstab 1:575.000 und 1:700.000 © Freytag & Berndt, Wien

Werk-Nr.: 4485

I would like to thank all the lovely people I have met during my stays on Rhodes, Symi and Chalki. Special thanks for the support, hospitality and company go to Sevi & family / Viktor & Larisa with family / Stefanos / Angelika / Lijana / Irene & Penny / Pandelis / Maria / Elpidoforos / David & Joshua / The Team of the Writers' and Translators' Center in Rhodes-Town / Tsambika / Amanda & Filimon / Andreas, Ilias, Manolis, Fotis, Nikos, Elena, Filip & Dolly / Stella & The Priest of Arnitha / Elpida & Augustinos / Giorgos, Adonis & Nikos / Themis / The Nuns of the Monastery of Ipseni / Fotini & Irene from Symi / Anastasia, Giorgos, Rexhep & Maria from Chalki.
Für die tatkräftige Mithilfe bei der Neuauflage des Buches danke ich ganz herzlich Julia, Kostas, Dagmar und Maino.

4., aktualisierte Auflage 2024

ISBN 978-3-7633-4735-3

FSC www.fsc.org MIX Papier | Fördert gute Waldnutzung FSC® C147178

ROTHER BERGVERLAG · Keltenring 17 · D-82041 Oberhaching
Tel. +49 89 608669-0 · rother.de